中公新書 2595

中谷功治著

ビザンツ帝国

千年の興亡と皇帝たち

中央公論新社刊

はじめに

二〇世紀を代表するビザンツ史家オストロゴルスキーは、ビザンツ帝国を次のように定義した。「ヘレニズム的東方に位置する、キリスト教化されたローマ帝国」。言いかえるなら、コンスタンティノープル（現イスタンブール）を首都とし、キリスト教を国教とするローマ帝国の継承国家、となるだろうか。

このようにビザンツ帝国をとらえるとすると、そのはじまりはキリスト教を公認・保護した皇帝コンスタンティヌス一世の治世に、その終焉《しゅうえん》は一四五三年のオスマン帝国によるコンスタンティノープル奪取に求められるだろう（オストロゴルスキー二〇〇一）。

この千年以上にわたるビザンツの歴史を、研究者たちはおおむね三つの時代に分けてきた。初期は、地中海を「われらの海」とした古代ローマ帝政の後半部、つまり四世紀のコンスタンティヌスから六世紀のユスティニアヌス一世の後継者たちの治世まで。中期は、七世紀のイスラムの地中海世界進出に始まり、幾多の荒波を乗り越えたビザンツ帝国が第四回十字軍の攻撃により解体する一二〇四年まで。そして後期は、首都コンスタンティノープルを奪還して復活したビザンツがその存続をかけて奮闘しつつも、近代の到来を目前に消滅するにいたる二〇〇年ほどの衰亡期である。

本書では、文字どおり波瀾万丈《はらんばんじょう》・有為転変の連続であったビザンツ帝国の歴史を、七世紀から一二世紀までの中期を中心に記述していこうと思う。その理由は、新書として紙幅がかぎられ、これくらいの時間設定が無難だというだけではない。この時代こそビザンツが、その歴史的世界のもとで新たな発展を遂げ、周辺領域の人々と交わりつつユニークな歴史を展開させた時期だからである。

以下では、独自に「ビザンツ世界」という地域的・時間的な枠組みを設定したうえで、特徴的な皇帝たちの治世を中軸に設定しつつ、その形成から解体にいたるまでを政治の多面性や文化の重層性にも配慮しながら叙述していきたい。

地理空間としての「ビザンツ世界」は、ビザンツ帝国の支配領域と重なる時期もあるが、それより広くビザンツ影響圏とでも呼ぶ方がふさわしい地域を指している。詳しくは本文で紹介するが、おおむね東西はアルメニアからイタリア、南北は黒海《こっかい》北岸から北アフリカまでの地域を含むことになる。残念ながら本書では、この広大な領域を十分に網羅した叙述はかなわない。けれども、ビザンツ史を国内の視点だけでなく、以上の地理空間を視野に入れて述べることで歴史の展開に幅や深みを付与できるものと考えている。

本書では、ビザンツ世界が確定した七世紀からそれが解体へと向かう一二世紀末までを、おおむね一世紀ごとに具体的なテーマを設定しつつ叙述を行う。加えて序章として初期ビザンツ＝後期ローマ帝国の特徴を概観するとともに、六世紀のユスティニアヌス帝治下での征服活動をとおしてビザンツ世界の設立過程をたどろう。それはいわば、本書の導入部となるものである。同じく一二世紀を扱う第6章の後にも、終章として「ビザンツ世界の残照」を設ける。そこでは、パライオロゴス朝史をコンパクトに記述しながら、イタリア・ルネサンスともつながる皇帝ヨハネス八世一行のイタリア滞在について紹介する。

さらに各章では、現在の学問研究の最前線の事情を紹介したり、あまり語られてこなかったビザンツにまつわるエピソードや視点を提示する「コラム」の欄を適宜設ける。本文の内容へのスパイス的な役割を果たしてくれればと思っている。

ところで、二一世紀の現代においてビザンツ史を学ぶ意義はどこにあるのだろうか。研究にたずさわる者として、あれこれ理屈をこねることはできるが、それらは説得力の点で微妙な感じもする。ただし、一つだけタイムリーに主張したいことがある。それはビザンツの歴史は輝かしい栄光に彩られていたというよりは、領土的にはたび重なる縮小を経験しつつも時代ごとの状況に柔軟に適合しつつ、それでいて一本筋を通して数世紀にわたり生き残った、という点である。

そのことは、直接には縁もゆかりもない日本という国の今後を考えるうえでヒントとなるような気がする。右肩上がりの経済成長への未練ではなく、ダウンサイジングしつつも自信

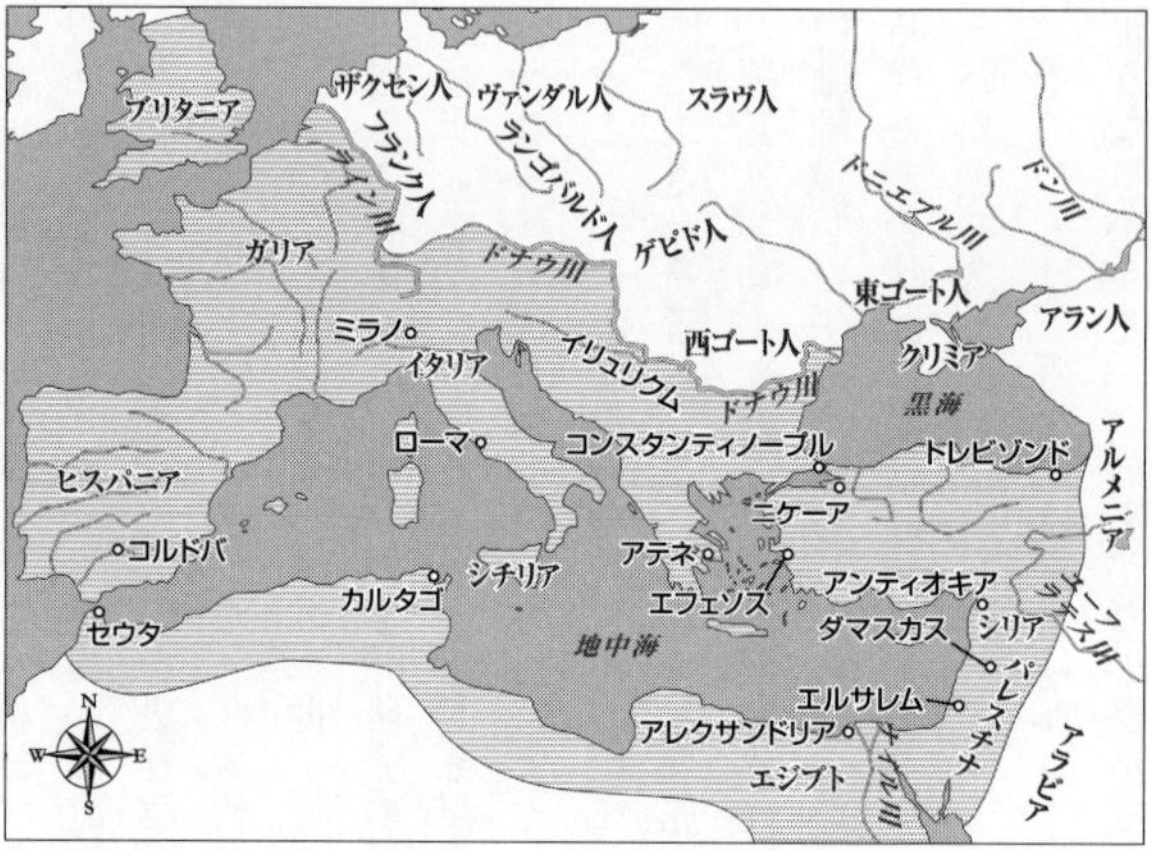

地図1　4世紀のローマ帝国

を喪失せずにしぶとく生き残る、これである。もちろん、どうしたら滅亡しないかも考えつつであるが。

　最後に、記述を始めるにあたり注意事項を少々。実はビザンツ研究には厄介な事柄がいくつかある。たとえば、あまり聞き慣れないギリシア語の固有名詞が多くあり、概説書とはいえ本文にはあまたの独特の名前が登場する。たとえば皇帝だけでもその数は九〇名ほどにものぼる。始めてビザンツ史に触れる読者には、めまぐるしくて辟易《へきえき》する向きもあるだろう。そうした点に留意しながら、なるべくストレスが少なくてすむ記述を心がけたい。とりあえずは、各章の冒頭部に皇帝のリストを提示して適宜参照できるようにしたので、活用してもらいたい。

コラム1：ビザンツは少々ややこしい（その1）

ビザンツ帝国という呼び名は正式なものではない。正式な呼称は、帝国とは名ばかりの弱小国となってからでも「ローマ人の帝国」であった。つまり古代の「ローマ帝国」が滅びることなく続いているとの建前が維持されていたのである。

そして、通称の表記にも揺れがある。「ビザンツ」というのはドイツ語が起源で、コンスタンティノープルの古い名前「ビザンティウム」（ギリシア語だとビュザンティオン）を指す言葉に由来する。おそらく、明治期以後の日本のヨーロッパ史研究者たちが、ドイツ語文献を読むなかでビザンツとはじめて遭遇し、その結果「ビザンツ帝国」と呼ぶのが慣例となったのだろう。以上は歴史学での話である。

ところが、おおむね英語が研究上の共通語であった戦後の西洋美術史の分野では、この国は「ビザンティン帝国」、さらに形容詞形だけで「ビザンティン」と呼ばれる（浅野二〇〇三、加藤・益田二〇一六）。以上の結果、慣例として歴史学ではビザンツ、美術史ではビザンティンという異なる呼び方が並存することになった。かなり面倒くさい。

私は歴史学（西洋史学）の出身なので、この国家をビザンツ帝国と呼ぶことにするが、どちらの表記でも問題はない。どちらも正式名称ではないのだから。

なお、本書ではあまり用いないが「東ローマ帝国」という呼び方ももちろん有効である。ただ、この呼び名を採用した場合、ローマ帝国が東西に分裂した三九五年が起点となるので、結果として初代の東の皇帝は、アルカディウス（ややマイナー）となってしまう。

もくじ

序章　ビザンツ世界形成への序曲

——四〜六世紀

コンスタンティヌス大帝頭部像（ローマ，カピトリーノ美術館）

ビザンツ皇帝在位表①　　＊簒奪帝

皇帝名	在位年	即位の仕方	最期	親征の有無
＊コンスタンティヌス1世	324-337	簒奪・皇帝の息子		○
コンスタンティウス2世	337-361	継承・子		○
ユリアヌス	361-363	継承・従兄弟	戦死	○
ヨウィアヌス	363-364	軍選出		○
ワレンス	364-378	帝選出・弟	戦死	○
テオドシウス1世	379-395	帝選出・婿		○
アルカディウス	395-408	継承・子		
テオドシウス2世	408-450	継承・子		
マルキアヌス	450-457	継承・義兄		
レオ1世	457-474	軍選出		
レオ2世	474	継承・孫（ゼノの子）		
ゼノ	474-475	継承・婿		
＊バシリスクス	475-476	簒奪・レオ1世妃兄	殺害	
ゼノ〈復位〉	476-491			
アナスタシウス1世	491-518	継承・ゼノ妃再婚		
ユスティヌス1世	518-527	元老院選出		
ユスティニアヌス1世	527-565	継承・甥		
ユスティヌス2世	565-578	継承・甥		
ティベリウス1世	578-582	継承・養子		
マウリキウス	582-602	継承・婿	殺害	

ニケーア公会議

西暦紀元三二四年、二〇年近く続いた内乱に終止符を打ち、皇帝コンスタンティヌスはローマ帝国の単独統治者となった。その彼が、直後に急ぎ着手したのがキリスト教の教義の統一であった。ミラノ勅令による公認から十年余、皇帝の手厚い保護を受けるようになってはいたが、キリスト教をたばねる教義はいまだ定まっていなかったからだ。翌三二五年にコンスタンティヌスは、小アジアの都市ニケーアに帝国中から聖職者を集めた。これがキリスト教世界における初の全国レベルの教会会合、ニケーア公会議である。

イスタンブールから東南に百キロメートルあまりのところにあるニケーア市（現在のイズニック）。ここが会場に選ばれたのは、後に首都となるコンスタンティノープルの建設が開始されたばかりであったこと、そして当時にあって聖職者たちは皇帝の滞在する帝国東部により多く存在したことが主な理由である。公会議は最終的にアタナシウス派を正統、アリウス派を異端としてニケーア信条の採択にこぎつけたものの、議論は紛糾をきわめた。会議を主催したコンスタンティヌスもほとほと手を焼いたという。

ところで、この公会議ではイエス・キリストをめぐる神学上の問題に加えて、教会がかかえる実務的な課題についても話し合われた。その一つに暦にかかわる事項がある。公会議で決定され、今日の私たちの生活にも結びつくものに、復活祭の日取りを計算するうえで起点となる春分の日の再設定（三月二一日）がある。加えてコンスタンティヌス帝は、週の日曜

レフケ門（ニケーア，現イズニック市）

日を安息日と定めたことで知られ、さらにその後イエスの生誕日（つまりクリスマス）が一二月二五日となるうえでも重要な役割を果たした。

ユリウス・カエサルが紀元前四五年にエジプトの太陽暦をもとにユリウス暦を導入してからおよそ三世紀半、三日ほどの狂いが生じていた暦は、微修正のみの対応となった。ちなみに、現行のグレゴリウス暦が導入されるのは一二五〇年ほど後、日本からの天正《てんしょう》少年使節を迎えたローマ教皇グレゴリウス一三世の治下のことであった（波部二〇一四）。

コンスタンティヌス大帝

キリスト教を公認した最初の皇帝として、コンスタンティヌス帝は「大帝」と呼ばれる。先に述べた暦の調整に加えて、彼が市場に新たに投入した純度の高い金貨ソリドゥス（後のノミスマ）はビザンツ帝国の基軸通貨となり、イスラム圏のディナール金貨にも継承された（ディナールという呼称はローマのデナリウス銀貨から）。彼は後に首都へと成長する都市コンスタンティノープルの創建者でもある。

まさにコンスタンティヌスこそ、初代ビザンツ皇帝にふさわしい人物だと言えよう。実際、コンスタンティヌスという名前（ギリシア語ではコンスタンティノス）は、ビザンツ史上もっとも多い皇帝名であり、滅亡時の皇帝まで十一名を数えた（ランソン二〇一二）。

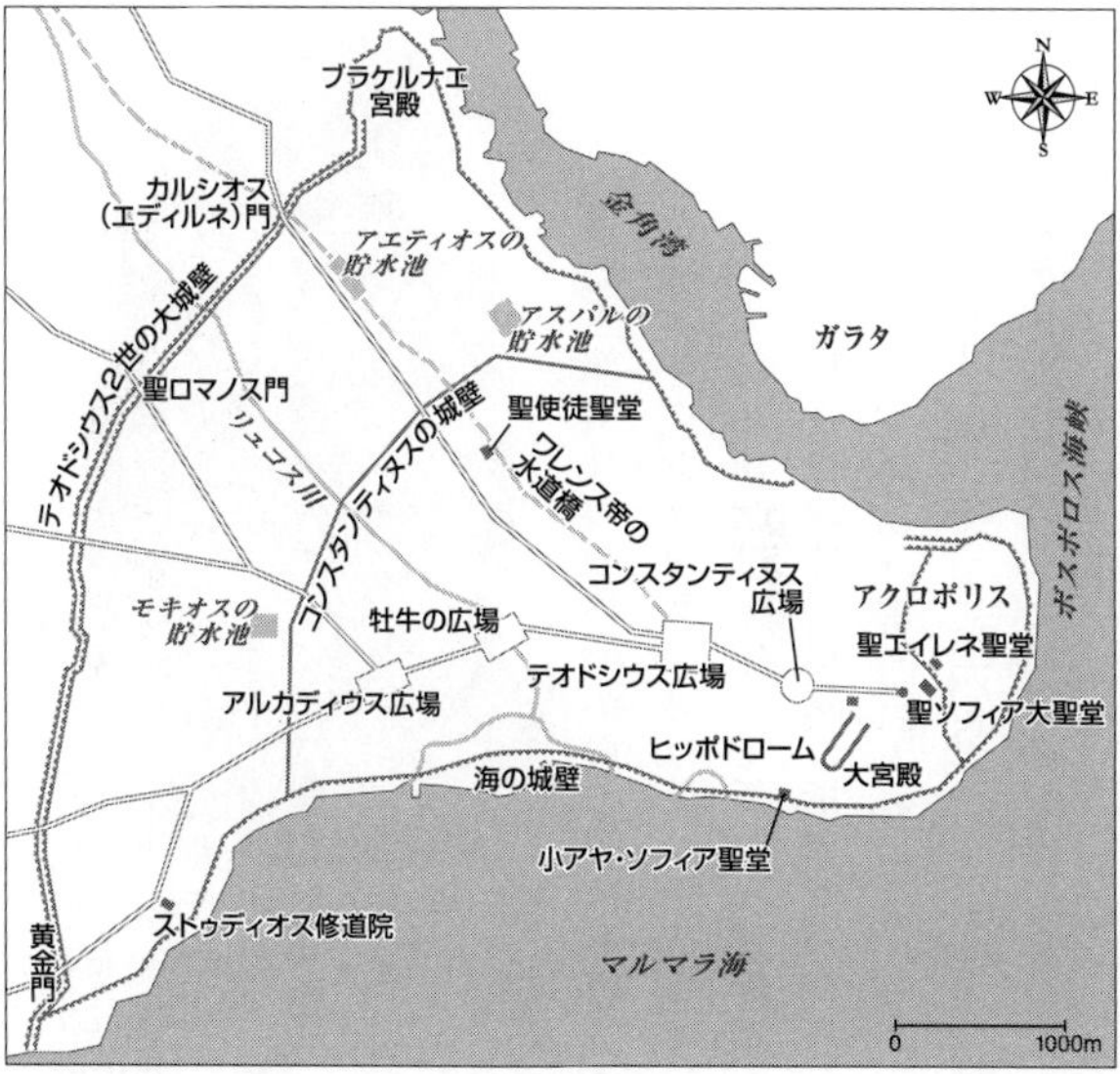

地図２　コンスタンティノープル

けれども、コンスタンティヌス帝を偉大な革新者とのみ呼ぶには、少々ためらいを感じる。キリスト教保護への大転換や新たな通貨の導入など、コンスタンティヌス帝の英断は高く評価されてよい。ただ、これらの施策が実を結んだのは、彼が卓越した見識のもと巧みに時代の流れに棹《さお》さしたゆえであると強調したいからだ。

以下ではもう少し長いスパンで四

世紀という時代を眺めてみよう。注目したいのは、彼に先立つもう一人の特別な皇帝、ディオクレティアヌス（在位二八四〜三〇五）である。

ディオクレティアヌス帝

コンスタンティヌスが皇帝の実子だったのに対して、ディオクレティアヌスはバルカン半島西部出身の一兵卒からの叩《たた》き上げであった。不惑の年齢で軍隊に推戴《すいたい》されて帝位についたディオクレティアヌスは、一連の驚くべき統治改革を断行していった。

テトラルキアの４皇帝像　コンスタンティノープルからの戦利品（サンマルコ広場，ヴェネツィア）

まずはかつての属州を細分化して新たな官僚制を導入、より中央集権的な体制をめざした。その上で民事を扱う行政権と軍隊の指揮権の担当を分離した。しかも原則として軍隊は皇帝が率いるものとし、最初は東西二人の正帝（アウグストゥス）を、続いてその下にさらに二人の副帝（カエサル）をすえた四皇帝による共同統治（テトラルキア）を開始したのである。

皇帝たちが帝国の領域ごとに防衛を分担した結果、三世紀のローマ帝国を対外的なピンチに陥らせていた外敵への対応は、よりすばやくかつ円滑なものとなった。同時に、猖獗《しょうけつ》をきわめた軍事反乱は次第に鎮静化してゆき、やがて治世は安定する。半世紀で五〇名以上の皇帝が乱立したいわゆる「軍人皇帝時代」はいったん終息し、彼の在位は二〇年目を迎えた。ディオクレティアヌスは帝国東方のニコメディア市（ニケーアの北東）に宮廷をおき、跪《き》拝礼《はいれい》（君主への平伏しての挨拶《あいさつ》）に見られるササン朝にならった宮廷儀礼を導入しつつ、皇帝を神格化してその権威の維持に努めた。さらに帝国軍への機動野戦軍の本格導入をはじめとして、後にコンスタンティヌスが引き継ぐことになったディオクレティアヌス関連の施策には事欠かない。

ディオクレティアヌスとコンスタンティヌス

もちろん、両皇帝の施策には対照的な一面も見られないわけではない。たとえばディオクレティアヌスによる無謀な最高価格勅法の施行の結果は、ソリドゥス金貨の導入とは大いに異なった。しかし、コンスタンティヌスが法律で定めたコロヌス（ある種の小作農民）などの職業世襲化の背後には、ディオクレティアヌスのやり方に似た発想が感じられる。

すなわち、教科書でも紹介されるように、かつてのような市民の第一人者（プリンケプス）を称する皇帝が治める元首政（プリンキパトゥス）ではなく、自らを神ないし「神の代理人」、臣民に対する「主人（ドミヌス）」を称する皇帝政治、専制君主政（ドミナトゥス）への統治形態の移行が見て取れるのである。

二人の皇帝の違いのうち最大のものは、何といってもキリスト教への対応であろう。けれども、ディオクレティアヌスによるキリスト教徒迫害もコンスタンティヌスによる公認・保護のどちらもが、帝国政府が勢いを増しつつあるキリスト教を無視できなくなり、対応を迫られていたことの反映であった。

結局、前者は皇帝の神格化を見すえて皇帝崇拝に服さないキリスト教徒を敵視したのに対し、後者は敵視政策の失敗を教訓に、弾圧とは逆の懐柔策に転換したのであった。こうしてディオクレティアヌスが求めた皇帝の神格化は、キリスト教優位の下でいったんは背後に退いたものの、帝国臣民はキリスト教の全能の神の恩寵《おんちょう》をもって君臨する皇帝にひれ伏さざるをえなくなった。やはり、コンスタンティヌスはディオクレティアヌスの継承者だったと言えるのだ。

ディオクレティアヌス帝のユニークさについて、もう一言。先に歴代のビザンツ皇帝の数は九〇名を超えると述べたが、これだけの数の中で自分の自由意思で退位した皇帝は皆無である。ところがディオクレティアヌス帝は在位二〇周年をもって政界を引退したのである。たしかに健康上の不安はあったかもしれない。けれども、それ以上に彼の退位は正帝二人・副帝二人のきわめて合理的な統治システムを継続させるための措置なのであった。彼は故郷ダルマチアのスプリトに建設した宮殿でキャベツを育てて余生を送ったという。

ただし、無理矢理に退位させられたもう一人の正帝マクシミアヌスは、どうも納得がいかなかったようだ。繰り返しておくが、ビザンツ以前のローマ皇帝たちを含めても、自主的に引退した皇帝は彼ディオクレティアヌスだけなのである（レミィ二〇一〇）。

古代末期の社会

四世紀当時のローマ帝国を眺めた場合、度重なる外敵の侵入や内乱の頻発はあっても、いぜんとして国家はゆるぎない状態にあるように見受けられる。まさにイエスの生誕から彼をキリストとする宗教が公認されるまで、ローマ帝国はその揺《ゆ》り籠《かご》としての役割を果たしたと言える。三百年を経ても領土がおおむね維持される帝国、このような事例は世界史上で他に例がない。

ではあるのだが、公認から一世紀近くを要してキリスト教がようやく国教となる四世紀末、帝国は東西への分裂ぶくみの状況にあった。要因はいろいろあるだろうが、とりわけディオクレティアヌスとコンスタンティヌスによる統治体制の刷新をもってしても外敵侵入の勢いが収まらなかったことが大きい。皇帝は絶えず対応を迫られて東奔西走する一方、ディオクレティアヌスと同じく共同皇帝を立て、それぞれに領域を決めて個別に防衛を担当するケースもたびたびあった（南雲二〇一六）。

一方で巨大な軍隊と官僚制を支える国内の経済事情は、どのようなものだったのだろうか。これについては、長らく議論がかまびすしいままである。通説によれば、国力は衰退に向かっていたという。ところが、二〇世紀末から注目を集める「古代末期」論によれば、キリスト教の浸透を受けて、新たな社会が形成されつつあったのだという。それは専制君主政（ドミナトゥス）という言葉のイメージからは、ほど遠いものがある。「古代末期」と一般に呼ばれる新たな時代を表す言葉は、「衰退」ではなく「変容」なのだとも。ともかく以下では、ひとまず従来からの通説的な理解を示しておく。

先にディオクレティアヌス帝が行政や税制面で大きな改革を実施したと述べたが、これは当時の帝国の経済情勢と密接につながっていた。いまだ地中海世界は都市を基盤とした経済を維持していたものの、ヘレニズム期以来の都市参事会を中心とした自治的運営は勢いを失いつつあった。大まかには、都市自治の衰退と官僚制の拡大は連動する現象だったのである。「古代末期」論の支持者に言わせるなら、一方で四世紀以降はキリスト教が社会の前面に登場する革新的な時代だった。ディオクレティアヌスやコンスタンティヌスの勅法の文面から予想される強制国家的で、死刑を乱発するような閉塞感《へいそく》のただよう社会ではない。低下した都市参事会の役割を積極的に担ったのが、キリスト教の教会であったという。

司教制度はディオクレティアヌス以来の新たな属州行政のシステム（管区制度）に合わせるかたちで整備されたし、そこでは司教ら聖職者と独自の祈りのかたちを展開する修道士たちが、社会で発生するさまざまな問題に介入した。しかも時には上からの官僚システムに逆らい、時にはこれと都市や農村の貧しい人々の間に入って調整役を演じたのだという（ブラウン二〇〇六）。

古代はいつまで続いたのか

「古代末期」という新たな概念と歴史像が与えた影響は、ビザンツ帝国の初期の時代設定にも大きな影響を及ぼした。

後期ローマ帝国＝ビザンツ初期の代表的研究者であるエヴリル・キャメロンは、『ケンブリッジ古代史』シリーズの最新版（第一四巻「古代末期」、二〇〇〇年）では、古代末を六〇〇年頃までとしていた。しかし、彼女による別の概説書『古代末期の地中海世界』の近年の改訂版（二〇一二年）では、その下限は七〇〇年となっている。

一方『ケンブリッジ古代史』シリーズの後に刊行された『ケンブリッジ版ビザンツ帝国史』（二〇〇八年）では、編者のジョナサン・シェパードは、その対象を五〇〇年頃から一四九二年に設定した。この本では三つの時代区分が採用されているが、パート1は五〇〇～七〇〇年、パート2が七〇〇～一二〇四年、パート3が一二〇四～一四九二年となっている。そして六〇〇～七〇〇年は「変容 transformation」として第一部の最後で取り扱われる。

五世紀における東西両帝国の明暗

ディオクレティアヌス帝やコンスタンティヌス帝による革新的施策を概観してきたが、現実の社会での変化は何事もゆっくりとした歩みで進んだ。スマートフォンの発売からわずか十年ほどで世界中の人たちがこれを使用する、といった生き馬の目を抜くような現代社会とはまったくスピード感が違うのである。古代ローマ世界では、多くは緩慢にしか進展しなかったことを強調しておきたい。

たとえばキリスト教の拡大がそうであった。テオドシウス一世による国教化までには公認から七〇年ほどかかっている。そもそも『新約聖書』が現在のかたちで出そろうのも、同じ四世紀になってからなのである。同じくコンスタンティノープルが首都と呼べるようになるのは、ここを拠点にしたテオドシウス一世に続き、皇帝たちが都としての整備を施した五世紀のことである（加藤二〇一六、井上二〇〇八）。

三九五年、テオドシウス一世は自身の死後の帝国を二人の息子たちへ東西に分けて遺贈した。これはディオクレティアヌス以来の帝国を分担して統治する手法を踏襲したものであった。けれども、四世紀から五世紀にかけてローマ帝国の東部と西部には、まったく異なる運命が待ち受けていた。

すでに文明としてのローマは、周辺世界への影響力拡大の時代を終えていた。外部勢力であったゲルマン人を帝国内に取り込む試みは続いていたが、幾度も幾度も彼らの侵入に対処したものの、その移動の波を押しとどめることはできなかった。テオドシウスの治世にフン族の移動に誘発されて、ゲルマン人諸族の大規模な移動がついに始まり、帝国は三世紀以上の激動期を迎えた。しばしば世界史教科書の地図でも示されているように、帝国北方の境界線であるライン川やドナウ川の各所が打ち破られて、今回ばかりは元に復さなかった（南川二〇一三）。

バルカン半島は、帝国内に侵入したゲルマン諸族やフン人などのいわゆる「蛮族」の通過地となり、五世紀末にはイタリア、ガリア、イベリア半島などで旧来の帝国の統治システムは機能しなくなった。イタリア北部の都市ラヴェンナに逼塞《ひっそく》するローマ皇帝たちをよそに、支配はゲルマン人将軍たちの壟断《ろうだん》するところとなり、四七六年に傭兵《ようへい》隊長オドアケルによって最後の皇帝が廃され、帝国支配の徽章《きしょう》はコンスタンティノープルの皇帝に返還された（クメールほか二〇一九）。

帝国の東方もまた危機に直面していた。けれども、テオドシウス二世治下にコンスタンティノープル市の陸側に三重の大城壁が構築され、海上からは絶えることない補給を受けることで、この町は文字どおり難攻不落となる。西方同様に政府中枢部にゲルマン系の将軍が跳梁《ちょうりょう》したり、あるいは小アジア東部のイサウリア地方の山岳少数民族の族長ゼノが皇帝となるような事態も見られたが、バルカン半島を除く東方の大半は戦乱に荒らされることはなかった。政情や経済も比較的安定し、五世紀末には西方とはまったく異なる様相を呈した。

ローマ帝国の東西で国家の明暗を分けた原因は、何であったのか。実は、研究史上でもさまざまな議論があって、いまだに結論を見ていない。ともかく、東ローマは生き残ってビザンツ帝国へと変貌《へんぼう》を遂げていくことになった。

ローマ皇帝とは何者か

ここで少し脱線して、ビザンツ皇帝の前身であるローマ皇帝の話をしておきたい。というのもローマ帝国の君主はその呼び名がいくつかあり、皇帝の性質もそれに合わせるかのように多様であったから。もちろん、ローマ皇帝を自称するビザンツ皇帝の場合も同様である。

事実上の初代皇帝オクタウィアヌスは、その長い治世を通じて王政を嫌うローマ共和政の伝統に非常に配慮した行動・発言に徹した。暗殺された大叔父ユリウス・カエサルの轍《てつ》を踏むわけにはいかなかったのである。彼は終生「自分はローマ市民の第一人者（プリンケプス）にすぎない」との態度を貫いたので、実質上彼は君主なのに、それをダイレクトに指し示す用語が存在しないという結果となった。

並存するローマ帝国の皇帝の呼び名を紹介していこう。

一つ目はオクタウィアヌスが元老院から贈られた「アウグストゥス」である。これは、本来は「尊厳者」という称号にすぎなかったが、後に皇帝を意味する用語となった。ちなみに、英語のカレンダーなどでは、大叔父の誕生月がユリウス一族にちなんで呼ばれるのに続き、翌月の八月が彼のこの尊称で呼ばれる。

一方、タキトゥスやスエトニウスの著作を読むと、皇帝はしばしば「カエサル」と呼ばれる。これは、オクタウィアヌスが養子として大叔父と同じユリウス・カエサルを名乗ったため、歴代の皇帝たちにもこの家名が用いられたからである。ロシア語のツァーリやドイツ語のカイザーは、このカエサルを語源としている。ただし、ディオクレティアヌス帝の四帝統治の場合のように、「カエサル」（ギリシア語ではカイサルとなる）称号は次第に「副帝」という意味で使われるようになっていく。

さらに、英語で皇帝を指すエンペラーの語源「インペラートル」も忘れるわけにはいかない。本来のインペラートルとは、軍隊の最高司令官に与えられた称号であり、ユリウス・カエサルにも贈られている。結果としてローマ皇帝は戦場で軍隊を率いる男性というのが暗黙の了解事項となった。

以上のように、ローマ帝国にはアウグストゥス、カエサル、インペラートルの三つの皇帝を意味する用語が存在し、これらが同時に使用されるケースもめずらしくなかった。私が注目したいのは、これらの用語がローマ皇帝の特徴、というかそのあり方をうまく反映しているように見える点である。これは、誰が皇帝となるのか、どうすれば皇帝になれるか、という話と密接につながってくる。

ローマ皇帝となるためには

どうすれば皇帝となれるのか。もっとも容易なのは、皇帝の息子や親類縁者として、その地位を継承することであろう。多くの皇帝の場合、彼の父親や兄弟などが皇帝だったため即位できたのである。この家系を通じて皇帝に就任するパターンを、ここではカエサル型と呼ぶことにしよう。

一言注意しておくと、皇帝は国王などの君主とは違って世襲が当たり前ではなかった。それゆえ、たとえば息子に帝位を継承させようと考える皇帝は、その在位中に彼を共同統治者として即位させ、自分が亡くなってもスムーズに帝位が継承されるように段取りを踏む必要があった。

以上のような手順を踏んでいても、力不足の息子が実力をもって皇帝位から引きずり下ろされる、というケースも普通に起こりえた。というのも、皇帝は軍隊の最高司令官であったから、軍隊が皇帝を擁立し、そして実力をもって帝位を奪ってしまうケースが成り立った。いわゆる武力簒奪《さんだつ》である。たとえば、ネロ帝が自殺した後の帝位争いや三世紀のいわゆる軍人皇帝時代など、数えきれないほどの事例が存在する。これはいわば即位のインペラートル型と言えるだろう。

さらに、カエサル型やインペラートル型と異なるかたちで皇帝が誕生するパターンも存在した。それは元老院、あるいはローマ市民が直接に皇帝を選出・指名するケースである。共和政ローマの正式名称は「ローマの元老院と市民」(ラテン語で senatus populusque Romanus：略称SPQR）であったから、元老院や市民も皇帝を擁立できた。元老院が皇帝を選出した事例はそれほど多くはないが、五賢帝最初のネルワ帝などがそれにあたる。こちらは元老院がらみということで、アウグストゥス型の皇帝と呼べるだろう。

以上をまとめると、皇帝を作り出す主体としては、現職の皇帝、軍隊、そして元老院と市民という三種類の選出母体がローマ帝国には存在したことになる。それぞれの皇帝の即位パターンは、擁立する主体にあわせて血統的な要素でのカエサル型、軍隊による実力行使としてのインペラートル型、そして元老院や市民によるアウグストゥス型の三つがあった。

ただし、留意すべきなのは、即位パターン三つのどれであれ、それと皇帝の称号とは特別な結びつきがあるわけではないことだ。皇帝の誰もが、インペラートル・アウグストゥス・カエサルと並べて名乗れたのである。

出征する軍人皇帝から首都に座する皇帝へ

さて、話を本題に戻して、ビザンツ帝国が成立していく過程で、皇帝の即位にはどのような出現パターンが見られたのであろうか。簡単に確認しよう。

先にも少し述べたが、三世紀の軍人皇帝時代の皇帝たちは軍隊によって擁立された。ローマの軍団は帝国各地に駐留していたから、理屈のうえでは皇帝は帝国のどこでも即位可能であった。軍隊による武力での即位とは、要するに帝国の危機が反映された現象といってよいだろう。むき出しの実力行使が横行したため、首都ローマの元老院は蚊帳の外となった。

教科書的にはディオクレティアヌス帝の登場によって軍人皇帝時代は終わったとされるが、

実際には四世紀の皇帝たちも軍人出身かその子弟であった。コンスタンティヌス帝の息子であるコンスタンティウス二世や甥《おい》のユリアヌスも各地の戦場を行き来したし、皇帝の弟として即位したワレンス帝は、三七八年にアドリアノープルの戦いで戦死を遂げている。

キリスト教を国教に定めた皇帝テオドシウス一世も父親とともに軍人であった。帝国の東部の統治をまかされた彼はコンスタンティノープルに拠点をおいたものの、西方の僭称《せんしょう》皇帝を討伐するためにイタリアへと向かい、三九五年にミラノ（メディオラヌム）で死去した。帝国は長男のアルカディウスが東方を、次男のホノリウスが西方を分担統治することになった。しかしその後、二度とふたたび一人の皇帝が帝国全土を治めることはなかった。

ここで注目したいのは、父親に続いてコンスタンティノープルを拠点としたアルカディウス以後の皇帝は、二世紀後の七世紀初頭まで首都を離れなかったという事実である。軍人出身の皇帝を含めて、皇帝たちは戦場へ出征しなくなったのである。歴代の皇帝たちは、先に述べたように、首都の城壁や水道橋あるいは聖堂や浴場などの建設事業・インフラ整備に努める一方、町の広場や大通りを列柱で飾りたてた。五世紀を通じて、皇帝が座す町コンスタンティノープルは大きく発展を遂げることになった。

首都の発展は、皇帝の即位式典の場所やあり方にも変化をもたらした。四世紀の軍人皇帝たちの伝統を引き継いで、レオ一世やゼノ帝の場合、即位式は軍隊の駐屯地であるコンスタンティノープル郊外のヘブドモン練兵場で実施された。ただし、この場所に首都の元老院議員や市民たちもかけつけて、軍隊とともに新皇帝の即位に歓呼（アクラマティオ）の声をあげた。ところが、続くアナスタシウス一世の即位は、場所を首都の大宮殿脇《わき》にある馬車競技場（ヒッポドローム）に移して挙行された。そこでの主人公は皇帝護衛兵のみの参加となった軍隊ではなく、元老院と市民たちであった。このような首都の中心部での即位式典は、続くユスティヌス一世の選出・即位の際にも継承されて、以後ビザンツで最大級の儀式イベントとして定着していった（渡辺一九八五）。

元老院について一言だけ補足をしておきたい。前述した通り三世紀の軍人皇帝時代に首都ローマの元老院は政治的な発言力を大いに減退させた。一方、ここに登場するコンスタンティノープルの元老院とは、コンスタンティヌス帝の息子コンスタンティウス二世がローマにまねて本格導入したもので、旧都からの移住者に加え東方の各都市の有力者や政府要人たちを登用してつくりあげたものである。

実は専制君主である皇帝による政治は、彼を補佐する政府要人たちの顧問会議（コンシストリウム）が担っており、元老院やその議員はあくまでも形だけの存在にすぎなかった。それでも伝統を重んじるローマにあって、首都の元老院は欠かせない存在であり続けたのである。

ユスティニアヌス一世

帝国東方の政情安定と国力充実を受けて、六世紀には世界史にその名を残す精力的な皇帝ユスティニアヌスが登場する。彼は親衛隊長から皇帝となったユスティヌス一世の甥で、皇帝に子供がいなかったため、その継承者となった(マラヴァル二〇〇五)。

ユスティニアヌスの四〇年近くにおよぶ治世は、栄光と悲惨とが交差する激烈な時代であった。時系列に沿って主な出来事を並べてみると、次のようになる。

五二七年　首都にセルギオス・バッカス両聖人の聖堂(小アヤ・ソフィア教会)を建立
五二九年　法学者トリボニアヌスに命じてローマ法大全の編纂《へんさん》に着手
五三二年　首都での大騒乱「ニカの乱」の勃発《ぼっぱつ》と弾圧
五三三年　ベリサリウス将軍による北アフリカのヴァンダル王国の征服
五三六年　ベリサリウス将軍のローマ市入城
五三七年　ニカの乱で焼け落ちた聖ソフィア大聖堂の再建(三代目)と奉献式典
五四〇年　ササン朝のホスロー一世によるシリア侵攻とアンティオキア市の陥落
五四二年　ペストが首都コンスタンティノープルに襲来(五五八・五七三年にも)
五五二年頃　中央アジアより蚕がもたらされ、帝国が養蚕業に着手
五五三年　第二コンスタンティノープル公会議の開催

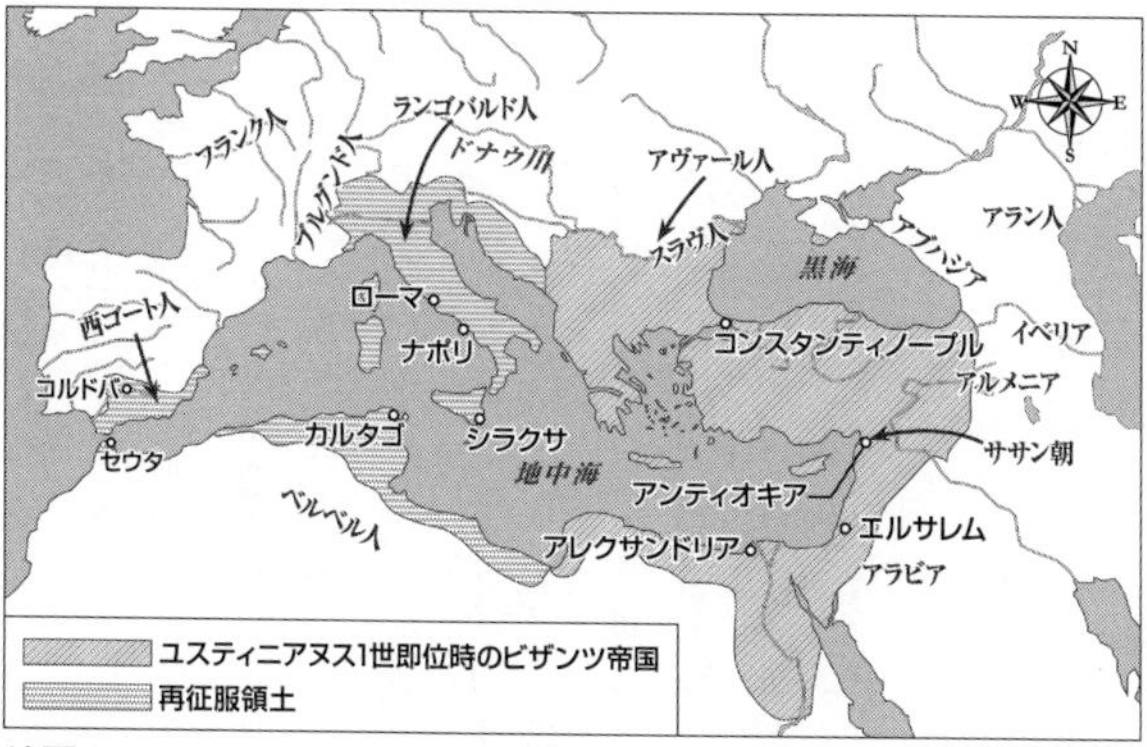

地図3　ユスティニアヌス1世の時代

五六五年　皇帝とベリサリウス将軍の死去

ユスティニアヌス帝の治世について、今日私たちが豊富な情報を手にしているのには理由がある。毎年の出来事をつづった通常の年代記史料に加えて、希代の歴史家プロコピウスをこの皇帝はもっていたのである。

古代最後の歴史家とも称されるパレスチナのカエサリア出身のプロコピウスは、コンスタンティノープルで成人し、五二七年にベリサリウス将軍の書記官・補佐役に就任した。彼はこれ以降、将軍と征服活動をともにしたため、ペルシア人・ヴァンダル人・東ゴート人などとの戦争で各地を転戦し、詳細な歴史書『戦史』八巻を残した。

以下ではプロコピウスが提供してくれる情報をもとに、ビザンツ史上でも一、二を争う名将ベリサリウスの活動を追うことにしよう。

将軍ベリサリウス

ベリサリウスはバルカン半島出身の軍人で、即位を前にしたユスティニアヌスの護衛将校となったという。将帥としての才能を見込まれたベリサリウスは、ササン朝との係争地であるアルメニアへと派遣された。五二九年、本格的に戦端が開かれると、ユスティニアヌスは彼をオリエント方面軍の司令官に任命し、翌年にはダラ付近でペルシア軍に勝利した。けれども、その後は一進一退が続き、和平が成ると彼は首都に帰還する。

五三二年、首都で発生した大規模な民衆騒乱は、次第に政権転覆運動の様相を呈した。「ニカの乱」と呼ばれるこの有名な事件でも彼は重要な役割を果たした。ユスティニアヌスの意を受け、兵士たちを指揮してこれを武力制圧したのである。ベリサリウスはブケラリオイと呼ばれる私兵団七千名を雇っていて、この部隊が投入されたという。

五三三年末にはアフリカ遠征を命じられて出征し、翌年にはヴァンダル王国を征服して首都に凱旋《がいせん》した。続く五三五年には東ゴートが支配するイタリア遠征に出発し、同年末にまずシチリア島を制圧した。その後、本土に上陸、五三六年末にはいったんローマ市に入城したものの、東ゴート軍の反撃を受けて五三七年から翌年にかけて包囲されたこの町の防衛に専念した。その後五四〇年には北上して王都のラヴェンナを占領し、帰国の途についた。

五四一年春、ペルシア戦線に復帰したものの、まもなく帰還命令を受ける。翌年春には再度出征し、王ホスロー一世と交渉して敵軍を撤退させたが、ペスト襲来後にオリエント方面軍の司令官職を解任された。彼は財産を没収され、さらに私兵団も解散となった。

ところが、イタリア戦線が苦戦に陥ると五四四年に再度出征を命じられる。ベリサリウスはローマを奪還したが、五四九年にはまたしても帰還命令が届いた。その後はオリエント方面軍司令官に就任したり、教皇への特使に任命されたりしたが、大きな成果はなかったらしい。五五一年以後は、イタリアの再征服活動は宦官《かんがん》のナルセスが率いる軍隊に委ねられた。

五五九年にトルコ系のコトリグル族の大軍が首都へ接近した際、ベリサリウスは志願兵からなる少数の討伐軍を率いて出撃した。彼の将才は依然として健在であり、敵軍の戦線を巧みに攪乱《かくらん》して撤退を余儀なくさせた。これにより彼は名声を博したが、高官たちの妬《ねた》みも買ったともいう。

五六二年に皇帝暗殺未遂事件が発生すると、彼の身内の者の関与が発覚したため告発され、有罪宣告を受けて自宅軟禁となった。名誉が回復されたのは翌年になってからであった。

以上、ベリサリウスの半生をたどって見えてくるのは、皇帝から頼りにされたり疎まれたりの繰り返しに、ただただ翻弄《ほんろう》され続けたとの感がぬぐえない。けれど

ユスティニアヌス帝と随臣　右から６人目がベリサリウスとの説がある（サン・ヴィターレ聖堂，ラヴェンナ，写真：アフロ）

も、ひとたび出陣を命じられると東奔西走、愚直なまでに忠誠を尽くして戦った。まさに名将と呼ぶにふさわしい。

『秘史』

プロコピウスは『戦記』以外に、首都の聖ソフィア大聖堂をはじめとするユスティニアヌス帝による幾多の建築事業を紹介する『建築について』六巻を著している。プロコピウス自身も賞賛する皇帝の帝国各地での偉業の数々を見るにつけ、その偉大さが実感される。ところが、プロコピウスにはさらに別の著作『秘史《アネクドタ》』三〇章が残されている。驚くべきことに、この『秘史』の中では他の書物とはうって変わり、プロコピウスはユスティニアヌスに対して悪態のかぎりを尽くすのである。

ユスティニアヌスは人間ではなく、前にも言ったように、人間の皮をかぶった悪魔である。このことは彼が無数の人々に与えた禍《わざわい》の規模を見れば証明されるところであろう。なぜならその並外れた悪行の程度にこそ、これを実行した者の力がはっきりと看《み》て取れるからである。ユスティニアヌスの手で命を落とすことになった人々の数をすべて正確に数えることは、神以外の誰にも不可能なことのように私には思えるのだ。(和田廣訳、一八章、一～三)

悪魔の大王、偽善者、変節漢、浪費家、搾取者、第二のドミティアヌス、愚かなロバ、奴隷根性などなど、具体的な実例の枚挙にいとまがない。まさに悪意に満ちているとしか表現のしようがない。

『秘史』は、もともとは題目を欠いていたらしく、ギリシア語名の「アネクドタ」とは「未公刊の（もの）」という意味である。けれども同書の内容にあやかって英語の辞書などでアネクドタ（anecdota）は、「逸話・秘話」との意味で掲載されている。

皇后テオドラ

プロコピウスの攻撃の矛先は皇帝だけでなく、皇后のテオドラにも向けられる。

テオドラは成長し、一人前の女性として成熟すると、すぐに舞台に上がり、昔の人が言う「徒歩で行く売春婦」となった。テオドラは笛を吹けるわけでもなく、竪琴《たてごと》を弾くこともできず、ましてや踊り子としての教育を受けていなかった。彼女はただその美貌《びぼう》を売り物にして、出会った男たちの袖《そで》を引き、自分の肉体をめいっぱい使っていたのだ。

（九章、一一～一二）

テオドラのモザイク（サン・ヴィターレ聖堂，ラヴェンナ，写真：アフロ）

皇帝就任が約束されていたユスティニアヌスは、この「悪逆非道」の「遍歴の売春婦」テオドラをその世評を無視して妻に迎えた。彼女はニカの乱の際に首都逃亡を考える夫に、「妃が纏《まと》う緋色《ひいろ》の衣服こそ美しい死に装束である」との毅然《きぜん》たる言葉で名を馳《は》せた人物である。

ところが、プロコピウスにかかると、「彼女は、ペルシア人やその他の蛮族の使節も彼女の前に出ると、まるでローマ帝国が妃の支配下にでもあるかのように、自分が彼らに下賜金を与えることを当然と心得ていた。だが、このようなことは天地開闢《かいびゃく》以来一度として起きたことはなかった」（三〇章、二四）とその専横ぶりがあげつらわれる。

悪意に満ちた発言は続く。

二人（ユスティニアヌス帝と皇后テオドラ）の行動様式は明らかに異なるように見えた。

だがこの二人に共通するものは金銭欲、殺人欲、それにけっして真実を口にしないとい

う点である。つまり二人には巧妙に最大級の嘘《うそ》八百をでっち上げる才能があったのである。（二五章、一九〜二〇）

皇帝批判と女性嫌悪

目を背けたくなるようなプロコピウスの辛辣《しんらつ》きわまりない酷評を、私たちはどう扱えばよいのだろうか。実はビザンツの文学には「皇帝批判」という傾向が伝統的に確認できる。専制君主である現職皇帝を批判すれば厳罰をまぬかれえないだろう。だが、その皇帝が死んでしまえば、とりわけ簒奪がなされた場合には、先帝への攻撃はむしろ歓迎さえされた。プロコピウスの筆法は、この「皇帝批判」の先駆形態なのだろうか。

そうだとも言えるが、私には彼の記述はそれを超えた次元にあるように読めてしまう。というのも、プロコピウスの憤激的な記述は、皇帝夫妻だけでなく、自分の上司と言える将軍ベリサリウスや彼がいつも戦場に同伴した妻アントニナにも向けられているからである。子持ちで出しゃばりで、浮気性の女性アントニナ、妻の不倫を知って激怒するものの、十歳ほど年長の姉さん女房にゾッコンで結局は丸め込まれてしまうベリサリウス。プロコピウスは、性愛に奔放で身持ちが悪く、男勝りな女、それをコントロールできない夫に我慢できなかったのではないか。ともかく、研究上、プロコピウスの超辛口の個人的評価は別にして、彼が取り上げている具体的出来事について大きな間違いはないらしい。

ビザンツ世界の広がり

将軍ベリサリウスの活躍の話題に戻ることにしよう。優れた将帥でありながらユスティニアヌス帝の気まぐれや嫉妬《しっと》に翻弄されつつも、政治に口を出すこともなく（妻の方は皇后テオドラを通じて発言できたようだが）、最後まで忠誠を貫いたその姿はいじらしいほどである。けれども、私が注目したいのは彼の行動した範囲の方である。

ベリサリウスはササン朝との戦いで、古くからの係争地であるアルメニアに出陣した。その周辺には黒海東岸・コーカサス地方のキリスト教を信奉する諸民族が、帝国とササン朝の勢力争いの間で揺れ動いていた。後期ローマ帝国時代にあって、メソポタミアからシリアを主な戦場として東西の両大国は覇権を争ったのである。

西に目を転じると、ベリサリウスとアントニナ夫妻は北アフリカのカルタゴ地域からシチリア島、そしてイタリア半島を駆けめぐった。さらに皇帝はイベリア半島の西ゴート王家の継承争いにつけ込んで、その西部に軍隊を差し向けて勢力圏を広げていた。当面の間、ビザンツ帝国はサルデーニャ島やジブラルタル海峡に面するアフリカ北端のセウタをも確保していたらしい。

ユスティニアヌス帝による再征服活動により、東ローマ帝国がふたたび地中海帝国として返り咲いたことは有名であるが、東方領域を含めてこれらの地域が七世紀以降も帝国の直接的支配の有無にかかわらず、その歴史の舞台を形成していく。「はじめに」でも述べたように、これらの地域を「ビザンツ世界」と定義づけて、以下の章での叙述の基本枠組みとしたい。バルカン半島については、首都郊外を除いてベリサリウスの活躍の場とはならなかったが、今後ともビザンツ世界に入るのは暗黙の了解事項である。

次章では、七世紀にベリサリウス将軍にかわってこの世界の行き来する皇帝たちの姿を見ていくことにしよう。

コラム2：ビザンツは少々ややこしい（その2）

ビザンツには呼び名とも関係するもう一つの厄介な事項がある。それは歴史を語る上で欠かせない固有名詞を日本語で表記する場合に大きな揺れがあることだ。多くのビザンツ史研究者の場合、ビザンツ史についての主要な史料の言語であるギリシア語を古典ギリシア語の発音に準じてカタカナ表記するケースが多い（本書では短母音と長母音の区別はつけていない）。

これに対して、ビザンツ時代のギリシア語は古典期（紀元前五〜前四世紀頃）のものとは発音がかなり違っていて、キリスト教の『新約聖書』のコイネーと現代ギリシア語発音の中間くらいに位置しているという。

たとえば、現代のギリシアの首都アテネは、古典発音なら「アテーナイ」だが、ビザンツ期以降なら「アスィナ」に近くなる。初代の皇帝コンスタンティヌス（ラテン語読み）は古典読みなら「コーンスタンティーノス」だが、ビザンツ期以降なら「コンスタンディノス」となる。しかも、古典発音は高低アクセント（日本語風に平たく読む感じ）なのに、現在のギリシア語は英語風のストレス式のアクセントで「スィ」や「ディ」を強く発音する。

現代と古代のはざまにあるビザンツ時代のギリシア語は、どのようにカタカナで表記したらよいのか。とても悩ましいのだが、本書では古典発音に準じた表記としたい。ただし、教科書での表記など一般的な用例があれば、そちらを優先した。

なお、ここまではラテン語からのカタカナ表記としてきたが（例：ユスティニアヌス）、次章以降は七世紀にギリシア語が公用語化するのを受けてギリシア語での表記（例：ユスティニアノス）とする。（ウィキペディアの「プロジェクト：東ローマ帝国史の用語表記」も参照されたい）

第1章　ヘラクレイオス朝の皇帝とビザンツ世界

——七世紀

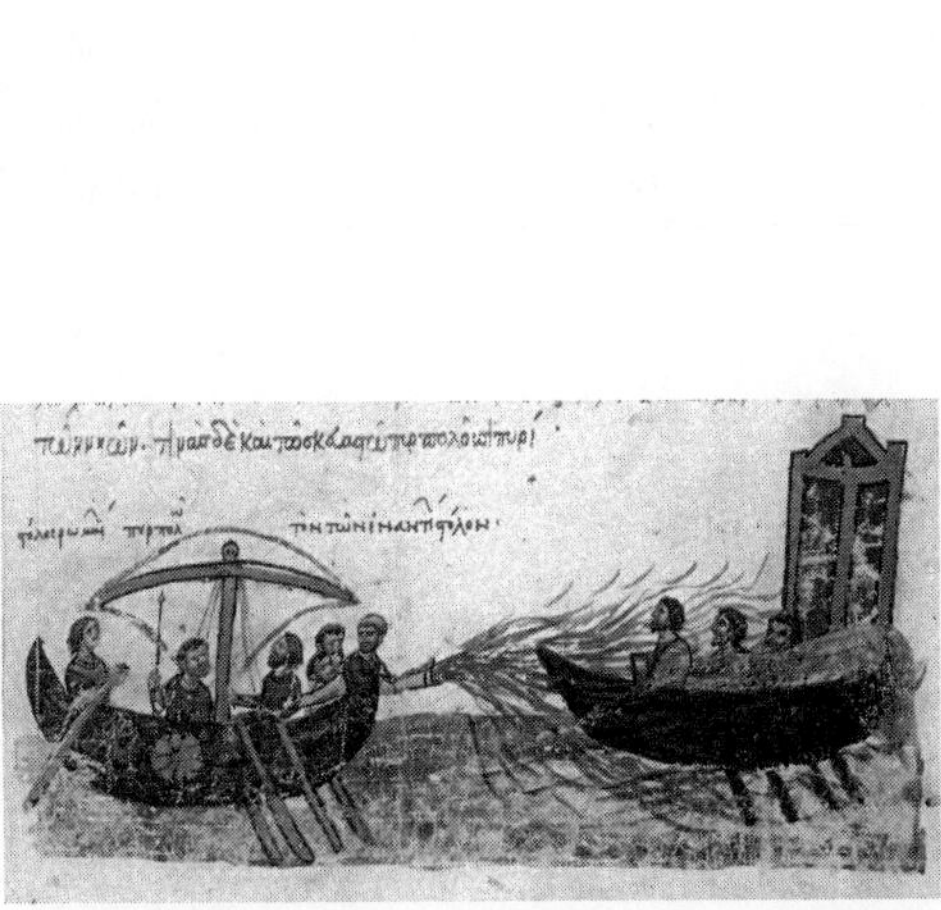

ギリシア火（スキュリツェス年代記，マドリード写本挿絵）

ビザンツ皇帝在位表②　　＊ 簒奪帝

皇帝名	在位年	即位の仕方	最期	親征の有無
＊フォカス	602-610	簒奪（軍擁立）	殺害	
＊ヘラクレイオス	610-641	簒奪（軍擁立）		○
コンスタンティノス３世	641	継承・子		
ヘラクロナス	641	継承・子	廃位	
コンスタンス２世	641-668	継承・孫（３世子）	暗殺	○
コンスタンティノス４世	668-685	継承・子		○
ユスティニアノス２世	685-695	継承・子	追放	○
＊レオンティオス	695-698	簒奪（都擁立）	退位	
＊ティベリオス２世	698-705	簒奪（軍擁立）	殺害	
＊ユスティニアノス２世（再）	705-711	復位	殺害	
＊フィリッピコス	711-713	簒奪（軍擁立）	殺害	
＊アナスタシオス２世	713-715	簒奪（都擁立）	退位	
＊テオドシオス３世	715-717	簒奪（軍擁立）	退位	

六世紀後半の国際情勢

七世紀は、ビザンツ帝国を含む地中海世界全体にとって大きな転換期となった。イスラム勢力の地中海進出を受けて、紀元前から続いてきたローマ帝国の概念、「われらの海」という枠組みは崩壊する。ビザンツ帝国はエジプトに加えてシリア、パレスチナという帝国の中核地域、キリスト教の揺籃《ようらん》の地を失う。これより一世紀あまり、国家は存亡をかけてイスラム軍とのシビアな戦いを継続させていった。

とはいえ、七世紀の激変に向けての胎動はそれ以前から始まっていた。六世紀の終盤、ユスティニアヌス一世の壮大な野望に対して反動が生じていたのだ。言い方を変えれば、ツケが回ってきたのである。

イタリア半島ではゲルマン系のランゴバルド族の侵入が五六八年、つまりユスティニアヌスの死の三年後から始まった。ビザンツ側はイタリア方面軍の司令官に民事行政権をも付与し、新たに総督（エクサルコス）として事態への対応に努めたが、劣勢は変わらなかった。やがて帝国の支配領域としては、シチリア島を含む南イタリア以外では総督府が置かれたラヴェンナから古都ローマあたりの地域のみが残るだけとなった。

同じくカルタゴを中心とする北アフリカ地域も、近隣の「蛮族」ムーア人の攻勢が激化していた。ここでもやはり、アフリカ方面軍の司令官は新たにカルタゴ総督として強大な権限をもつことになった。すでにユスティニアヌスの在位中、帝国各地の紛争をかかえた地域では属州総督に民事権に加えて軍指揮権も与える柔軟な措置がとられており、四世紀のディオクレティアヌス、コンスタンティヌスから続いてきた行政に限界が見えてきたといえる。なお、大きな権限を握ったイタリアと北アフリカの総督たちは、七世紀には反乱を引き起こすことになった。

一方、東方のペルシア戦線でも苦戦が続いていた。軍人出身の皇帝マウリキウスがようやく一息つけたのは、ササン朝でお家騒動が発生してからであった。運がよかったのは、マウリキウス帝が支援したホスロー二世が王位に就いたため（五九一年）、久しぶりにビザンツに有利な国境線が引かれて和平が成立したことである。

この間、バルカン半島は予断を許さない厳しい情勢下にあった。ドナウ川国境が、新たに登場したアヴァール人によって脅かされていたのである。カスピ海北岸から黒海北岸を経てドナウ下流域にいたる草原地帯は、古来中央アジアからの騎馬遊牧民族が移動を繰り返す「ステップ回廊」にあたっていた。この後もブルガリア人、マジャール人、ペチェネグ人など、次から次へと登場する「荒くれ者たち」への対処を、帝国はその地政学上の立地により宿命づけられていた。

東方戦線での和平をうけて、マウリキウス帝は急ぎオリエントから帝国軍の主力をドナウ川国境地域へと投入し、新たな異民族アヴァール人に対峙《たいじ》させた。しかし、戦線は膠着《こうちゃく》状態が続き、将兵は寒冷地での慣れない越冬を命じられたから、軍隊内では騒擾《そうじょう》が絶えなかった。そして六〇二年、ついに兵士たちの不満は頂点に達する。彼らはフォカスという名の下士官を指導者に選んで戦線を離脱し、首都コンスタンティノープルをめざして行軍を開始した。

簒奪帝フォカス

皇帝政府に対し公然と反旗を翻す軍事反乱は、約一世紀ぶりであった。五一三年、トラキアで軍隊の支持により皇帝を僭称したウィタリアヌスの場合、テオドシウス二世が構築した首都の大城壁が彼の進路に立ちはだかった。結局、ウィタリアヌスは政府側の懐柔策に丸め込まれ、最後は戦いにも敗れた。では、フォカスはどうであっただろうか。

彼はまず、自軍とともにかつて皇帝候補者が歓呼をうけた首都郊外のヘブドモン練兵場に陣取った。そして、そこから圧力をかけて皇帝に退位を迫った。宮廷ではこの機会を逃さんとの反皇帝派の暗躍が続くなか、恐怖心から逃亡を試みた皇帝一家は捕らえられ殺害された。これを見たフォカスは、首都の元老院と市民をヘブドモンに呼び寄せて即位式典を挙行する。

一世紀半ぶりの皇帝の即位場所の変化は、軍人皇帝の復活を呼び覚ます合図のようにも見えたが、事態はそのようには進まなかった。帝位簒奪の知らせを受けたササン朝のホスロー二世は、恩人への弔い合戦を口実に帝国領に攻め込んだ。この間、軍隊が撤収したドナウ国境は脆弱《ぜいじゃく》さを露呈し、アヴァール人とその支配者（カガン）につき従うスラヴ人諸部族が、

ヘラクレイオス帝のノミスマ金貨（アテネ貨幣博物館）

これまでにない規模で帝国領へと侵入を始めるのは時間の問題となった。さらに帝国各地では反乱が多発し、その中にはホスロー二世の支援を受けた将軍もあって事態は相当に深刻であった。首都コンスタンティノープルやシリアの大都市アンティオキアでは、民衆騒乱が頻発した。帝国の統治機能は麻痺《まひ》同然の状況に陥ったのである。

カルタゴ総督府から来た新皇帝

行き詰まりを見せる事態の変化は、北アフリカのカルタゴから始まった。六〇八年に首都の元老院からの救援依頼を受けた総督のヘラクレイオスは反乱軍を組織し、艦隊とともに息子で同名のヘラクレイオスをコンスタンティノープルへ、同じく甥のニケタスをエジプトへと送り出した。首都への食糧供給を一手に引き受けていたエジプトが反乱軍の手に落ちると、崩壊寸前のフォカス政権はとどめを刺された。

六一〇年、首都に到着した息子ヘラクレイオスに城門は開かれ、町中が彼に歓迎の声をあげたという。フォカスはあえなく殺害され、十年を待たずに帝位はふたたび簒奪された。皇帝の座に就いたのは、若きヘラクレイオスである。

皇帝となった息子ヘラクレイオスであったが、事態は一向に進展を見なかった。いや、むしろ深刻さは増すばかりであった。アンティオキアからパレスチナへと南下したササン朝の軍勢は、ダマスカスに続き六一四年にはエルサレムを陥れた。聖墳墓教会は略奪され、キリスト教徒にとっての至宝、イエスが磔《はりつけ》にされたという「真実の十字架」は戦利品として王都クテシフォンへと持ち去られた。さらにエジプトが陥落して、首都への食糧供給が途絶えるという危機が再発した。

けれども帝国軍は小アジアを防衛するのがやっとであり、この間にバルカン半島でも異民族の侵入が本格化した。そして六一六年、ペルシア軍がボスポロス海峡をはさんで首都の対岸に出現する。小アジアやエジプトの地が戦乱の渦中となるのは、ローマ帝政の開始以来はじめての出来事といってよかった。

ヘラクレイオスの長期遠征

六一八年、苦境に陥ったヘラクレイオスはカルタゴへの「逃亡」を考えたらしいが、コンスタンティノープル総主教のセルギオスや首都市民の説得もあって断念した。皇帝が何とかアヴァールのカガンとの和平を取りつけ、ササン朝への反転攻勢に動いたのは、即位して十年以上が過ぎた六二二年のことである。彼は帝国内に侵入した敵軍を迎撃するのではなく、長駆アルメニア・コーカサス方面に自軍を率いて出陣した。後方支援なし、行ったきりの決死の作戦であった。

これに対しササン朝側は、アヴァールのカガンとあらためて同盟を結び、六二六年にバルカンと小アジアの両側からコンスタンティノープルに攻撃をしかけた。ビザンツ帝国がはじめて経験する本格的な首都包囲戦であった。難攻不落の陸城壁と海上からの攻撃に対抗する艦隊、これらを指揮する皇弟テオドロスの奮戦、そして精神面での総主教セルギオスの支えもあって、何とか首都は侵攻を退けることができた。

この間も皇帝ヘラクレイオスは、新たに妻となった姪《めい》のマルティナをともなっての長期遠征の途上にあった。幾多の苦難をともないつつもコーカサスで敵軍を破り、六二七年に古都ニネヴェ近くで国王ホスロー二世軍との決戦に臨んだ。

激戦を制したのはビザンツ側で、ここに長期におよんだ両大国による最後の戦いの帰趨《きすう》は決した。翌年にはササン朝軍は占領地から撤退し、ヘラクレイオスは首都に凱旋する。六三〇年には、エルサレムで「真実の十字架」の返納式が執り行われた。

イスラムの到来

しかし、ヘラクレイオスの栄光は、ほんのつかの間のことであった。彼がバルカン半島に目を転じて行動を起こすよりも早く、アラビア半島から新たな運動の足音が忍び寄りつつあったのである。

新しい宗教であるイスラムの創始者ムハンマドが、メッカからメディナに拠点を移した聖《ヒ》遷《ジュラ》の年（六二二年）は、ヘラクレイオスがササン朝に対抗して本格的に活動を開始したのと同年にあたる。ムハンマドは六三二年に死去するが、それまでにはアラビア半島はイスラム教徒の支配するところとなっていた。

ローマ帝国はアラビア半島の遊牧民や商人たちと長い関係を有していた。それだけにかえって、イスラム教徒による新たな動向に機敏に反応できなかったのかもしれない。気づいたときには、皇帝自らが大軍を率いて出陣する事態を招いていた。両軍の雌雄はたった一度の会戦でケリがついた。六三六年、パレスチナのヤルムーク河畔の戦いである。兵力では圧倒的に優位にあったにもかかわらず、ビザンツ軍は大敗した。直接戦闘には加わらなかったヘラクレイオスにそれ以上打つ手はなく、彼は残存兵力とともにシリアを後にした。

まもなくシリア、パレスチナはイスラム教徒の手に落ち、ヘラクレイオス帝が亡くなる六四一年には、同じくエジプトの大部分も帝国領ではなくなっていた。この後、エジプトはキリスト教徒の支配の及ばぬ地域となっていく。

結局のところ、アジア側でビザンツ帝国に残されたのは実質小アジア半島だけであり、ヨーロッパ側のバルカン半島は帝国領と呼んでよいか怪しい状態になっていた。それでも、破竹の勢いのイスラム軍にニハーヴァンドの戦い（六四二年）で敗れ、まもなく滅亡したササン朝よりはましであったかもしれないが。

コンスタンティノープルに戻ったヘラクレイオスは、水が怖くなる病気にかかったという。

海の都と言ってよいコンスタンティノープルからの移動もままならなくなり、数年後に彼は死去した。栄光と挫折《ざせつ》が同居する彼の生涯は、ビザンツ史上でも一、二を争うほどの波瀾万丈のものであった（ハリス二〇一八）。

かつて歴史家オストロゴルスキーは、このヘラクレイオスに中期ビザンツ最初の皇帝にして、テマ制（第3章で詳述）などの軍事行政改革を断行した革新的な君主の姿を見出そうとした。けれども、今日の学界で彼の学説はほとんど支持されなくなっている。

それでもヘレクレイオスは、多難ではあるにせよ新たなビザンツ時代の門出にふさわしい人物なのは違いない。彼はテオドシウス以来二百年ぶりに戦場に立った皇帝であり、この伝統は彼の子孫によって引き継がれるであろう。

また彼の治世をもって、国家の公用語は事実上ギリシア語になったと言える。今後、ビザンツ皇帝はギリシア語で「バシレウス」と呼ばれる。バシレウスとは元来はギリシア語で王を意味する用語であるが、古くからローマ皇帝をも指していた。皇帝たちは、ペルシアやヨーロッパの君主と区別して今後は「ローマ人の皇帝（バシレウス・トン・ローマイオン）」と称するようになる。

コンスタンス二世

ヘラクレイオスの没後に帝位を継承したのは、先妻との間に生まれたコンスタンティノス三世と、後妻マルティナとの間の次男ヘラクロナスの二人であった。まもなく新政権内部で熾烈《しれつ》な主導権争いが生じる。実権を握ろうとするマルティナ母子と義兄コンスタンティノスの対立に、コンスタンティノープル総主教と元老院、さらに首都外に陣取る軍隊の司令官も加わって、事態は混迷をきわめた。けれども史料情報は断片的で、結局のところ正確な事情はあいまいなままである。

ただ、はっきりしているのは、毒殺のうわさのあるコンスタンティノス三世の死去後、主導権を握るかに見えたマルティナ母子は排除され、また軍司令官も失脚したことである。権力闘争に勝利したのは首都の元老院と市民であった。彼らはコンスタンティノス三世の長男、十一歳のコンスタンス二世を皇帝にすえて政権を担うことになった（井上二〇〇九）。

ニハーヴァンドの戦いでペルシア方面での勝利が確定したイスラム勢は、六四〇年代後半からは小アジアへ侵攻を繰り返すようになった。これに対し若き皇帝は、軍隊を率いて六五二年頃にアルメニアに向かった。どうやらイスラム勢からの圧力が日増しに強くなり、苦境にあったコーカサス地方を含む現地の小君主たちとよしみを通じ、連携をはかる計画であったらしい。けれども一定の成果が見込めそうになるなか、首都での陰謀騒ぎのために皇帝は急遽帰国《きゅうききょ》せざるをえなくなった。この後も中途半端なままに事態は推移していくが、ここでは祖父を模倣するかのような若きコンスタンス帝の行動に注目したい。

この当時、地上戦では劣勢にあった帝国軍だが、艦隊を活用しての海上からの敵地攻撃は有効な反撃手段となっていた。ところが六五〇年代に入ると、後にウマイヤ朝を開くシリア総督ムアーウィヤが新たに艦隊を編成し、東地中海やエーゲ海の島々に攻撃の手を伸ばし始めた。

六五五年、皇帝は今度は艦隊を率いてイスラム艦隊との決戦に挑んだ。けれども、小アジア南西部リキア沖でのいわゆる「帆柱の戦い」はビザンツ側の惨敗に終わった。皇帝は衣服を取りかえて、かろうじて戦線を離脱したという。皇帝自身が艦隊決戦に臨んだ例は非常にめずらしい。大規模な海戦としては、紀元前三一年にオクタウィアヌスがアントニウス・クレオパトラ連合軍とギリシアのアクティウムで戦って以来となる。

幸いイスラム教徒側で内紛が生じ、勝利したムアーウィヤは帝国側と和平を結んだため、この機会を利用してコンスタンスはバルカン側に出征したらしい。ただし、この時代についての主要史料の『テオファネス年代記』の六五六／七年には「皇帝はスラヴ人の地に遠征をし、多くの者を捕らえ服属させた」とだけある。なお、年代の表記が二年にまたがっているのは、ビザンツの暦が九月はじまりのため、どちらの年か決められない場合があるからだ。

その後、六六一／二年にふたたび皇帝は軍隊を率いて出征した。一行はマケドニア地方の都市テサロニキ、ギリシア本土のアテネ、コリントスを経由してアドリア海をイタリアへと渡った。帝国軍はランゴバルド人が押さえる諸都市を攻撃したが、補給線を欠いていたため攻囲戦はあきらめてナポリに入城した。そして六六三年七月、皇帝はローマを訪問した。ローマ皇帝の旧都来訪は四世紀末以来で、ローマ教皇は一行を歓待したものの、滞在はわずか十二日間であった。コンスタンスはナポリに戻り、その後シチリア島へと移動してシラクサに拠点を置いた。

皇帝暗殺とその評価

コンスタンスは軍隊とともにこの地に五年間滞在し、最後は身内の者によって浴場で暗殺された。それは彼に愛想を尽かした軍隊による反逆だったようで、この年六六八年に従軍した軍団の司令官が皇帝を僭称した。いずれにせよ、正統な皇帝はコンスタンティノープルでもイタリアでも不評だったようである。自分の子供への帝位継承を確実にするため弟を殺害したり、宗教政策に従わないローマ教皇を逮捕して黒海北岸のクリミア半島に流罪としたり、軍資金としてローマ市内から金品財宝を奪い、さらに新たな租税も導入した。その報いを受けるかのように命を落とした。享年三七であった。

コンスタンスの行動を、どのように評価すればよいのだろうか。軍隊を率いての皇帝の東奔西走について、研究者たちは何とか合理的に説明しようと試みてきた。「イスラム勢力への早期の防衛戦略であった」「彼の治世中に反乱を起こしたカルタゴ総督グレゴリオス（六四六／七年）やラヴェンナ総督オリンピオス（六五一年頃）のような分離運動への対応だった」などなど。最近では彼をヘラクレイオスにかわって、テマ制などの行政改革や貨幣発行を通じての経済政策の推進者として積極的に評価しようとする論文も登場している。

　ともかくも、記述史料からは彼が嫌われ者であったことくらいしか伝わってこない。貨幣などの実物データも、政治の実態とすり合わせるのはなかなかに困難な業である。激動期である七世紀研究のベテラン、シカゴ大学のケーギ教授はこの皇帝を「謎の人コンスタンス二世」と表現している（Kaegi 2010）。

　私としては、専制君主とはいえ個人的パフォーマンスが目立つコンスタンス帝の行動と、首都で地道に国家の舵取《かじと》りをする政府要人たちの施策を区別して考察する必要性を指摘して

コンスタンス２世と息子コンスタンティノス４世のノミスマ金貨　アテネ遠征時のものと思われる177枚が発掘されている（アクロポリス博物館，アテネ）

おきたい。なお、最新の研究に関しては小林功氏の著書が刊行されたので、そちらを参考にされたい（小林二〇二〇）。

「暗黒時代」と史料の貧困

ここで少しだけ脱線して、七、八世紀の史料について述べておきたい。ビザンツ史でこの時期は「暗黒時代」と呼ばれる。このような呼び方をするのには、大帝国からの転落やイコノクラスム（第2章参照）による混乱という現実が大きく関与していた。けれども、それに負けないくらいに、この時代には情報を提供してくれる史料が残っていない、という点も重要な理由の一つである。

ヘラクレイオス死後の混乱期から九世紀初頭のニケフォロス一世の治世あたりまで、出来事のあらましを提供してくれる歴史書は事実上『テオファネス年代記』しか存在しないに等しい。帝国書記官で後にコンスタンティノープル総主教に登り詰めたニケフォロス（皇帝とは別人）による『簡略歴史』も並行して存在はしているが、その内容のほとんどは『テオファネス年代記』と元情報を同じくしており、対比しての活用の度合いは制限される。

では、肝心の『テオファネス年代記』はどれほど利用できるのだろうか。この年代記は総主教顧問官であったゲオルギオスが編纂した年代記（天地開闢《かいびゃく》からディオクレティアヌス帝までを扱う）を継承するかたちで、八一三年までの出来事を年代ごとに記す。テオファネスは九世紀前半に死去した修道士で、ゲオルギオスから年代記の続きの編纂・執筆を委託されたのだという。

本年代記では七世紀の後半から八世紀前半の記述は特に短めで、年代のみで記事なしの年もたびたび見られる。そして、元となった史料は不明であるだけに、信憑《しんぴょう》性が問われることになる。実際、最近の中世史研究での記述史料の取り扱いの厳格化の流れを受けて、かつてのような素朴な史料読解は厳しく批判されている。一方、八世紀末以降のほぼ同時代になると記述の中身は冗長なくらいになってくるが、反対に毀誉褒貶《きよほうへん》の色合いが濃くなり、こちらも取り扱いには細心の注意が必要となる。

もちろん、事実を復元し、出来事について解釈を加える上での史料となるものは、記述された歴史叙述だけではない。考古学上発見された遺物は、モノとして圧倒的な説得力をもっており、その中には文字や図像を含むコインや印章（の押された跡形）もあって、近年特に研究の進展が著しい。その他にもキリスト教にかかわる聖者の記述、いわゆる奇蹟譚《きせきたん》や聖人伝も文字史料として考察・分析の対象となってくる。

コンスタンティノス四世と首都包囲戦

コンスタンスが暗殺された時、その家族は首都コンスタンティノープルで留守をあずかっていた。遠征への同行を求める皇帝に対して、政府要人や首都の市民たちが引き留めたからである。皇帝の出発時点で、長男のコンスタンティノス四世は、すでに共同皇帝として即位していた。そしてコンスタンス二世殺害と軍隊による帝位僭称の一報が届いた時、彼は十八歳前後の青年に達していた。

シチリア島での軍事反乱は、カルタゴとラヴェンナ総督府などから派遣された軍隊によってすみやかに鎮定された。同時期に発生していたアルメニアコイ軍団（かつてのアルメニア方面軍）の謀反も首謀者が事故死したために事なきを得た。

けれども、より深刻な脅威がコンスタンティノープルに迫りつつあった。ウマイヤ朝の初代カリフとなったムアーウィヤ（在位六六一～六八〇）がビザンツ帝国の首都への攻撃を準備しつつあったのである。これまでもイスラム軍が首都に迫ったことはあったようだが、陸上だけでなく海からも大軍が攻撃し、首都が長期間にわたり封鎖されるような事態は六二六年以来、半世紀ぶりであった。

近年の研究によれば、従来言われてきたような数年連続での首都攻撃というのは、実際の出来事とは違っていたらしいが、それでもコンスタンティノープルが異教徒からの本格的な攻撃を受けて、結果として国家が存亡の淵《ふち》に立ったことは間違いない。

コンスタンティノス4世のノミスマ金貨（アテネ貨幣博物館）

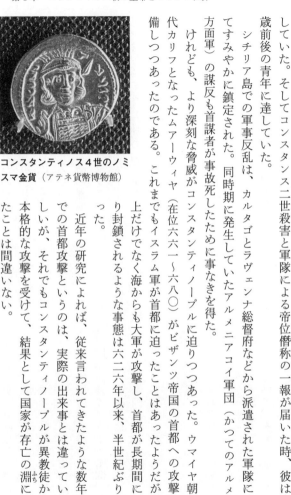

この時に海戦で投入されたのが、一種の火炎放射器で「ギリシア火」と呼ばれる秘密兵器である。「ギリシア火」を搭載した艦船による風上からの攻撃は、敵の木造船に対しては圧倒的な威力を発揮したらしい。この後、「ギリシア火」の威力はビザンツ艦隊にいくたびかの勝利をもたらすことになる（ヘリン二〇一〇）。結果、コンスタンティノープル市は鉄壁の陸城壁とともに海上からも敵の艦船を寄せつけることなく、最終的に勝利を勝ち取った。

この首都包囲戦でコンスタンティノス四世は、その準備段階から陣頭に立って奮闘したという。これに対しカリフのムアーウィヤは攻撃軍に撤退を命じて、帝国側に貢納金支払いなどを含むビザンツ有利の和平を提案した。こうして今回もビザンツ帝国は生きのびた。けれども、皇帝に息をつく暇はなかった。バルカン半島に新たな異民族が登場したからである。

ブルガリア人の建国

七世紀後半の時点で、アヴァール人はハンガリー平原から旧パンノニア地方に移動していた。かわってドナウ川下流域に登場したのが君主（カン）のアスパルフが率いるブルガリア人であった。七世紀までには中央アジア出身のブルガール諸部族が黒海北岸地域に定住していたようだが、彼らは東から到来した謎の民族ハザールの攻撃を受けて、その一部が西へと移動を開始したのである。

異邦人の襲来の知らせを受けた皇帝コンスタンティノス四世は、六八一年に軍隊をヨーロッパ側に移動させて北方への進軍を命じ、自身も艦隊を準備してドナウ河口へと出撃した。これは前年一一月の招集をうけて、首都で開催中の第三回目のコンスタンティノープル公会議を抜け出しての遠征であったらしい。

帝国軍の進出に驚いたブルガリア人は要塞に立てこもって防衛策をとったが、おりしも皇帝は痛風の病を発症して急ぎ首都へ帰還した。ビザンツ軍中では皇帝逃亡のうわさが流れて足並みに乱れが生じたため、帝国軍は撤退を余儀なくされた。これを見たブルガリア軍は追撃して大きな勝利を収めたという。コンスタンティノス四世はブルガリア人のドナウ川以南での定住を承認し、毎年の貢納金支払いを約束してアスパルフと和平を取り交わした。

この後、バルカン半島南部へと先に移動・定住していたスラヴ人諸部族の多くはブルガリア人の勢力圏内に組み込まれる一方、少数支配者のブルガリア人たちはスラヴ化していくことになる。以後ビザンツ帝国は、その首都からさほど遠くないヨーロッパ側、トラキア地方の北方に潜在的な強敵をかかえることになった（ブラウニング一九九五）。

ユスティニアノス二世

コンスタンティノス四世は、その名に負けない活動を旨としたのだろうか、六八四／五年頃に小アジアの南東端のキリキア地方に遠征してシリアに圧力をかけ、カリフから追加の貢納金を獲得した。けれども六八五年、彼は三〇代なかばで急死する。後を継いだのはさらに気合いの入った名前、ユスティニアノスを父親から授けられた十六歳の若者であった。

新帝ユスティニアノス二世はヘラクレイオスに始まる王朝の最後の皇帝で、その後の国家の災難の元凶となった人物であるためか、史料ではとかく残虐で無謀な人物として描かれている。偏見に満ちた表現に配慮しながら、彼の治世を見ていくことにしよう。

政権を引き継いだユスティニアノス二世も、父親に負けず精力的に対外政策を展開した。六八六年に将軍のレオンティオスをアルメニアからジョージア方面に派遣し、この遠征の成果をもとに多大な徴税金を獲得した。

これをうけて皇帝は、六八七／八年に自らヨーロッパ側の「スラヴ人の地とブルガリア」に出陣し、帝国第二の都市テサロニキへと進軍した。この過程で多くのスラヴ人を捕虜にして、彼らを小アジア側の首都近郊の「オプシキオン」と呼ばれる地域に入植させたという。六九一／二年頃、ユスティニアヌス二世は、このオプシキオン地域のスラヴ人から兵士を徴募して三万人（！）の特別軍を編成したという。彼はイスラム側に和平の破棄を通達し、特別軍に正規の騎兵隊を加えてアルメニアのセバストポリスに向かった。けれどもスラヴ軍の司令官がアラブ側に寝返ったため、ビザンツ軍はあえなく敗退した。皇帝は報復措置として残りのスラヴ人たちを家族ともども虐殺したという。

この敗戦によりアルメニアはイスラム国家の宗主権下に入り、帝国領の小アジアはふたたびイスラム軍の侵攻を受けることになった。

内政面でもユスティニアノス二世は積極的に行動し、父親に続いて教会会議を開催している。六九二年にコンスタンティノープルの大宮殿内にあるドーム（ギリシア語でトゥルロス）広間で開催されたため、この会合はトゥルロ公会議と呼ばれる（あるいは第五回と六回の公会議の内容を扱ったために「五・六回（ペンテクテ、ラテン語でキニセクストゥム）」とも）。

この会議では、キリストは「その人間のかたちで」描くようにと決定がなされた。それを実践するかのように、ユスティニアノスは発行した貨幣で慣例どおりの自分の肖像に加えて、反対面にキリストの上半身像をはじめて描かせた。それは会議の決定を確認するとともに、皇帝は「神の代理人」であることを明示するものでもあった。

トゥルロ公会議では、神の代理人である皇帝のお膝元《ひざもと》のコンスタンティノープル総主教座はローマ教皇と対等であるとの決議もなされた。東西の両教会の対立の原因の一つである首位権（プリマータ）問題で帝国側に好都合な決定をしたことにより、この会議の承認をローマ側は拒否した。

ユスティニアノス2世のノミスマ金貨，裏と表（アテネ貨幣博物館）

立腹した皇帝は、かつて祖父

コンスタンス二世が自身の教会政策に反対する教皇マルティヌスを捕縛した例にならおうとした。けれどもローマ市の民衆や軍隊はこれを拒否、さらにラヴェンナ総督もこれに同調したため、ユスティニアノスは打つ手を失った。

レオンティオスによる政権簒奪

史料に登場するユスティニアノスの評判は非常に悪い。明らかに皇帝批判うんぬんのレベルを越えていて、憎悪むき出しの感がある。ともかく、彼は財務長官で宦官のステファノスに命じて首都での建築事業を推進させる一方、修道士から税務長官に抜擢《ばってき》されたテオドトスを通じて厳しい徴税政策も断行したから、人々の反感を買ったらしい。これに対し、彼は自身の政策に異を唱える者たちを次々と逮捕・監禁したという。ユスティニアノス二世が対外的に苦境に陥り、内政でも不満がくすぶる中で六九五年に首都で政権の転覆が企てられた。

発端は、かつてアルメニアに派遣されていたレオンティオス将軍が、クーデタを実行したことにあった。アナトリコイ軍団の将軍（元のオリエント方面軍司令官）を解任され、首都で監禁状態にあったレオンティオスは、突然ヘラス（ギリシア）の将軍に任命されて赴任することになった。

出発の前夜に彼は仲間に別れの言葉を語った。「囚《とら》われている時にお前たちは私に皇帝の職を約束したが、今や私の人生は悪しき状況の中で終わろうとしている」。仲間の一人に、修道士だが元は占星術師のパウロスなる人物があったから、そのような予言がなされたのだろうか。仲間の返答は「ためらわないなら、汝《なんじ》の目標はすぐにでも達成されるであろう。われらだけに耳を傾けよ、われらに続け」であった。

決断を下したレオンティオスは、一行とともに首都のプライトリオン監獄へ向かった。策を弄して囚人たちを解放すると、彼らに武器を授けて騒乱を発生させた。この動きに総主教や首都の市民たちが合流し、人々は馬車競技場ヒッポドロームに集結する。皇帝の手先であったステファノスとテオドトスは市中を引き回され、牡牛の広場で焼かれた。捕らえられた皇帝ユスティニアノスは鼻を削《そ》がれ、舌を切られたうえでクリミア半島のケルソンに追放となった。

ケルソンとは、皇帝の祖父コンスタンス二世が自分の教会政策に反対するローマ教皇を追放した地であった。教皇の逮捕に失敗したユスティニアノスは、自身がそこに流されることになったのである。

不屈の人ユスティニアノスの最期

鼻なしの元皇帝ユスティニアノスは、舌を切られて発話にも苦労していたが、ケルソンの地で皇帝に返り咲くと公言してはばからなかった。その言動を危惧《きぐ》したケルソン市の役人たちが警戒を深めると、彼は密《ひそ》かに逃亡して北方のハザール国のカガンに保護を求めた。カガンはこれを歓迎し、元皇帝に自身の娘をめあわせた。けれども、ビザンツ政府からの要請があると、ユスティニアノス逮捕に方針を転換した。

この動きを察知した元皇帝は、ふたたび逃亡、今度はブルガリアをめざした。するとブルガリアの君主テルヴェルも鼻なしの元皇帝を歓待した。その上でユスティニアノスを擁してコンスタンティノープルへと軍を進めた。鉄壁である帝都の陸城壁に対し、ユスティニアノスは水道橋の導管をつたって町中に入り、巧妙に首都を奪取することに成功する。

帝位に返り咲いたユスティニアノス二世は、復讐《ふくしゅう》心に燃えた。彼を打倒したレオンティオスとそれを継いだ皇帝ティベリオス二世の処刑を手始めに、彼を追い落とした人々を次々と粛清していった。けれども、彼の怒りはそれで収まることはなかった。皇帝は、流刑先であったケルソン市への懲罰遠征を敢行し、三度にわたり艦隊を派遣したのである。

繰り返される出動に、軍隊がついに愛想を尽かす。ケルソン市の人々と派遣軍は反抗を決意し、バルダネスなる人物を擁して都へと攻め上った。皇帝は首都を脱出したものの、フィリッピコスと改名した新帝は追撃を命じ、結局ユスティニアノスは裏切りにあって殺害された。彼の首はローマやラヴェンナへ引き回されたという（中谷二〇一五）。

ヘラクレイオス朝の皇帝たち

ユスティニアノス二世の死去により、約一世紀続いたヘラクレイオス朝は断絶した。この章ではヘラクレイオス、コンスタンス二世、コンスタンティノス四世、ユスティニアノス二世の実質四代の皇帝の治世を概観してきたが、いくつかポイントをまとめておこう。

まず先にも述べたように、ヘラクレイオス以降の皇帝は親征を行うようになった。対外面で帝国がこれまでにない危機に見舞われた、という現実が大きく作用していたわけであるが、それでも二世紀もの間確認できない大きな変化である。

この後、ビザンツ皇帝の多くは軍隊を率いて各地に出征し、敵軍と対峙するようになった。つまり、ビザンツ皇帝は軍隊を率いる将帥としての才能を絶えず問われていくのである。

ヘラクレイオス朝では、結果的に長男が皇帝位を継承した。ヘラクレイオス、コンスタンス二世、コンスタンティノス四世には実は弟が何人かいたが、初代を除くと彼らは治世の途中で政治から排除されている。それは現職皇帝から長子への継承を確実にするための措置であった。もしかすると、それはヘラクレイオス帝の二人の息子、コンスタンティノス三世と義弟ヘラクロナス、さらに後者の母マルティナを巻き込んだ政争を教訓にした措置であったのかもしれない。ともかく、今後も皇帝位が血統で継承される際に長男であることは決定的ではないにせよ一定の優位をもたらす。

もう一点指摘したいのは、偶然の要素が大きいとは思うが、初代を除くこの王朝の歴代皇帝の若年での即位である。その事実の裏返しとして、各皇帝は若くして死去した。コンスタンス二世が十歳ほどで即位し、暗殺されたのは三七歳の頃。コンスタンティノス四世も、二

○歳前に即位して三五歳前後で死去する。さらにユスティニアノス二世の場合、死んだのは五〇を越えてからだが、やはり十七歳で即位して治世十年目に帝位を簒奪されている。

当時の史料の記述では、多くの場合「皇帝は○○した」という形式でその事績を述べるのが通例である。そのため、個々の出来事は皇帝の政策であるように解釈されがちとなる。皇帝専制が原則のビザンツ帝国であるから、それで問題ないと言えるかもしれない。だが、ストレートにそう信じてよいかどうかは注意がいるように思う。史料情報が乏しい場合はなおさらである。

たとえばコンスタンス二世の場合、彼が青年に達するまで政務は政府要人によって担当されたと考えられる。この皇帝の治世末年にウマイヤ朝のムアーウィヤへの使者として活躍した宦官のアンドレアスや、六八一年頃に首都にアナトリコイ軍団が押し寄せて自分たちの要求（それは皇帝の弟たちとの共同統治であった）を突きつけた際に、対応したコロネイアのテオドロスなどが思いあたる。両名は六六一年頃にコンスタンス二世が首都を離れて出征する際に、家族を同行させようとする皇帝を説得し、これを思いとどまらせた人たちでもあった。

残念ながら、同じような政府要人の個人名は他に史料から確認できないが、明らかに彼らの方針と皇帝の意向とは同一ではなかった。ともかく、実務面で政権を支えた人々の存在を忘れないようにしたい。

明確となるビザンツ世界

七世紀、前例のない対外上の危機を迎えて、ヘラクレイオス朝の皇帝たちは西へ東へと奔走した。ユスティニアノス二世の場合は、権力失墜中とはいえ黒海沿岸の北方へも活動域を伸ばした。ここに、歴代皇帝による親征の復活とともに、その後のビザンツ世界と呼んでよい領域が明確なものとして姿を現しているように思う。

すなわち、①東はアルメニアからジョージアなどのコーカサス地域（ヘラクレイオス、コンスタンス二世が親征）。②スラヴ人やブルガリア人の侵入があって帝国のコントロールは怪しいものとなったにせよ、ギリシア本土を含むバルカン半島の全体（コンスタンス二世、コンスタンティノス四世、ユスティニアノス二世が親征）。やがて地中海の南岸はイスラム勢力の手に落ちていくわけであるが、③エジプトから西へカルタゴ地域やセウタにいたる地中海沿岸とシチリア島を含むイタリア（ヘラクレイオス帝が到来、コンスタンス二世が親征）。海洋世界では④ジブラルタル海峡に近いセウタやサルデーニャ島からエーゲ海・東地中海、そして黒海とその沿岸（コンスタンス二世の海戦参加、追放中のユスティニアノス二世が移動）である。これに、帝国領の中核を形成する小アジア（アナトリア）が加わった。以上が本書が設定するビザンツ世界である。

続く各章でも、帝国の支配領域や国境地帯だけに限定せず、より広く「ビザンツ世界」全体を俯瞰《ふかん》する視点を維持しながら記述を続けていきたい。

「混乱の二〇年」(六九五〜七一七年)

最後に、七世紀末から八世紀初頭までの期間の政治情勢を簡単に概観しておこう(中谷二〇一六)。

ユスティニアノス二世を排除して皇帝となったレオンティオスが直面したのは、六九七年のイスラム軍による北アフリカ総督府の中心都市カルタゴの奪取であった。彼はただちに艦隊を派遣して、奪回作戦を開始した。急襲によりいったんは町を取り返したものの、逆襲を受けてビザンツ軍は撤退を余儀なくされた。クレタ島に舞い戻った艦隊では、処罰を恐れる将兵たちが反乱を決意した。

こうして艦隊の司令官であるアプシマロスなる人物が皇帝に担がれ、首都に攻め上る。首都がこの動きに呼応したため、先の政権交代から三年ほどで政府の転覆が起こった。レオンティオス帝は修道院に引退し、アプシマロスがティベリオス二世と改名して即位した。

しかし、ティベリオス帝の政権もそう長くは続かなかった。七〇五年にブルガリアのテルヴェルが、鼻なしの元皇帝ユスティニアノスをともなって首都に迫ったからである。防衛上の慢心があったのだろうか、首都は三たび政権交代を経験し、すでに述べたように前皇帝レオンティオスと現職のティベリオス二世の両名は処刑された。しかし、重祚《ちょうそ》したユスティニアノス二世も、執念の復讐劇では遠征軍の反逆を招いて七一一年に破滅した。

新たに皇帝に即位したバルダネス改めフィリッピコス帝は、正統信仰を支持しない異端者であった。そのことだけが彼の失権の原因ではないだろうが、二年後に首都で発生したクーデタによって彼もあえなく殺害された。元老院や市民たちが皇帝に擁立したのはアルテミオスという名の元帝国書記官であり、かつて官僚から皇帝となった人物にあやかってアナスタシオス二世を称した。

アナスタシオス二世は迫りつつあるイスラム軍による首都攻撃に備えて防衛に専心するとともに、後に活躍する将軍レオンやアルタバスドスらを小アジアの軍団の司令官に抜擢した。けれども、アナスタシオスも二年以上政権を維持できなかった。ロドス島方面に派遣された艦隊と行動をともにしていた、首都近郊の防衛を担当するオプシキオン軍団が反乱を起こし、徴税役人のテオドシオス（三世）という人物を擁して首都に攻め上ったからである。首都をめぐる包囲戦が半年ほど続いたらしいが、結局城門が反乱軍に開かれ、アナスタシオスは出身地のテサロニキ市に引退した。

さらに、いよいよイスラム軍の陸海両側からの首都攻撃が開始されようとした時、先にアナスタシオス二世によって任命された二人の将軍、アナトリコイ軍団のレオンとアルメニアコイ軍団のアルタバスドスの二人が新政権に反旗を翻した。アルタバスドスがレオンの娘を妻にするかたちで両者は同盟を結び、皇帝に擁立されたレオンは首都に攻め上った。テオドシオスは反乱軍に徹底して抵抗する意志は弱く、自分と家族の無事を条件に退位を表明した。

こうして七一七年から翌年にかけての首都包囲戦、帝国の存亡をかけた決戦は、新たに即位したレオン三世の指揮の下で戦われることになった。

以上が、六九五年から約二〇年におよぶ内乱と政権交代の概要である。皇帝に就任した者だけでも、将軍、艦隊司令官、元皇帝、高官の子息、国家官僚、徴税官と多士済々であり、軍隊以外に首都の元老院や市民たちなど、文字どおり「ビザンツ皇帝になれるのは誰か」のオンパレード、ケーススタディの格好の事例という様相を呈している。

ただし、このような皇帝擁立の多様性は、その後の時代には失われていくであろう。政治に関与する主体としての元老院や市民への言及は、以後史料から次第に見られなくなるのである。

コラム3：宦官のいる国といない国

去勢された男性である宦官は、古い時代から人類の歴史に登場する。古代ローマでも帝政期になると皇帝たちは宦官を登用した。ユスティニアヌス帝が、イタリア遠征にベリサリウスにかえて派遣した将軍ナルセスも宦官であった。本章でも宦官のアンドレアスがダマスカスへ使節として派遣されており、これ以降もビザンツの歴史では宦官たちがあたり前のように活躍する。史料に彼らが登場する場合は、生殖能力をもたないがゆえに現職皇帝の地位を脅かすことなく、その絶大な信頼のもとで忠実に政務を担当する、というケースが大半であった。

宦官の活躍がひときわ目立つのが、次章に登場するエイレネ（摂政・女帝）の場合である。政治経験のないなかで摂政となった彼女にとって、信頼がおける存在はまずは身の回りで働いている宦官たちだったのだろう。彼らは戦場に出られないエイレネになりかわって軍隊の司令官を務めるなど、政権を左右するほどの存在に成長していく。ビザンツでは、中国のように宦官が集団化して行動する事例は多くないが、エイレネが一時失脚した際には宦官たちも一掃された。

宦官について、もう一言コメントしておきたい。それは、世界の歴史で宦官は特別な存在ではなかったということである。日本の歴史には宦官は登場しないし、ヨーロッパの歴史でもそれは同様である（ローマ教皇庁のカストラータ〔去勢歌手〕は別にして）。けれども、広くユーラシアの歴史を眺めてみた場合、君主政の存在するところに宦官はめずらしいものではなかった。いやむしろ、その存在はノーマルであったとさえ言える。中国だけでなく、朝鮮王朝にも宦官はいた。むしろヨーロッパや日本社会が例外なのかもしれない（井上二〇〇九）。

第2章　イコノクラスムと皇妃コンクール
——八世紀

聖ソフィア大聖堂内部（現アヤソフィア博物館）

ビザンツ皇帝在位表③　　　　　　　　　　　＊簒奪者

皇帝名	在位年	即位の仕方	最期	親征の有無
＊レオン3世	717-741	簒奪（軍擁立）		○
＊アルタバスドス	741-743	簒奪（軍擁立）・婿	殺害？	○
コンスタンティノス5世	741-775	継承・子		○
レオン4世	775-780	継承・子		
コンスタンティノス6世	780-797	継承・子	退位	○
＊エイレネ	797-802	簒奪・母		
＊ニケフォロス1世	802-811	簒奪（陰謀）	戦死	○
スタウラキオス	811	継承・子		○
ミカエル1世	811-813	継承・婿	退位	○
＊レオン5世	813-820	簒奪（軍擁立）	殺害	○
＊ミカエル2世	820-829	簒奪（陰謀）		○
テオフィロス	829-842	継承・子		○
ミカエル3世	842-867	継承・子	殺害	○

イエスをめぐる神学論争

第1章ではヘラクレイオス朝の皇帝たちの事績を年代順にたどったが、ここからは章ごとにテーマを定めて、それらを中心に話を進めていきたい。本章でまず取り上げるのはイコノクラスム（聖像破壊）である。

八世紀から九世紀前半にかけての時期は、これまで「イコノクラスムの時代」と呼ばれることが多かった。実際、イコノクラスムは教科書にも登場する有名な出来事である。宗教がらみのテーマは少々厄介かもしれないが、どうかおつきあい願いたい。

序章の冒頭でニケーア公会議に触れたが、キリスト教が公認された後の教会の歴史は、大胆に一言で言えば、イエスをめぐる神学論争の連続であった。ニケーア以降の公会議で決定された主な事項をまとめると次のようになる。

1	ニケーア公会議	三二五年	アリウス派を異端とする
2	第一コンスタンティノープル公会議	三八一年	「新しいローマ」の位置づけ
3	エフェソス公会議	四三一年	ネストリウス派を異端とする
4	カルケドン公会議	四五一年	単性論派を異端とする
5	第二コンスタンティノープル公会議	五五三年	オリゲネス派を異端とする
6	第三コンスタンティノープル公会議	六八〇〜八一年	単意説を否定する

7　第二ニケーア公会議　七八七年　イコノクラスム派を異端とする

以上が一般に「普遍の」(エキュメニカル)公会議と呼ばれるもので、コンスタンティノープルやローマだけでなく、アンティオキア、エルサレム、そしてアレクサンドリアの五本山の教会が合意して成立した。これらは七八七年の第七回が最後となる。したがって、ユスティニアノス二世が主催したトゥルロ公会議(六九二年)やイコノクラスムを決定したヒエリア公会議(七五四年)はビザンツ教会だけの会議となる。同じく、クレルモン公会議(一〇九五年)などもカトリックだけの会合である。

以上の公会議でたびたび異端者を出したのが、人間として生まれたイエスをキリストとしてどのように位置づけるのか、という問題であった。ビザンツ初期の国内政治は以上のような神学論争が複雑にからみあって展開した面が多分にある。八世紀に生じたイコノクラスムも、やはりイエスをめぐる神学論争の一つであり、実質上最後の対立となった。まずは、イコンをめぐる論争に入る前にそれ以前の異端論争について簡単にまとめておこう。

古代からの異端論争

正統派となる三位一体説では、父なる神と、子なるイエス、そして聖霊の関係について、父と子は同質で、聖霊は父から発出するものと考えた。父と子が同質、とは何なのか、ここではこれ以上は追究しないことにする。また、後の時代にカトリック教会が聖霊は子なるイエスからも発出すると文書に書き加えたために、コンスタンティノープル教会との間に深刻な衝突を生じさせることになった。これがいわゆる「フィリオクエ問題」で、フィリオクエ（filioque）とはラテン語で「息子からも」を意味する。

イエスにおける神と人間の関係性について、アリウス派はイエスの人としての性質を重視しすぎたため、一方ネストリウス派はイエスの神性と人間性を分離しすぎたために異端となった。単性論派は三位一体説を信奉するものの、父と子は本質において単一であるとしたので激しい議論を巻き起こした。

イエス・キリストのモザイク（オシオス・ルカス修道院，ギリシア）

論点はかなり微妙で、異端とされた後も皇帝が個人的に信奉するケースもたびたびあって、加えて東方の教会には支持者が多かった。実は、どの異端も公会議の決定によりすぐに衰退したわけではなく、そのため後続の会議で何度も異端宣告が繰り返されることになった。

五世紀から続く単性論をめぐる論争の終息をはかったのが、ヘラクレイオス帝であった。彼は、正統信仰と単性論派の妥協をめざして単意説（キリストにおいて意志は単一）を提示したものの、結局は対立をいっそうあおるだけであった。コンスタンス二世も祖父の立場を継承して混迷をいっそう深める結果となり、ようやく第三コンスタンティノープル公会議でローマ教会も支持する正統信仰への回帰が実現した。ところが八世紀になると、こんどはイコンが論争を引き起こすことになるのである（松本二〇〇九）。

イコンとイコン崇敬

イコンとは、神聖なる画像のことを指している。どうして神聖なのかというと、そこにイエス・キリストや聖母マリアが描かれているからである。さらに二人以外にも、『旧約聖書』の預言者やイエスの弟子の使徒たち、迫害を受けて殉教した者、要するにキリスト教で神聖とされる人々（聖人と総称される）もイコン画像に描かれた。

ざっくばらんに言ってしまえば、頭の後方に光背（ニンブス、ルネサンス以降なら天使の輪）が付いている人物である（皇帝像にも特別に加えられた）。

キリスト教の世界では、聖人たちの死後に残された骨や歯などが奇跡を呼び起こすツールとして古くから人々の崇敬を集めてきていた。一般に聖遺物と呼ばれるものである。イエスの場合は処刑後に昇天したとされるので、身体由来の聖遺物は存在せず、処刑時の十字架（前出の真実の十字架、現在に残るものを全部合わせるとすごい量になる）や茨《いばら》の冠などが崇敬を集めた。「崇敬」というのは神学上の用語で、その物体を直接あがめるのではなく（それでは偶像崇拝となる)、そこに描かれている人物を敬い、彼/彼女を通じて神へのとりなしを願うかたちになっている。

七世紀以降、このような崇敬の対象の中に、イエスをはじめとする聖なる画像(イコン)が加わるようになってきた。第1章に登場した六九二年のトゥルロ公会議では、キリストは「人間のかたちで」描くようにと定められたわけである。けれども、現実には崇敬と崇拝とを見た目で区別するのは困難であった。

実際、民衆レベルで崇敬と崇拝の区別が意識されていたかどうかは、いたって怪しい。礼拝のかたちとしては、ビザンツ教会では東方由来の跪拝(プロスキニス、平伏)が広がりつつあったからなおさらだった。とはいえ、聖書が読める人など相当にまれな時代にあって、イコンのような図像メディアは信仰の中身を説明するためにとても重宝された。なかなかに悩ましい問題であ

聖母子のイコン「パナギア・メシトリア」
(パナギア・ラオデゲトリア聖堂所蔵，テサロニキ)

ったと言えるだろう。

レオン三世とイコノクラスムの開始

前章にも登場した七・八世紀についての主要史料『テオファネス年代記』によると、七二六年にエーゲ海で巨大な火山噴火が起こり、これにともなって大量の噴石が周辺各地に降り注いで甚大な被害が発生した。皇帝レオン三世は、この現象を自分たちの罪に対する神の怒りであると見なした。では何の罪か。人々が聖画像としてイコンにひれ伏しているが、これは禁じられている偶像崇拝にあたると考えたのである。

『旧約聖書』「出エジプト記」で、神からモーセに与えられた十戒の第四には「あなたは自分のために、刻んだ像を造ってはならない」、続く第五でも「それにひれ伏してはならない。それに仕えてはならない」とある。キリスト教を含む一神教にあっては、偶像崇拝は厳禁なのである。

年代記は続ける。皇帝は首都の大宮殿入り口の青銅門に掲げられたキリストの画像の撤去を命じた。ところが、これに反対する民衆たちが怒って役人たちに襲いかかり、死傷者が発生する。結果として関係者は「真の信仰が原因で、身体切断、むち打ち、追放、そして罰金の処罰を受けた」という。さらに、ギリシアでは軍隊が反乱を起こし（その後鎮圧）、皇帝のイコン破壊（イコノクラスム）に反対する総主教ゲルマノスは解任され（七三〇年）、そしてローマ教皇もレオン三世の施策を厳しく批判することになった。

年代記の記述からは、イコンへの攻撃は皇帝によって開始されたとされるが、同様の考えを説く複数の聖職者の名前も史料に登場する。実際、以前からイコン批判の風潮はあったようである。ただし、動きが首都を中心にどれほどの規模で展開されたのかはよくわからない。史料にはイコノクラスムにまつわる話題は事欠かないものの、具体的な出来事はこの時点ではあまり明らかではない。もちろん、「暗黒時代」とされる史料状況もここでは考慮しておく必要があるだろう。

コンスタンティノス五世と迫害の拡大

イコンを信奉する人々への迫害が本格化したのは、レオン三世の息子コンスタンティノス五世の治世になってからである。七五四年、ボスポロス海峡のアジア側にあるヒエリア宮で公会議を開催し、イコノクラスムを正式決定したコンスタンティノス五世が、特に攻撃の矛先を向けたのが修道士たちであった。というのも、イコン製作の主な担い手である修道士たちは、土地や財産を独自に所有して政府の統制を直接に受けず、信仰

イコノクラスム（クルドフ詩篇の写本挿絵より，モスクワ国立歴史博物館蔵）

生活を最優先にイコン崇敬の活動を推進していたからと考えられる。
『テオファネス年代記』七六九／七〇年の項には、皇帝の腹心の将軍ミカエル・ラカノドラコンの迫害の様子が述べられる。

同じ年、ラカノドラコンは自分の師匠をまねてエフェソスにトラケシオイ領域（彼の担当の軍管区）の全修道士・修道女を集め、ツカニステリンと呼ばれる野に連行した。彼は言った「皇帝と同じく我々に従う意思のある者は誰でも、白いガウンを身にまとい、ただちに妻をめとれ。そうしない者は盲目となし、キプロスへ追放するように」。

同じく、その翌年にも類似の記述が見られる。ミカエル・ラカノドラコンは、部下の書記官（ノタリオス）二名を派遣して、男女の全修道院に財産の処分を命じた。

修道士や砂漠の教父たちの物語を含め、彼は見つけたものは何でも焼却した。そして、誰であれ護符として聖人の聖遺物を持つと思われる時には、これもまた火で処分し、その所有者は不信心を理由に処罰された。多くの修道士を彼はむち打ちで、ある者の場合は剣で殺し、そして数え切れない大勢の人を彼は盲目にした。ある者たちの場合は、彼らの（ヒゲのある）顎《あご》に液体の蠟《ろう》を塗りつけて火をつけて顔と頭を燃やした。一方、他の者たちを彼は多くの拷問にさらし、続いて追放した。すべてにおいてその支配下にある領域全体において、修道服を着る者を誰も残さなかった。（中略）他の者たちもまた彼をまねて、似たような行為をはたらいた。

イコンを信奉する修道士たちへの迫害は、『小ステファノス伝』と呼ばれる聖人伝にも登場する。イコンを敬うがゆえに小ステファノスは、コンスタンティノス五世の部下によって逮捕されたという。首都の監獄に入った彼がそこで見たものは、帝国各地から連行されてきた三四二名もの修道士たちの姿であった。

ある者たちは鼻を削がれ、他の者たちは目を潰《つぶ》され、別の者は聖なるイコンを描くための手を切られ、また別の者たちはもはや耳を持たなかった。（五六章）

監獄内には、多くのむちのあざを残す者、髪を削られヒゲを焼かれた者があったが、ステファノスの到来によってそこは即席の祈りの場となり、修道士たちは聖人に自分たちの被った恐ろしい迫害の実態を物語ったという。

エイレネのフレスコ画（パナギア・カプニカレア聖堂，アテネ）

イコンの復活

コンスタンティノス五世は、三〇年を超える長い治世をブルガリア遠征の途上で終えた。帝位を継いだのは共同皇帝となっていた長男レオン四世であったが、彼は病弱のためか遠征に出ることもなく在位五年で死去した。

残されたのはその息子で、やはり共同皇帝のコンスタンティノス六世、いまだ十歳に満たない少年であった。そこで息子にかわり母親のエイレネが、摂政として政務を担当することになった。

エイレネについては、アテネ出身であること以外ほとんど何もわかっていない。けれども、その並外れた権勢欲により彼女はビザンツ史に名を残すことになる。

そしてエイレネの最大の業績がイコンを復活させたことであった。俗人で帝国書記官であったタラシオスを周囲の反発をおさえて総主教に迎え、彼と二人三脚での苦労の末、七八七年の第二ニケーア公会議でイコン復活を達成した。

その後約三〇年、政権はめまぐるしく入れ替わったものの、イコンをめぐる議論は終息するかに見えた。けれども八一五年に第二次のイコノクラスムが発生し、最終的にイコンが復活したのは八四三年であった。このことを記念して、「正教勝利の日」が今日でもギリシアやロシア、そして日本の正教会で祝われている。

一神教としてのキリスト教

ところで、イコノクラスムはどのような理由で起こったのだろうか。教科書的な説明としては、キリスト教成立の背景にはヘレニズムとヘブライズムという二つの大きな思想上の支柱があったという。前者はギリシアからローマへと連なる古代文明のメインの価値観であり、そこでの神々は人間の姿をしていて、しばしば彫像などによって具象化して表現された。

ニケーアの聖ソフィア聖堂跡（イズニック．現在はアヤ・ソフィア・オルファン・モスク）

一方のヘブライズムはというと、ユダヤ教というユニークな一神教の教えを基盤としていて、モーセの十戒に見られるように、唯一の神はけっして描いたりしてはならなかった。

キリスト教とは、古代のヘレニズム世界に誕生したヘブライズムに起源をもつ宗教であった。神の子であるイエスは人の姿で地上に生誕し、人類の罪を背負って十字架上で刑死したが、その後復活して天国に戻った。このような、異教徒にはにわかに信じがたい出来事の上にキリスト教は成立している。少々乱暴な表現だが、多神教の要素が巧みに一神教の中に接合されている、とでも言えようか。ともかく、キリスト教の歴史とは、聖母マリアや聖人たちを含めて、ヘレニズムとヘブライズムとの融合ないし対立の繰り返しであり、人々はそれらの妥協点をさぐる必要があったのである。

次に疑問となるのは、イコノクラスムがどうしてこの時期に生じたのか、である。これまた教科書的に言えば、イスラムという新たな、より純粋な一神教の登場が決定的であったという。圧倒的なまでの勢いを見せつけるイスラムに対し、国力で対抗できないキリスト教徒たちは、精神面でイコンへの依存の度合いを高めていった。先に述べたトゥルロ公会議(六九二年)でキリストの人としての表現が承認されたこともその一例と見られる。

このような動きに対し、古代から絶えず表明され続けている偶像崇拝ではないか、との懸念がより強く提示されたのである。要するに、イスラムという一神教への対抗を迫られたキリスト教側での精神面における危機克服の苦闘、というのがイコンをめぐる争いであった。

以上の説明は説得力として十分なものがある。誰もこれを越える説明はできそうにない。けれども、このような説明は歴史学として妥当なのだろうか。というのも、直接の史料上の裏づけ、つまりエビデンスが皆無に近いからである。この点は留意する必要があると思う。

イコノクラスムの実態

それでは歴史学的なアプローチとしては、どのようなことが可能だろうか。二〇世紀の研究者たちはイコノクラスム（聖画像破壊）という運動に一定の傾向を見出そうとした。一つは、イコン擁護派はどちらかというとヨーロッパ側の人々に多く、一方イコノクラスム派（イコノクラスト）は小アジア側を中心に（つまりイスラム勢力により近い地方で）見られた、というものである。たしかに西方のローマ教会などではイコンの使用は何ら問題とされない（彫像も可）。以上のような考え方は「イコノクラスムの地理学」とでも呼ぶことができる。

観察される傾向の第二のものは、イコノクラスム推進派は、史料で引用した将軍ミカエル・ラカノドラコンのように、小アジアを中心とする将兵たちに多く確認される、というものであった。さらに修道士弾圧については、先に紹介したように、イコン製作の拠点である修道院を標的とすることで、潤沢な彼らの財産を没収して利益を得ることも期待された、との指摘がなされてきた。

後者の分析は一六世紀イングランドのヘンリ八世による修道院解散を彷彿《ほうふつ》とさせるが、どこまで信用してよいのだろうか。欧米の研究者の学説には、どうも近代のプロテスタントが推進したイコノクラスムの影が見え隠れするような気がしてならない。

それはともかく、一九七〇年代になると先行研究の定番と化した前記の解釈をいったんリセットし、さほど多くない残存史料をより厳密に検証する研究が登場した。このような修正主義の視点からアプローチした場合、イコノクラスムのどのような実態が判明するだろうか。

事実関係の検証

通説では、『テオファネス年代記』の記述にあるように、七二六年に大宮殿入り口に掲げられたキリストのイコンを撤去しようとして騒動が発生した、とされてきた。ところが、聖人伝などの別史料からの情報を加味して検討すると、この事件は大いに脚色されている可能性があることが明らかになる。現在では、青銅門の上にはキリスト像のパネルは掲げられていなかった、という説さえ登場している。

ローマ教皇との対立により、皇帝はイタリアとシチリア島への課税を強化したとか、それに対して教皇が支払いを拒否した、という事実もよく指摘される。けれども、この事実に誤りはないものの、その発生時期は七二六年よりも前の可能性がある。

また、帝国側がローマ教皇の管轄する南イタリアのカラブリアやシチリア島、さらにバルカン半島側のイリュリクムなどの地域をコンスタンティノープル教会の下に移管した、という出来事もやはりイコノクラスムがらみで説明するには無理があるという。イコノクラスム開始直後に発生したとされるギリシアでの軍隊の反乱も、どこまで信仰の問題と関係していたのか判然としない。

以上をまとめるならば、後世に編纂された聖人伝などでの記述を除くと、レオン三世の統治下にイコン批判はどの程度広まったのか、どうも怪しくなってくる。実際のところ、聖画像（イコン）の破壊、つまりイコノクラスムについての明確な事実は確認できないのである。美術史家でバーミンガム大学教授のブルベイカーは、コンスタンティノス五世の時代以降にしかイコノクラスムは存在しないと主張している（Brubaker 2012）。

そのコンスタンティノス五世によるイコノクラスムであるが、彼が公会議を開催して正式にイコン製作やそれへの「崇拝」を批判したのは事実である。コンスタンティノス五世は、自身でイコン批判のパンフレットを著してもいる。ただ、具体的な迫害の事例となると俄然《がぜん》、様相は怪しくなってくる。

まず、彼の治世の七五四年のヒエリア公会議の後であっても、しばらくは迫害の事例は確認できない。もちろん、残存する史料が乏しいという事情はある。それでも、あたかも彼の治世にイコン迫害の嵐が吹き荒れたようなイメージを振りまくことは危険であろう。

結局、迫害らしい記事が登場するのは、先に紹介した将軍ミカエル・ラカノドラコンによる事例くらいとなる。ただし、ゾッとするほどに具体的なこの情報も取り扱いには注意を要する。というのも、たしかに修道士たちへの激しい弾圧は述べられているのだが、それがイコンを信奉したゆえなのかどうかが不分明なのである。実際、史料の別の箇所をよく読めば、迫害を加える側にも修道士たちの存在があったと判明する。

『小ステファノス伝』の記述はどうであろうか。そこではステファノスはイコン擁護のヒーローのような扱いを受けており、それゆえに皇帝は彼を迫害した、ということになっている。ところで、ステファノスは実は『テオファネス年代記』にも登場する。

この年代記の七六四／五年の項には、首都近郊の山にこもる隠者ステファノスをコンスタンティノス五世の手の者が捕らえて首都に連行したとある。通りを引き回されたステファノスは、「新たな最初の殉教者だ」とも述べられる。これに続く記述では、「皇帝はまた多くの役人や兵士たちをイコン崇拝ゆえに非難して、さまざまな処罰や残酷な拷問により苦しめた。彼は臣民全員に誰もイコンを崇拝しないとの全体での宣誓を課した」とある。ここまでは『小ステファノス伝』での記述と整合性がある。

ところが七六六年八月二一日、首都で修道士たちを女性と手をつないで行進させ、見世物として侮辱した、と皇帝への非難を記した後に『テオファネス年代記』は次のように述べる。

同月二五日、十九名の傑出した高官たちが馬車競技場に連行されて皇帝への邪悪な計画をなしたとして行進させられた。実際には彼らは誤って批判されたのであるが、（中略）前出の隠者の所を頻繁に訪れていたことを口実にそれはなされた。

関係者は死刑の他、むち打ち・財産没収・流罪などの処罰を受けることになったが、この事件は単なるイコンに関連しての迫害とは別の次元の内容を含んでいる。引用文中の「皇帝への邪悪な計画」とは、何を意味するのだろう。厳しい処罰から考えるなら、それは政府要人たちによる政権転覆の陰謀ではなかったか。そして、加担者たちは隠者＝小ステファノスを頻繁に訪問していた、というのである。

要するに、ステファノスは単にイコン崇敬により迫害を受けて殉教したのではなく、陰謀事件に連座した可能性がある。

『テオファネス年代記』の著者は明確なイコン支持派であり、コンスタンティノス五世を蛇蝎《だかつ》のように嫌悪する記述を残している。だとするならば、ステファノスが陰謀に加担したことをほのめかす記述の存在は、『小ステファノス伝』の内容以上に信憑性が高いと言えそうである（中谷二〇一七）。

イコノクラスムとは何であったか

この時代を扱う歴史書などで、繰り返し指摘されてきた「イコノクラスムの地理学」にも反論が提示されている。八世紀にあっては帝国が支配する地域の中核は小アジアにあり、そこからイコノクラスムの議論が登場するのは当然のことであって、地域的な偏差とはかならずしも言えない。実際、反イコノクラスムの急先鋒《せんぽう》の論客、神学者ダマスカスのヨハネスはイスラム支配下に暮らすキリスト教徒であった（若林二〇〇三）。

軍隊とイコノクラスムの関係についても、シカゴ大学教授のケーギが具体的な事例にもとづいて説得力のある反証を提示している。実際のところ、小アジアの軍団の将兵たちは自分たちの司令官の意向に沿う行動をしただけであり、彼らの将軍がイコン支持を表明した場合には難なく立場を変更することもあったのである。

最新の研究は、イコノクラスム（聖像破壊運動）とはいったい何であったのか、その実態を問いなおす方向にある。前述のブルベイカーは、かつての同僚でプリンストン大学教授のホルドン（現在、国際ビザンツ学会会長）との大著『イコノクラスム時代のビザンツ（歴史編）』で現状での問題点を列挙している（Brubaker & Haldon 2011）。さらに彼女の別の著書『イコノクラスムの創造』は、結局のところイコノクラスムとは論争が終了した後にイコン支持派がつくりあげた神話なのだ、との大胆な考えをも表明している。

以上のような主張に私の考えも近い。そこから導き出されるのは、八世紀から九世紀前半の時期を「イコノクラスムの時代」という従来の枠組みで取り扱うことの妥当性の問題である。

つまり、イコンをめぐる問題がそれ以前からのイエス・キリストをめぐる神学論争と同レベルのものであったなら、いかに議論が白熱し対立が激しかったとしても、それをもって時代を画すると位置づけるのは妥当なのかどうか。もちろん、現存するイコンで八世紀よりも以前のものは非常にかぎられているのも事実だ。イコンの破壊が、どの程度まで進められたのかは依然として藪《やぶ》の中である。

地図4　8世紀前半のビザンツ帝国

軍事政権と地方軍団の反乱

八世紀から九世紀前半を「イコノクラスムの時代」と呼ぶのがあまり適切でないとしたら、他にどのような見方があるだろうか。私はこの時期を、地方軍団が反乱を繰り返した時代と考えたい。自著では「テマ反乱の時代」という表現を用いた。地方の軍団は『テオファネス年代記』では「テマ」と呼ばれているからである。

　レオン三世の即位に先立つ「混乱の二〇年」には、艦隊を含めて地方軍団の反乱が頻発していた。最終的に政権の座についたレオン三世と彼の盟友アルタバスドスも地方軍団（テマ）の将軍であった。激戦の末に首都防衛に成功したレオンが七四一年に没すると、レオンの娘婿のアルタバスドスが帝位を簒奪し（義弟という口実で）、この結果、レオンの息子コンスタンティノス五世と帝国中のテマ軍団を二分するかたちでの内乱が勃発した。

この大反乱を鎮めて統治者となったコンスタンティノス五世は、腹心のミカエル・ラカノドラコンをはじめとする将軍やテマ軍団の将兵を率いて遠征を繰り返し、幾多の勝利を収めた。彼の功績をなぞるように、孫のコンスタンティノス六世も遠征を実施した。一時的とはいえ、母エイレネを政権から追い落とせたのも、彼を支持して決起した小アジアのテマ軍団のおかげだった。

このような地方軍団による反乱は、八世紀末から九世紀初頭にかけて規模を拡大させる傾向にあった。イコノクラスムを復活させたレオン五世も将軍であり、その一方でテマ軍団の支持を取りつけられない政権は、軍事的圧力の前にしばしば苦境に立たされた。けれども、八二一年から二年間におよんだ最大規模の反乱、スラヴ人トマスの乱が鎮圧されると、テマの反乱は事実上終息し、ビザンツ帝国は新たな時代を迎えることになる（詳しくは第3章）。

ビザンツ皇妃コンクール

本章の後半部では、もう一つこの時代にユニークな現象である「皇妃コンクール」という話題を提供したい。この話は結果として、ビザンツ皇帝とかかわりの深い「皇帝教皇主義」というテーマにつながってくるからでもある。

皇妃コンクールとは、要するにミス・ビザンツ・コンテストを意味する。そのような今風のイベントを、伝統を重んじるお堅いイメージのビザンツが採用するとは思えない。それゆえ、皇妃コンクールは事実なのかフィクションなのか、長らく論争が続いてきた。その最大の原因は、主な情報源が聖人伝関連の史料のためである。

以下では、最古の事例が登場する『聖フィラレトス伝』を読んでみることにしよう。

『聖フィラレトス伝』

物語は前書きなどいっさいなく、「パフラゴニア人の地にフィラレトスという人がいた」というフレーズで始まる。彼は資産家で多くの地所と大きな館を所有していたという。けれども、彼は気前のよさでも有名で、いつも貧しい人々におしみなく財産を分け与えたため、傍目《はため》から見ても悲惨な状態へと没落していった。伝記の前半部はフィラレトスの気前のよさを示す数々のエピソードで構成されている。一例を紹介しておこう。

ある時飢饉《ききん》が起こり、貧しくなったフィラレトスは遠方から穀物をロバに積んで持ち帰らねばならなかった。ところが、戻ってきたところで出くわした物乞《ものご》いに穀物をせがまれる。例によって彼は気前よく分け与えるわけだが、その量があまりに多いため、物乞いは一度に運べない。これを見た妻が、ロバも一緒に与えたらどうかと皮肉混じりに言うと、フィラレトスはそれは妙案とばかりにロバもあげてしまう。妻は、いつものようにため息をつくばかりであった。このようにして、フィラレトスは屋敷と家族以外のすべてを失った。それでも彼は自身の運命を嘆くことなく、これまでと何も変わるところはなかったという。

しかし、ここで物語は新たな展開を見せる。「その時、キリストを愛するエイレネが彼女の息子、皇帝コンスタンティノスとともに統治していた」と記され、はじめてフィラレトスが生きた時代が明らかとなる。

摂政のエイレネは、息子コンスタンティノス六世に花嫁を見つけるために使者を「ローマ人の土地全体」に派遣した。やがて使者たちはフィラレトスが暮らす黒海南岸、パフラゴニア地方のアムニア村を訪れる。彼らは村一番の屋敷に逗留《とうりゅう》し、そこで主人フィラレトスの美しい三人の孫娘を見出す。そのなかでも長女のマリアが、身長や足のサイズなど皇妃候補の規格に完璧《かんぺき》にあてはまった。こうしてフィラレトス一家は若き皇帝の妃候補となったマリアとともに首都へと移住することになる。

次に舞台は宮殿での「皇妃コンクール」の場へと移る。都には他に十名の花嫁候補者が選ばれて、同様に宮殿に連れてこられていた。けれども、他の若い女性たちは皇帝コンスタンティノスと母エイレネの前に進み出ると、その全員が拒否されてしまう。これに対して最後にフィラレトスの孫娘が登場すると、皇帝母子は彼女の美しさに驚き、その知性、衣装そして物腰があまりに印象的であったため、即座にマリアを皇帝の妃に選んだ。

コンスタンティヌス六世とマリアとの婚約が決まると、フィラレトスたちには宮殿近くに豪華な屋敷が提供された。けれどもフィラレトスのふるまいは、以前と何ら変わるところはなく、あい変わらず大勢の物乞いたちに気前のよさをしめしているのだった。

そしてある日、彼は家族全員に皇帝から受け取った高価な贈り物をテーブルに出させて言った。「私はお前たちに約束した隠されたお金を与えたのだ。お前たちは私に何か言うことがあるか」。一族の者たちは、かつて「隠れたところにお金はある」と発言する貧しいフィラレトスをあざ笑ったり、怒ったりしたことを恥じ、床に額をこすりつけて赦《ゆる》しを請うた。

孫娘の結婚の四年後、フィラレトスは静かに息を引き取った。妻と子と孫たちに別れを告げ、祝福を与えた後のことである。彼の亡骸《なきがら》は、皇帝母子や皇后となった孫娘マリア、そして全元老院議員たちが列席するなか、首都のクリシス修道院へと運ばれ、悲しみの中で埋葬が行われた。物語はまだ続きがあるが、ここでは省略してよいだろう（中谷二〇〇七）。

ユニークな聖人伝とコンクールの真偽

『聖フィラレトス伝』は、かなりユニークな作品である。主人公が本格的に活躍する時には老境にさしかかっている。通常の聖人伝ではおなじみのパターン（トポス）である、病気が治ったり、死者が蘇《よみがえ》ったりすることもない。物語では『旧約聖書』の「ヨブ記」を彷彿とさせる不幸が次々と襲いかかるが、ヨブの苦悩とは違ってフィラレトスは嬉々《きき》として施しを続ける。類型的には「聖なる愚者」というストーリーに近いかもしれない。

話の展開はいかにもフィクションめいているが、事実をベースにはしていたようである。

『テオファネス年代記』の七八八／九年の項には、皇太后のエイレネは「アムニア出身のマリアという名の娘を連れてきて、自分の息子で皇帝のコンスタンティノスと結婚させた」と記されているからである。

では、問題の「皇妃コンクール」の話はどうだろうか。眉唾《まゆつば》の度合いは相当に高いのだが、実は類似の皇帝の妃選びのエピソードが、他にも聖人伝を中心に九世紀の史料に四度も登場する。年代順に、①エイレネから帝位を簒奪したニケフォロス一世の息子で共治帝のスタウラキオスの妃テオファノ、②テオフィロス帝の妃となるテオドラ（イコンを最終復活させた人物）、③その息子ミカエル三世の妃デカポリスのエウドキア、そして④レオン六世の妃テオファノのケースである。

「皇妃コンクール」が帝国史のある時期に実際に開催されていた、という可能性をめぐっては論争が続けられてきたが、現状では実在に否定的な見解が多数派のように見える。一方、井上浩一氏は、聖人伝ではなく『テオファネス年代記』に記されている①のケースを綿密に吟味することで、実在性を支持する立場をとっている。

ここでは詳しい議論はできないが、私としては、真偽はともかく五つものコンクール事例が登場する事実に注目したい。これらが事実であったとは十分には証明できないにしても、人々がそのような話を信じるベースとなった何がしかの出来事があったのでは、との推測は許されると思うのである。井上氏は、君主のこのような結婚形式がありえるのは、社会で人々の階層移動が比較的流動的な証拠であると主張しているが、そのような考え方には基本的に賛同したい（井上・栗生沢二〇〇九）。

皇帝コンスタンティノス六世の離婚

ここからは『聖フィラレトス伝』の話から離れて、皇后となったマリアのその後を述べていきたい。彼女の性格や気持ちが把握できる情報はいっさい残されていない。しかし、彼女の存在が帝国のその後の政治に大きな影響を及ぼすからである。

皇帝コンスタンティノス六世とマリアとの間には二人の娘が誕生したが、結局男子にはめぐまれなかった。それも関係したのであろうか、『テオファネス年代記』によると皇帝は七九五年にマリアを嫌い、娘たちとともに彼女を首都の南の海上に浮かぶプリンキポ島の修道院に送った。その上でコンスタンティノスは女官のテオドテを妃とした。

キリスト教では離婚が原則として認められない。福音書の文言「淫行《いんこう》以外のゆえで自分の妻を離縁し、加えてほかの女を娶《めと》る者は、姦淫《かんいん》する者である」（「マタイ伝」一九章九節）に反するからである。けれども総主教のタラシオスをはじめ聖職者たちは表だっては反対しなかったらしい。

反対の態度を明確にしたのは、首都対岸のビチュニア地方の修道院サックディオンの院長プラトンと彼の甥テオドロスたちであった。彼らは、妻がいるのに他の女性と契りを結んだ

（つまり姦通した）皇帝を問題視し、彼との関係を維持したままの総主教と絶縁し、さらに皇帝の結婚を取り仕切った聖ソフィア教会の執事、元カタラ修道院長のヨセフを非難した。これに対し皇帝は軍隊を差し向けてプラトンを首都に連行する一方、テオドロスたち修道士はテサロニキへの追放刑とした（七九七年三月）。

これが後に「姦通論争」と呼ばれる出来事の発端であった。疑問に思われるのは、地方の一修道院の抵抗がどうして軍隊を動員しての逮捕・監禁・追放などの事態を招いたのか、ということである。

実は、皇帝がプラトンやテオドロスたちを放置できなかったのには、納得のいく明確な理由があった。皇帝の再婚相手のテオドテは、プラトンやテオドロスらの近親者だったのである（おそらくプラトンの姪でテオドロスのいとこ）。この事実は、プラトンの一族が宮廷とも接点をもつ有力家系であったことを示している。ともかく、皇帝はサックディオン修道士たちの説得を試みたが、彼らの態度は変わらなかったらしい。

けれども、プラトンの首都拘禁とテオドロスらのテサロニケ追放は長くは続かなかった。それから半年を待たずに、皇帝コンスタンティノス六世は母の陰謀によって視力を奪われ（摘眼刑）、権力の座から陥落したためである（同年八月）。

姦通論争の第二段階

ビザンツ史上、女性としてはじめて皇帝となったエイレネは、ただちにプラトンやテオドロスたちを解放し、教会法違反によりカタラのヨセフを聖ソフィア教会の執事職から解任した。その一方で総主教タラシオスとの和解に尽力しつつ、プラトンたちには首都の伝統ある修道院ストゥディオスの運営を委ねるという優遇策を提示した。ストゥディオス修道院の新たな院長にはプラトンにかわってテオドロスが選出された。

この事件によってプラトンとテオドロスは大きな名声を獲得したらしい。プラトンへの賞賛の声が高まり、テオドロスの指導するストゥディオス修道院には修道生活を求めて大勢の若者たちが集まってきた。テオドロスは、この修道院の復興と共住修道制の整備改革に尽力していく。荒廃していたかつての名門修道院は、数年のうちに数百名の修道士をかかえる首都の一代勢力に成長する。

けれども、論争は終わったわけではなかった。五年を待たずにエイレネ女帝政権はクーデタによって倒れ、彼女は追放されたのである。新たに即位したニケフォロス一世は、八〇六年に教会会議を開いて議論を再燃させた。この会議は総主教タラシオスの死去を受けて、彼と同じく帝国書記官だったニケフォロス（皇帝と同名）をこのポストに起用した後に開催された。実は、テオドロスも総主教候補だったらしく、今後再燃する「姦通論争」の方向性はより複雑なものとなっていく。

ニケフォロス一世の意向を受けて会議が下した決定は、タラシオスが採用した妥協的な判

ストゥディオス修道院遺構（イスタンブール）．大橋哲郎撮影

断を継承するものであった。すなわち、皇帝の再婚は教会法違反ではあるが、教会はこれに特別の赦免（オイコノミア）を与えたのであり、婚儀をつかさどったカタラのヨセフは名誉を回復される。

こうなるとテオドロスたちは、事態を黙って見過ごせなくなった。当然のこととして彼らはふたたびカタラのヨセフ復権に反対の狼煙《のろし》を上げたが、皇帝ニケフォロスは実力行使に踏み切り、八〇九年にストゥディオス修道士たちをふたたび追放処分とした。

ところが、テオドロスたちはまたしても幸運に恵まれる。八一一年、ニケフォロス一世が死去し、彼の息子スタウラキオスを退位させて帝位についた娘婿のミカエル一世が、テオドロスたちを追放地から呼び戻したのである。こうして、二度にわたる「姦通論争」に最終的に終止符が打たれた。その後、テオドロスはミカエル一世から厚遇され、皇帝の有力な助言者となった。

イコノクラスムの再燃

けれども、さらに事態は思わぬ展開を見せた。八一五年、その二年前にミカエル一世を退位に追い込んだ皇帝レオン五世がイコノクラスムを再開させたのである。レオン五世は、一世紀前のレオン三世と同じく小アジアのアナトリコイ軍団の将軍であり、先行者の事績をなぞるかのようにイコンを非難し、三度目のイコンをめぐる教会会議を開催した。

テオドロスたちは事態の激変を受けて、かつての論争相手のニケフォロス（解任された前総主教）とも共闘しつつ、イコノクラスムに断固対抗した。この後、テオドロスは首都を追われて流刑地の小アジア各地を点々としたが、彼は主に書簡を通じて反イコノクラスム活動を生涯にわたって粘り強く展開していく。しかしイコンは復活せず、八二六年にテオドロスは首都に戻ることなくマルマラ海のプリンキポ島で死去した。それはかつてアムニアのマリアが隠遁《いんとん》した場所であった。

この間、レオン五世は五年後の八二〇年に宮殿で暗殺され、帝位は彼の盟友のミカエル二世へ、さらにその子のテオフィロスへと継承された。この間、イコノクラスムも政権政策として引き継がれていった。第二次イコノクラスムの特徴と言えるのは、教会勢力、とりわけテオドロスらの修道士たちからの反対・抵抗が顕著に見られたこと、そして皇帝政府がこれらに追放刑でおおむね対応したというものである。ただし、皇帝のお膝元であるコンスタンティノープルを除くと、イコノクラスムの実施状況はほとんど不明である。

イコンが最終的に復活するのはテオフィロス帝の死後となった。皇帝の遺児ミカエル三世を後見する母親テオドラが、摂政として八四三年に公会議を開催し、イコノクラスムに最終的な終止符を打ったのである。エイレネによる最初のイコン復活のケースと同様に、またしても摂政をつとめる女性統治者によって運動の停止がなされたことは非常に興味深い。かつて、女性たちにとりわけイコン崇敬派が多いという説が登場したこともあったが、それがどの程度の妥当性を有するのかは、検証のための史料が少なく判断は難しい（中谷二〇一七）。

皇帝教皇主義

ここまで、イコノクラスムと皇妃コンクール、さらにそこから発生した姦通論争の顚末《てんまつ》について話をしてきた。最後に、以上の話題と深く結びつくテーマ、ビザンツ帝国における皇帝権力と教会の関係をまとめておこう。皇帝教皇主義の問題である。

皇帝教皇主義（カエサロパピズム）とは、辞書での説明によると「ビザンツ皇帝の教会に対する無制限といわれる権力を指す紋切り型の表現で、普通なら教会の権威に留保される教義問題への一方的な介入を含む」となっている。

たしかに、ビザンツ帝国では万事において皇帝が特別な地位を占めていたことは間違いない。世俗教会は国家の管理下にあり、皇帝は高位聖職者たちの人事権を事実上掌握しており、公会議を招集して議事の進行にも介入できた。本章で見たレオン三世に始まるイコノクラスムとは、皇帝教皇主義の典型例だと言える。また、それまでの帝国史でキリスト教の教義対立でも皇帝の姿勢は大きな影響力を発揮してきた。

ただし、より細かく出来事の流れを見るならば、信仰面で皇帝がフリーハンドを有していたとは言い切れないことがわかる。祖父のヘラクレイオスが発議した単意説を継承して反対者を弾圧したコンスタンス二世は首都で評判を落とし、その息子コンスタンティノス四世は公会議を開催して教皇庁との協調路線に回帰した。信仰の中身以外でも、離婚の手続きにかかわる免責事項（オイコノミアの運用）で、ストゥディオス修道院のテオドロスらの不屈の態度は無視できないものがあった。そして何よりも、「姦通論争」でもイコノクラスムでも皇帝側は最終的に勝利を得られなかったのである。

以上のような結果の影響は、意味深長であったようだ。この後、皇帝による教義にかかわる案件への介入は減少したし、教会に関連する手続きなどの運用をめぐっても皇帝と総主教との対立は絶えることがなかった（第4章のレオン六世の「四婚問題」を参照）。ともかく、ビザンツ千年の歴史に対し、ひとまとめに「皇帝教皇主義」というレッテルを貼《は》り付けて語ることはかなり乱暴な話なのは確かだろう（中谷一九九七）。

コラム4：ビザンツ帝国におけるデモクラシー

古代のアテネで施行された政体のデモクラシー（デモクラティア）は民主政と訳される。文字どおり民衆（デーモス）の支配（クラティア）を意味しており、現在の日本では「民主主義」と訳される。共和政期のローマでも男性成人市民には投票権が与えられていたから、形式上は民主政的な要素を含んでいた。

ところが、ビザンツ帝国では「デモクラティア」という用語の意味は、これらとはまったく異なる軽蔑《けいべつ》的な色彩を帯びていった。そもそも史料でこの用語が登場するケースはまれになるのだが、その際の意味は「混乱」とか「騒乱」なのである。つまり、ビザンツにあっては皇帝が君臨する君主政体が常態であって、デモクラティアとはそれを欠いた不測の事態なのであった。

思えばペルシア戦争を戦った際、ポリス国家を形成するギリシア人たちは、ペルシア大王に隷従しない自由を自分たちの大義名分とした。同じく、エトルリアの王を追放して共和政を打ち立てたローマ人も、君主政を極端に嫌い、それを疑われた独裁者カエサルは暗殺された。カエサルの養子で事実上の初代皇帝オクタウィアヌスは、偽善的と思えるほどに共和政体遵守のポーズを生涯貫かねばならないほどであった。

けれども、それから長い長い時間をへて、ローマ人も大いに変貌を遂げた。ビザンツ人たちは皇帝に対して反旗を翻し、政権を打倒することが頻繁《ひんぱん》にあったが、帝政を廃止するという発想をもつことはついになかった。そんな時代が来ると共和政期の元老院議員たちは想像できたであろうか。

ひるがえって、私たちはどれくらい将来を想像できるだろうか。憲法にある国民主権や民主主義は戦後七五年の歴史を有しており、それに疑問を呈する国民は相当にかぎられるように見える。ではあるのだが、数世紀というような長期的なスパンではどうだろう。どこかの国のような独裁政の方が、人権尊重の度合いはともかく、社会の経済発展やシステム全体の維持・管理にはよりふさわしくはないか。地球温暖化に対処するのに、民主主義という迂遠《うえん》な手続きで大丈夫なのか。民主政治に対する失望や閉塞感がデモクラシーを危機に陥れることはないのか。実は安穏としていられる時間はかぎられているのかもしれない。

第3章 改革者皇帝ニケフォロス一世とテマ制

——九世紀

テオドシウス２世の陸城壁（内側）

皇帝の戦死

八一一年夏、バルカン山脈の奥深く、皇帝ニケフォロス一世はブルガリア軍の攻撃の前に命を落とした。数の上では敵を圧倒していた帝国軍であったが、山中で罠《わな》にはまり壊滅的な敗北を喫したのである。討ち取られた皇帝の頭蓋骨《ずがいこつ》は銀箔《ぎんぱく》の酒杯にされ、ブルガリアの君主クルムはつき従うスラヴ人の族長たちにこれで酒をふるまったという。帝国にとって皇帝の戦死という事態は、四世紀のユリアヌス、ワレンス帝以来の不名誉な出来事であった。

「勝利を運ぶ者」（ニケフォロス）との名前に反する最期を遂げた皇帝に対し、同時期に編纂された『テオファネス年代記』は言葉のかぎりを尽くして非難・中傷を加えている。彼の内政上の施策はひたすら「悪行」として暴きたてられ、その敵意に満ちた記述は聖像破壊派（イコノクラスト）の皇帝たちをもしのぐほどである。皇帝のブルガリア遠征でのみじめな戦死とは、彼のたび重なる暴政に対し神が加えた当然の懲罰なのであった。

『テオファネス年代記』は、七世紀から八世紀前半は乏しい情報量で取り扱い方が問われたが、同時代になるとこんどは饒舌《じょうぜつ》さが目立つと同時に、そのぶん偏向（バイアス）が大きくなってくる。史料とは、いつもしっかり吟味しておく必要がある。

九〇名を超えるビザンツ国家の君主たちで、ニケフォロス以後の戦死はたった一人しかいない。それは最後の「皇帝」コンスタンティノス一一世で、彼は首都陥落の際に行方不明となるのである。それだけに、やはりこの出来事は異例だと言える。

この事実を踏まえつつ、本章は研究史のなかで改革者として評判が高いニケフォロス一世の治世を、その劇的とも言える戦死を生じさせた相手国、バルカン半島で成長を続ける新興のブルガリアとの関係から読み解いていく。さらに後半部では、近年、ニケフォロス帝による改革とする説が提示されているテマ制についても考えることにしたい。

王朝の断絶時に登場した皇帝

八〇二年にクーデタでニケフォロス一世が登極するまでのプロセスを、簡単に見ておこう。レオン三世によって開始された、いわゆるイサウリア朝（レオンの出身地からすればシリア朝）は、小アジアの地方軍団の支持とイコノクラスム政策を基軸として四代にわたり継承された。しかし、その末期には若いコンスタンティノス六世と母親エイレネの対立が泥沼化し、七九七年に息子の視力を奪う（摘眼刑）という残虐な行為の末にビザンツ史上初の女帝が誕生した。

エイレネ女帝政権は、東方ではアッバース朝のカリフ、ハールーン・アッラシード（在位七八六〜八〇九）の攻勢を受けてなすすべのない状態で、さらに西方のローマでは八〇〇年のクリスマスに教皇レオ三世がカロリング朝の王カール（大帝、在位七四二〜八一四）に帝冠を授けるという事件が発生した。女性であるエイレネの即位を疑問視する教皇の立場からは、ローマ皇帝の座は空位と見なされえたのである。七世紀初頭と八世紀初頭、二度にわたり国

ニケフォロス１世のノミスマ金貨（アテネ貨幣博物館）

家存亡の危機を乗り越えたビザンツ帝国だったが、こんどはその表看板が挑戦を受けるかたちとなった。

八〇二年、宦官のアエティオスとその兄弟が政治を壟断するなか、エイレネはともに配偶者を亡くしていたカールとの結婚という奇策に関心を示した。『テオファネス年代記』が伝える内容はにわかには信じがたいが、この年フランク側の使節が交渉のためにコンスタンティノープルに到来した。まさにその時に宮廷クーデタが発生し、エイレネは追放、新たな皇帝には税務長官のニケフォロスなる人物が就任する。

今回のクーデタは、加担者の名簿にエイレネ女帝政権の主な閣僚たちの名前がズラリと並ぶため、政府中枢から宦官アエティオス一派を排除するためのクーデタであったと言えるだろう。

改革者ニケフォロス一世像の形成

『テオファネス年代記』が記す悪評を真に受けるかたちで、「最悪の君主」「暴君の典型」というのが無名のニケフォロスという皇帝に与えられた旧来のイメージであった。けれども、彼への評価は二〇世紀になって、ほとんど一八〇度逆転する。いわく、「改革者」「ギリシアの救い手」「時代に先んじた人物」などなど。現在ではニケフォロス一世の治世をマイナス・イメージで描く歴史家は皆無に等しい状態にある。

ニケフォロスへの評価は彼の財政政策への注目から始まった。研究者たちはニケフォロス一世が即位前に担当していた税務長官という官職に注目し、エイレネ女帝による減免税が帝国財政を危機に陥れ、その結果ニケフォロスによる簒奪と断固とした改革を招いたと考えた。「気前のよい」エイレネと「けちな」ニケフォロスという『テオファネス年代記』の中傷を裏返しにした評価である。

けれども、それだけなら旧政権の放漫財政に対する新政権の緊縮財政というだけのことであり、改革とはならない。実際のところはどうだったのだろうか。以下では、まずは改革者としてのニケフォロス一世の実態についてより詳しく検討していくことにしよう（オストロゴルスキー二〇〇一）。

皇帝の「十の悪行」

『テオファネス年代記』の八〇九／一〇年の項には、ニケフォロス一世が断行した十の悪しき行いが列挙されている。簡潔な表現だけに、テキストの読み方は研究者によって微妙にニュアンスが異なるが、ここでは細かな点にあまり踏み込まず、その要点だけを紹介する。

第一　帝国住民をバルカン側の「スラヴ人の地」へ移住させる。
第二　貧民を軍隊に登録し、共同体の住民の手でその装備を準備させ、共同の負債として一人あたり金貨一八・五枚分を国庫に納めさせる。
第三　誰もが査定されて、あらゆる者の税が上昇する。手続きの料金も追徴された。
第四　すべての租税免除が撤回された。
第五　孤児院・養老院・病院などの慈善施設や教会・修道院に所属する小作人に、かまど税（世帯税）が皇帝の治世初年にさかのぼって課される。
第六　地方軍団の将軍たちは、貧困から急に回復した者すべてに目を光らせ、財宝を発見したものと見なして彼らに追徴金を請求した。
第七　これまでの二〇年間に壺《つぼ》や器を発見した者は誰でも同様に金銭を剝奪《はくだつ》する。
第八　同様の二〇年間に父や祖父から遺産を受け取った者は税務局から課税され、アビュドス（ダーダネルス海峡の町）の外側、とりわけドネカネソス諸島（エーゲ海）から家内奴隷を購入した者たちは、一人につき金貨二枚を賦課される。
第九　沿岸地域に暮らす船主たちは、とりわけ小アジア沿岸では、農業経営の経験がなくとも査定された地所の購入を強制される。
第十　コンスタンティノープルの主要な船主たちそれぞれに、金一二ポンドを利息一六％以上の高利子にて貸与する。

以上の「十の悪行」は、皇帝の戦死という結末を迎えたブルガリア大遠征の直前に行われたと記述されている。「これらの措置は九月に始まり、聖なる復活祭までに完了した」(第一悪行の末尾)。それが事実ならば、遠征費用の捻出《ねんしゅつ》を狙《ねら》った緊急措置となるが、住民の移住が半年ほどですむとは少々考えにくい。

一方で、「悪行」の第六・七・八番目については、一度きりのものかもしれず、緊急の目的であったかもしれない。けれども、改革者としてのニケフォロス像を提示したい研究者たちは、より長期的な国家の財政を視野にいれた施策を想定している。

現時点で言えるのは、エイレネ女帝期の放漫財政の是正を狙った可能性がありそうだということ(第四)、その一環として租税査定のための調査(センサス)が実施されたことは、注目してよいだろう(第三)。古代のローマでは、この調査は兵士徴募も含めて国家の基本的施策であったが、どうやら当時のビザンツにあっては定期的な実施が覚束《おぼつか》なかった可能性がある。結果として、新たな租税調査は確実に税収を増大させることにつながったであろう(第五)。住民にとっては、今も昔もたまったものではないだろうが。

一方、第九と第十は数値を含めてその内容の具体的な意義が確認しにくいが、何がしかの長期的な経済政策と関係していたのかもしれない。その他の史料情報とつきあわせて独自に分析してみる必要がある。ともかく、十という切りのよい数字は、悪しき政策の多さを印象づけるためのレトリックであろうし、推測をまじえての細かすぎる分析は我田引水的な考察につながりかねない。

移住政策と新兵の徴募

悪行のうち、第一と第二は研究史上でもっとも重要視されてきたものである。通常、両者はつながりのあるものとして取り扱われる。つまり、貧困化した小アジア側の住民をバルカン側に移住させて、入植した者たちから新たに兵士を募った、というのである。この説を補強する情報もある。『テオファネス年代記』の八〇六／七年の項では、次のように記載されている。

（ニケフォロス帝は役人のバルダニオスなる人物を派遣して）あらゆる避難者や小作人を（小アジア側から）駆り集めてトラキアへと運んだ。彼らから毎年の租税によって少なからぬ量の金が手に入ると考えて。

首都の後背地であるトラキアへの入植活動は以前から繰り返されてきた。コンスタンティノス五世や息子のレオン四世は東方国境地帯のキリスト教徒たちをトラキアへ入植させている。また、摂政期のエイレネもトラキア諸都市の補強や新設に尽力していた。ニケフォロスの治世でも、これらを継承する入植活動があったと解せる。

『モネンバシア年代記』という別の史料では、彼の治世にペロポネソス半島で住民の移住政策が実施されていたことが確認できる。少なくとも、すでに東部トラキア地域は帝国領として確保されており、八世紀後半以降さらに開発・補強が進んでいたと推測できるだろう。

八世紀のバルカン半島情勢

ところで、ニケフォロス一世が登極した頃のバルカン半島の情勢は、どのようなものだったのだろうか。

七世紀にはコンスタンス二世とユスティニアノス二世、祖父と孫によるこの方面への親征が確認されるが、現地の情勢はほとんど不明に近い。コンスタンティノス四世もブルガリア人に対してドナウ川方面に出征したが似たりよったりであった。遠征の成果も現地のスラヴ人から貢納を取ったり、捕虜をアジア側に移住させたりといった略奪的傾向が見てとれる。またユスティニアノス二世は、遠征の帰路に山道でブルガリア軍の待ち伏せに遭遇している。コンスタンス二世のものと同様、遠征の効果の程度を示しているように思う。

七世紀末のブルガリア建国を受けて、八世紀にはスラヴ人居住地帯をめぐって帝国との勢力争いが断続的に続いていたようである。レオン三世は至上命令であった首都防衛と政権基盤の安定のためブルガリアとの友好関係を重視したが、彼の息子コンスタンティノス五世の治世に入ると状況は一変する。皇帝は対決姿勢を鮮明にし、侵攻作戦に乗り出したのだ。彼のブルガリアへの親征は合計九回を数えた。

コンスタンティノス五世による遠征の大半は、領土の拡大というよりはむしろ略奪を目的としたイメージが強く、とりわけブルガリア王国の影響力に打撃を加えることに主眼がおかれていたように見える。

このような皇帝親征の略奪傾向は、バルカン半島だけでなく東方シリア方面での作戦でも確認できる。それだけに、なぜコンスタンティノス五世がこれほどまで親征を繰り返したのかは興味を引く。専制君主の典型といってよいコンスタンティノス個人の資質も無視できないだろうが、多くの親征が皇帝と小アジアの軍団、そしてそこからの選抜兵である親衛隊(後に近衛連隊タグマを形成する)との緊密な関係に支えられ、またそれを強固なものにしたであろう点をここでは強調したい。前章に登場した将軍ミカエル・ラカノドラコンのような腹心の姿も、史料から他に複数名確認できる。

コンスタンティノスのバルカン政策は、まさに武力による安定とでも表現できるものであった。ともかく、彼の死後約十五年間、帝国のバルカン政策にブルガリアの名前は登場せず、結果としてビザンツ側は半島南部の未征服のスラヴ人たちに対していわばフリーハンドを獲得したと言える。ただし、まさにこの期間にブルガリアは雌伏して国力の充実に努めたのであり、やがてより強靭《きょうじん》な国家となってビザンツ帝国の前にふたたび姿を現すことになる(ブラウニング一九九五)。

エイレネ摂政期

コンスタンティノス五世死後、短いレオン四世治下のバルカン半島関連の動向としては、七七六年、帝国軍がキリキアからシリア方面に遠征し、その地の異端ヤコブ派のキリスト教徒を捕虜にして、やはりトラキアへ移住・入植させたと記録されているのみである。

このような移住政策はコンスタンティノス五世も治世前半に実施しているが、それは七四三年に発生したペストで著しく人口が減少したコンスタンティノープルや近隣のトラキアへの人的補充が主目的であったと思われる。

帝国のバルカン半島政策での新たな動きが確認できるのは、エイレネが政治をリードするようになってからである。摂政政権三年目の七八三年、エイレネは運輸・外務長官で宦官のスタウラキオスに指揮を託し、「スラヴ人諸族」に大軍を送ったと『テオファネス年代記』は記している。スタウラキオスはテサロニキからギリシア本土へと進撃し、「彼ら(スラヴ人)のすべてを服従させて、彼らに帝国への貢納を課した」。さらにペロポネソス半島へと侵攻すると、ここでも「多くの捕虜とたくさんの戦利品をローマ帝国にもたらした」。

スタウラキオスはエイレネの摂政政権を支えた実質上の政務統括者であり、この遠征はおそらく小アジアの軍団を率いての行軍だっただろう。スタウラキオスの帰還に続いて、翌年

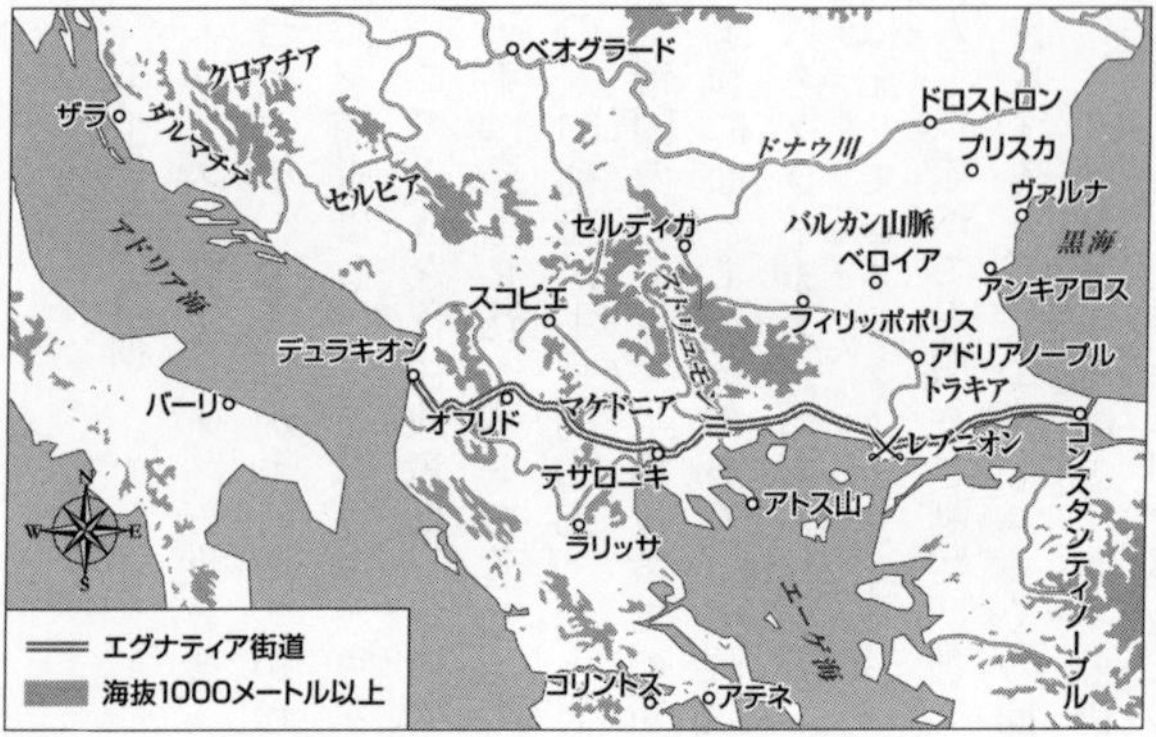

地図5　バルカン半島

にエイレネは息子コンスタンティノス六世をともなってトラキアを進軍した。

この行軍は楽団付きの賑々《にぎにぎ》しいものであったようで、戦闘を予期した遠征というよりは示威活動の性格が強い。注目されるのはこれと同時に実施された施策である。エイレネはベロイアを再建してエイレネポリスと改名し、さらにフィリッポポリスに赴いて、その後首都に帰還した。また彼女は黒海沿岸のアンキアロス市の補強も指示している。

アンキアロス、ベロイア、フィリッポポリスの三つの都市は、バルカン山脈の南側を東西にまたがるように位置しており、全体として見た場合、帝国軍の活動目的がブルガリアとの国境地域の防衛力強化にあったことが推測される。トラキア東部のみならず、あたかもブルガリアの南下を東西に広く阻止しようとするような構えとなっている。

スタウラキオス遠征や今回のトラキア行軍によって、

東西線の南側が帝国の支配下に入ったとは言い切れないが、この地域に群居するスラヴ人たちを服属させることで帝国の影響力を拡張させようとしたものと思われる。

しかし、帝国側の動きはブルガリアを刺激せずにはおかなかった。七八八／九年、トラキア軍団の将軍フィレトスがブルガリア軍に急襲され戦死するという事件が発生している。現場となったのは、彼の本来の管轄外と思われるマケドニア地方のストリュモン川流域であった。史料情報は限定されているものの、この八世紀末の時点でトラキア地域の西側に将軍が管轄するマケドニア軍管区が設定されたらしい。ここにビザンツ、ブルガリア両国の新たな確執が始まることになる。

コンスタンティノス六世親政期

母親との権力闘争を小アジアのテマ軍団からの支援により勝ち抜いた皇帝コンスタンティノス六世は、権力掌握後の七九一年にブルガリア方面へ出征した。翌年にも皇帝は軍を進めるが、今回は国境付近でブルガリア軍に大敗を喫した。この戦闘では三名の元将軍を含む多くの将兵が戦死し、皇帝の天幕一式までも奪取された。あのミカエル・ラカノドラコン将軍も討ち死にしている。帝国軍大敗の報を受けた首都では、皇帝排除の陰謀が計画されたらしく、コンスタンティノス六世の威信は大きく揺らぐことになった。

にもかかわらず、コンスタンティノス六世は東へ西へと親征を繰り返した。それは七年間で六度という頻度になる。ここには祖父にあこがれ、軍隊を率いて親征をする皇帝という理想を追い求めた若きコンスタンティノスの姿が見てとれる。しかし、戦略を欠いた二正面作戦は無謀であり、政権復帰をめざす母エイレネのつけ込むところとなった。

コンスタンティノス六世の親政期、スラヴ人地域の動向はほとんどわかっていないが、七九七年春に小アジアとブルガリアへの親征と並んで、ストリュモン川流域でスラヴ人との交戦があったとの情報が残されている。ストリュモン川地域は、先にブルガリア軍の急襲があった場所だが、ニケフォロス一世の治世にも再度登場する。

以上、八世紀ビザンツのバルカン政策を概観すると、おおまかに二つの異なる傾向を確認できるだろう。一つは、直接軍隊を率いて遠征し、主にブルガリアと対決する皇帝たちで、コンスタンティノス五世と六世が典型となる。そこからは、華々しい戦果を求める派手な印象を受ける。

もう一つは、都市の確保や再建を主目的として、主にスラヴ人の住む地域での勢力回復に努めるもの。こちらはエイレネの摂政期に見られるアプローチである。「スラヴ人の地」に影響力を浸透させ、要塞都市を楔《くさび》のように打ち込み、将来の再征服につなげるというより長い視点に立った地道な作戦であった。

それではエイレネを排して登極したニケフォロス一世は、バルカン半島でどのような施策を展開したのだろうか。

ニケフォロス一世即位後の状況

即位後まもない八〇三年、ニケフォロスが直面したのは小アジアの大半の軍団が加担したトルコ人バルダネスの謀反であった。反乱軍が首都対岸のカルケドンに迫ったのに対し、皇帝は交渉をもって反乱を鎮めることに成功する。

続いてニケフォロスはアッバース朝のカリフ、ハールーン・アッラシードに挑む。けれども、八〇四年小アジアに侵攻したイスラム軍に対し皇帝は出征してこれを迎え撃ったが、敗退したうえに危うく捕虜になりかけた。翌年にもキリキアに遠征軍を派遣したものの、八〇六年にはカリフ自身が大軍を率いて小アジアに侵攻し、アンカラ市を攻略した。結局、エイレネ摂政期と同じく屈辱的な貢納金支払いを余儀なくされた。

このような東方での戦役と並行して実施されたのが、ペロポネソス半島の再征服事業である。先に述べたように『モネンバシア年代記』の記述は、ニケフォロスの治世第四年（八〇五年）になされた半島北部のパトラス市などの再建を伝えている。アッバース朝との和平が成立してからは、皇帝は対外政策の主軸をバルカン半島へと移した。八〇六／七年、ニケフォロスはブルガリア人に対して遠征し、アドリアノープルまで出陣している。ただし、首都での不穏な動きがあって、すぐさまの帰還となった。

ストリュモン川地域をめぐって

この後、バルカン半島情勢の焦点はむしろトラキアから西のマケドニア地域へと移る。ブルガリア軍が登場するのもこれらの地域、とりわけストリュモン川流域であった。ニケフォロス自身もふたたびバルカン山脈方面へと出陣し、やがてその動きは八一一年の大遠征と皇帝の戦死という結末にいたる。

八〇八／九年、ストリュモン地域にいた兵士に給料が分配されていた時、ブルガリア軍の襲撃があり、金一一〇〇ポンドと輜重《しちょう》のすべてが奪われ、複数のテマ将軍と将校を含め多くの兵士が戦死した。七八八／九年に続きストリュモン川流域、そしてまたブルガリア軍の襲撃であった。

しかも、今回この地域で戦死したビザンツ軍将兵には、前回とは違い複数のテマ将軍たちが含まれていた。つまり、かなりの規模の兵力が動員されていたことになる。

帝国軍はストリュモン地域で何をしていたのだろうか。注目したいのが八一一年のニケフォロス帝戦死後の『テオファネス年代記』の記事である。八一二年、ブルガリア人の攻撃によって国境近くにあるデベルトス市が陥落した。政治的混乱が続く中、ブルガリア軍到来のうわさにトラキア、マケドニア地域の住民の多くはパニックに陥った。

年代記の記述によれば、アンキアロス、ベロイア、ニケーア（トラキアの町ニケ）、プロバトン、フィリッポポリス、フィリッピ（フィリッポイ）など多くの都市や要塞から住民が逃亡したとある。史料記述はさらに続く。

ストリュモンに住んでいた移住者たちは、これを好機と見て逃亡し、自分たちの故郷に帰った。これはニケフォロスの狂気をとがめる神の懲罰であり、こうして彼自身が誇りとし成功するかに見えた業績は急速に崩壊した。

以上の記述はニケフォロス帝の「第一悪行」、小アジアの帝国住民の「スラヴ人の地」への強制移住を指しているものと思われる。つまり、ストリュモン地域とは、ニケフォロス一世が移住政策を実施した地域の一つであり、そう考えるならば多大なテマ軍隊の動員も容易に理解できる。

しかし、八世紀末以来のストリュモン川付近でのブルガリア軍の襲撃を踏まえるならば、このような政策はかならずしもニケフォロス帝単独の施策ではなかったことが予想される。ビザンツ側は二〇年以上も前からこの地域に介入していたのだから。

八世紀末以降のストリュモン地域

推測をまじえつつ八世紀末以降のストリュモン地域の歴史を再構成してみよう。

摂政エイレネの治下、宦官スタウラキオスの遠征によってこの地域での帝国の軍事的優位がほぼ確定し、コンスタンティノス六世治下での戦闘などによって付近のスラヴ人たちは服属させられた。これに関連して、エイレネの摂政末期にトラキア軍団の将軍がストリュモン地域で活動し、続く女帝期にはおそらくマケドニア軍団が新たに設置された。さらにニケフォロスの治世に入ると、大規模な軍事力を投入して小アジアの帝国住民の入植が実施された。

このように予想してよいのではないか。つまり、ニケフォロス一世の治世にこの地域での再征服事業は実効支配を深化させつつあったのである。

ともかく、ストリュモン川周辺地域はブルガリア軍の攻撃がたびたび起こる危険地帯であった。そこには単なる住民の入植というよりは小アジアのテマ兵士の家族が移り住んだのだろう。屯田兵のような存在の彼らであれば、軍事力の提供も可能であった。以上のように考えるとき、『テオファネス年代記』での移住に関するやや不可解な記述と、ストリュモン地域にかかわる他の記事内容に整合した説明がつく。

けれども、帝国側の作戦行動はかならずしもスムーズに進展したわけではなかった。ブルガリアにとってこのような動きはビザンツとの国境線に存在する緩衝地帯の消滅のみならず、そこに居住するスラヴ人諸族が帝国側に取り込まれる事態をも意味しただろう。

つまり、彼らには安全保障上ゆゆしき事態と感じられたのだ。ブルガリア軍は帝国側の動きの間隙《かんげき》をぬって、七八九／九〇年と八〇八／九年にストリュモン地域に駐屯するテマ軍団を牽制《けんせい》し、帝国に相当な打撃を与えることに成功した。

バルカン半島への大遠征

『テオファネス年代記』はストリュモン地域でのブルガリア軍の攻勢に続いて、八〇九年の復活祭を前に彼らがセルディカ市を策略をもって奪取し、ローマ兵六千と大量の民間人を虐殺したと記している。セルディカ（現ブルガリアの首都ソフィア）は、発掘調査によると七・八世紀を通じてビザンツ側が保持していたことが判明している。にもかかわらず、戦死したビザンツ兵士の数が六千というのは、誇張があるにしても尋常ではない。おそらくは、帝国軍は何らかの作戦活動を展開していたと見るのが妥当であろう。

ビザンツ側の視点に立つならば、セルディカ市を確保することにより黒海側からメセンブリア（あるいはアンキアロス）～マルケッライ～ベロイア～フィリッポポリス～セルディカという国境線を維持・強化することができた。

なかでもセルディカの位置は半島のもっとも内陸部にあり、文字どおり陸の孤島の観がある。ここにいたる補給ラインとしては、首都コンスタンティノープルから北西へと延びる街道がまず挙げられるが、よりストレートなアプローチを考えるならば、南側のストリュモン川に沿った南北ルートが有効であることがわかる（現在のテサロニキ～ソフィア間の鉄道もこのルートに沿ってある）。ストリュモン川地域の確保の理由の一つと見なしてよいだろう。

セルディカ、そして当然ストリュモン地域が有していた戦略上の重要性については、町の略奪の報に接したニケフォロスがただちに行動を開始していることからも確認できる。けれども、八〇九年のバルカン半島内陸部への遠征では思わしい成果をあげられなかった。

皇帝は軍団兵にセルディカ市の再建を担当させようとしたが、遠征軍としての性格が強い将兵たちはこれに難色を示した。結局、「クルムの宮殿」の奪取を誓う皇帝は出直しを迫られ、ついに政権の命運を賭《か》けた大遠征を決意する。

八一一年七月、ニケフォロスは息子で共同皇帝のスタウラキオスをともなってブルガリアへ向け出陣した。この遠征軍には近衛連隊やヨーロッパ側の軍団に加え、アジア側の兵力も大規模に動員された。あまりの大軍に驚いたブルガリアの君主クルムは和平を求めたが、皇帝はこれを拒否して進撃を続けた。

緒戦での勝利の後に帝国軍は「クルムの宮殿」(王都プリスカか?)にまで進み、略奪を加えた後これに火を放った。ここで再度クルムは和平を提案したがニケフォロスはふたたびこれを拒否、おそらくは再建のためにセルディカ市へと向かった。

しかし、その直後にブルガリア人たちはビザンツ軍の進路の前後を柵《さく》で封鎖し、彼らを立往生させることに成功する。やがて始まった戦闘でビザンツ軍は敗退・壊滅した。この戦いでの戦死者には、皇帝の他に各軍団の将軍を含むパトリキ級の最高クラスの爵位、パトリキオスの保有者六名をはじめ、トラキア将軍や四近衛連隊のうち二つの連隊長が含まれた。

親征をする皇帝

ニケフォロス一世のバルカン政策は彼以前の諸帝のものと比べた場合、どのように特徴づけられるだろうか。

彼の治世は①小アジアでのテマ軍団の蜂起《ほうき》、②東方戦線でのハールーン・アッラシードへの挑戦と敗退、③バルカン半島での再征服活動、といった点でエイレネ摂政政権との類似性が指摘できるだろう。ニケフォロスの政権は女帝政権の主要閣僚（史料では「高官たち」とある）が起こしたクーデタによって成立しているから、女帝政権の一時的な放漫財政に目を奪われなければ、両政権に継承性を想定してよいように思う。

異なる点があるとすると、ニケフォロス一世はカール大帝の皇帝位を認めなかったことがある。ちなみに、ニケフォロスの戦死後に対ブルガリア戦で苦境に立った後継のミカエル一世は一転してカールの帝位を承認する。ただし、カールのものは「フランク人の皇帝」であり、自分だけが「ローマ人の皇帝」だとした。この後、ビザンツ側は西方に誕生したローマ皇帝に対して、自分たちが「本家」であるとの主張を続けていく。

疑問なのは、ニケフォロス一世はどうしてそこまで親征にこだわったのかという点である。八一一年の時点で彼には十歳の孫がおり、もういい年齢であったはずだ。彼に敵愾《てきがい》心を燃やす『テオファネス年代記』は、彼が落馬して足の骨を折ったと嘲笑《ちょうしょう》気味に伝えている。それでも、東西の戦場を駆けめぐる彼の姿はエイレネよりもむしろコンスタンティノス五世や

教皇レオ3世から帝冠を受けるカール大帝
（『フランス大年代記』〔14世紀〕の挿絵．カストル市図書館所蔵，写真：アフロ）

六世を彷彿とさせる。

つまり、皇帝の親征という点で言えば、ニケフォロス一世もまたイサウリア朝の諸皇帝のような「軍隊を率いて戦う皇帝」という姿を追求したのである。

皇帝の親征自体は、七世紀初頭のヘラクレイオス帝の東方遠征とともに復活したものであった。序章で述べたとおり、ビザンツ皇帝とはインペラートル称号を帯びるローマ皇帝の後継者である。けれども、九世紀初頭にあっては、コンスタンティノス五世のような親征と華々しい戦果（多分に神話化されている）こそが、大きな影響を与えたように思える。

ニケフォロス一世の戦死後の八一三年、アドリアノープル北方のベルシニキアで帝国軍はブルガリア軍にふたたび敗北する。ニケフォロス帝の娘婿のミカエル一世は、ストゥディオス修道院長テオドロスの助言を受けて徹底抗戦を決意したものの、妻をともなっての出陣では敵軍との激戦のさなかに戦線を離脱する始末であった。

大軍を擁した帝国軍の敗退を受けて、帝国は深刻な対外危機に直面することになる。やがてテオドシウス二世の大城壁に敵軍が迫ると、首都の聖使徒教会にある皇帝霊廟《れいびょう》に「異端者たち」（イコノクラストのことか？）が乱入し、コンスタンティノス五世の棺《ひつぎ》にすがって「立て、そして滅亡に瀕《ひん》する国家を助けてくれ」と叫んだと『テオファネス年代記』は伝える。軍隊を率いて勝利する皇帝が求められていたのである。

もう一つ押さえておきたいのが、ニケフォロス帝のバルカン半島政策には「狡猾《こうかつ》で抜け目ない」とされる伝統的なビザンツ外交の姿が見られない点である。井上浩一氏はビザンツ文明を論じつつ、そこには「必要悪としての戦争」というローマ帝国とは異なる戦争観があったと主張している。けれども、八世紀後半から九世紀にかけては帝国政府の態度はかなり様相を異にしていた（井上二〇〇九）。

財政面で強化されたニケフォロスの帝国にとって、コンスタンティノス五世のようなブルガリアへの略奪遠征ならば十分に可能であったかもしれない。しかし、この皇帝はブルガリア国家そのものを制圧するという野望を抱いたように見える。ブルガリア王国は、八世紀後半の帝国からの攻撃を耐え抜き、さらに崩壊後のアヴァール国家の領土に勢力を拡大させるなど、より強力な国家へと着実に歩み始めていただけに、これは無謀な作戦であった。

ブルガリアと対峙しつつバルカン半島の「スラヴ人の地」の再征服を推進するという帝国政府の対外政策は、ニケフォロス一世の戦死を機に変更を余儀なくされた。この後、ビザンツ政府はブルガリアを友好国として通商関係を拡大し、キリスト教の布教を進めることで、対外面での脅威を内側から取り除く方向へと方針転換する。やがて、経済・宗教面での交流の活発化を通じて、九世紀なかばにはブルガリア国王はキリスト教に改宗し、独立国のまま「ビザンツ世界」へと組み入れられていった。

テマとは何か

ここからは、ニケフォロス一世とのかかわりが指摘されている「テマ制」について考えてみたい。ビザンツ軍事社会史が専門であるプリンストン大学のホルドン教授は、近年の著書で中期ビザンツ帝国の目玉とも言われたテマ制を、ニケフォロス一世と結びつけて議論している。

テマ制とは、「軍管区制」という名前でも知られるビザンツ帝国における重要な制度を指す（「屯田兵制」については章末のコラム5を参照）。ちなみに、テマ制のテマとは「私のこの章でのテーマは」という際の「テーマ theme」という、私たちになじみのある言葉の語源でもある。

テマ制について、教科書の説明は次のようなものが一般的である。すなわち、「七世紀以降異民族の侵入に対処するため、帝国をいくつかの軍管区にわけ、その司令官に軍事と行政双方の権限を与えるという軍管区制（テマ制）がしかれる」（山川出版社『詳説世界史』）。この説明で間違いはない。ただ、ビザンツ史研究で問題とされたのは、この制度がいつ導入されたのか、ということであった。

かつてオストロゴルスキーは、テマ制成立の画期を七世紀初頭のヘラクレイオス帝に求めた。彼の説が大きな議論を呼んだのは、イスラム教徒の侵攻を受けての導入ではなく、その前のササン朝の攻撃に対応しての創設を主張したからである。この革新的なオストロゴルスキー説は現在ほとんど顧みられることはない。

それはともかく、教科書での記述から推測するならば、テマ制の導入は七世紀中頃のイスラム軍への対抗措置であったことが想像されるだろう。テマ制の成立については、制度は徐々に整備されたとの説が有力である一方、特定の皇帝による英断に起源を求める説も存在している。

ところで、テマとは何のことか。実はテマという用語は古代の古典ギリシア語には存在しない。史料に登場するのはおなじみの『テオファネス年代記』が最初である。そして文脈からの判断では、テマとは「軍団」を意味した。第2章や本章で登場した「アナトリコイ」とか「アルメニアコイ」とかいった名前の軍団がテマなのである。

もちろん古典ギリシア語にも「ストラトス」など軍団を意味する用語は存在した。にもかかわらず、テマという用語が使用されたのはなぜか。残念ながら、理由はよくわからない。

なお、七・八世紀について『テオファネス年代記』と並行した記述を残した総主教ニケフォロスは、著書『簡略歴史』の中でテマという用語をいっさい使用していない。「アナトリコイ」などの軍団名を用いる場合でも、「いわゆる」というただし書きをほぼ確実に添えている。つまりテマという語は、国家の正式な用語ではなかった可能性が高いのである。

軍管区としてのテマ

『テオファネス年代記』を読み進めていくと、七世紀の末あたりから「テマ」という用語が、一定の領域を示しているケースが増えてくる。具体的には、「オプシキオン」とか「トラケシオイ」とかの軍団名によって、その軍団の管轄する領域が示される。これは軍管区を示す「テマ」となるだろう。

あれこれ述べてきたが、注意してほしいことがある。それは軍団であれ軍管区であれ、テマがいくら登場しても、そのことがダイレクトにテマ制の存在を示しているわけではない、ということだ。なぜかというと、前項でのテマ制の定義にあるように、軍団の司令官がその担当領域の軍事に加えて民事行政の全般を管轄し、はじめてテマ制と呼べるからである。

ちなみに、テマと呼ばれるようになる個々の軍団の起源はどこにあるのか。こちらは容易に答えられる。ディオクレティアヌス帝とコンスタンティヌス帝の行政改革により軍事と行政とが別系統となり、帝国軍は国境に沿って配置された守備隊と皇帝の信任篤《あつ》い司令官が指揮する機動野戦軍に大きく分けられた。戦略としては、歩兵中心の守備隊が国境線での防衛を担当する一方、大規模な侵入に対しては内地に駐留する騎兵中心の機動野戦軍が迎撃してこれを叩く、というものである。

ユスティニアヌス帝の時代には、機動野戦軍は東方ではアルメニア方面軍、オリエント方面軍（ベリサリウス将軍も司令官になった）、西方ではバルカン半島にトラキア方面軍とイリュリクム方面軍、さらに再征服地にはイタリア方面軍とカルタゴ方面軍が展開していた。以上に加えて首都近郊には皇帝直属の軍団が決戦兵力として控えた。

これらの軍団のうち、東方とバルカンのものがイスラムの攻勢やスラヴ人の侵入に押されて小アジアに撤退したのが後のテマ軍団であり、これらがおのおの軍管区を形成した。すなわち、アルメニア方面軍がアルメニアコイ軍団、オリエント方面軍がアナトリコイ軍団（ギリシア語ではオリエントのことは「アナトレ」という）、そしてバルカン半島ではイリュリクム方面軍は消滅し、トラキア方面軍は海を渡って小アジア西方のトラケシオイ軍団となった。

また首都近辺の皇帝直属軍は、紆余《うよ》曲折はあったようだが、首都に近い小アジア北西部を管轄するオプシキオン軍団を形成した（オプシキオンとはラテン語のオプセキウム「忠誠」より）。さらにその後、小アジアの地中海沿岸地域には「海のテマ」軍としてキビュライオタイが形成されたが、この艦隊の成立について詳細はよくわかっていない（第２章の地図４参照）。

軍事権と行政権の統合

軍指揮権と行政権は別立てという原則の放棄、指揮官である将軍（ギリシア語でストラテーゴス）が両権限を掌握した時にテマ制が成立するのであれば、ユスティニアヌス一世の没後にアフリカ方面軍の司令官がカルタゴ総督として、またイタリア方面軍の司令官もラヴェンナ総督として、すでに民事行政権を委ねられた。ということは、これはもうテマ制ではないのか。テマという用語の登場以前ではあるが、そう言えなくもない。

けれども、通常はこれら辺境地域の総督府はテマ制の中には含まれず、その後カルタゴは七世紀末に、ラヴェンナは七五一年に帝国領から失われた。前者はレオンティオス帝の治世の出来事として触れたが、後者はコンスタンティノス五世の治世の出来事であった。ラヴェンナがランゴバルド人の攻撃により陥落したのである。なお、その直後にフランク国王の小ピピンがこの地域を奪取して、ローマ教皇に献上した（いわゆる「ピピンの寄進」）。

結局、テマ制の成立はまずもって小アジアのアナトリコイ、アルメニアコイ、トラケシオイ、オプシキオン、そして海のテマ、キビュライオタイの五つの軍団を対象として議論がなされた。各軍団の将軍たちが民事権をも管轄したのはいつか、どの皇帝がそのような英断を下したのか。これが二〇世紀後半を騒がせたテマ制起源論争である。なお、オプシキオンだけは司令官の名前は「コメス」と呼ばれる（コメスはラテン語に由来）。ヨーロッパでは、コメスは後に貴族の「伯」を指す言葉となる。

正確にテマ軍団の将軍が行政権をも掌握していることがわかる史料はあるのだろうか。あるにはある。しかし、それはずっと後の九〇〇年頃の史料となる。次章に登場する皇帝レオン六世が編纂した軍事書『タクティカ』の中に、「将軍は皇帝についで彼に従う属州全体について誰よりも大きな権限を有する者である。将軍は彼の指揮下の軍事テマのトップの指揮者であり、皇帝によって任命される」という条項が登場する（Dennis 2010）。

では、いつそうなったのか。旧来の説では、第2章で紹介したあの将軍ミカエル・ラカノドラコンがトラケシオイ軍管区の修道士を集めたとき、八世紀後半のイコノクラスム迫害の記事の内容が将軍の行政権行使にあたる、とされてきた。ただし、最近ではこの記述も一時的な例外的措置の可能性があるとの指摘がなされている。そうすると、次なる候補はニケフォロス一世の「第二悪行」となるか。

自生的テマ論

テマ制の起源をめぐる論争の基本軸は、ヘラクレイオスにせよコンスタンス二世にせよ、特定の皇帝政府の施策とするものと、そのような画期は存在せず、なし崩し的に徐々に成立した（漸次的成立説）という対抗図からなっていた。

こうしたなか、独自の見解を示したのが井上浩一氏であった。井上氏は、軍指揮権と行政権の一致というのは政府による施策ではなく、テマ将軍による事実上の簒奪行為であったと主張した。七世紀中頃から八世紀初頭にいたる帝国の危機的な状況を踏まえると、この説には一定の説得力がある。井上氏はその時期を明示してはいないが、イスラム勢力の小アジア侵攻が本格化した七世紀後半と推測される（井上一九八二）。

私は井上氏の考え方に賛同する。ただし、七世紀後半あたりに行政権「簒奪」の時期を設定するには疑問点がいくつか存在する。たとえば、六八〇年のブルガリア遠征の前後にコンスタンティノス四世は、新たにトラキアの軍団を設置したらしいこと、また六九五年のレオンティオスの簒奪事件の際にも彼がヘラス軍団の将軍に任命されていて、中央政府はいまだ人事権を含めて軍隊の指揮権を掌握していたと思われるからである。小アジアの軍団に不穏な動きがないわけではないが、最終的には政府はこれをコントロールできていた。

ところが、このようなコントロールがきかなくなるのは時間の問題であった。前述の六九五年に始まる「混乱の二〇年」では、実に七回もの簒奪・クーデタがめまぐるしく繰り返され、政府自体も相当な混乱に陥った。時期は特定できないにせよ、七一七年にアナトリコイ軍団のレオン（三世）とアルメニアコイ軍団のアルタバスドスの両将軍が蜂起した時、もはや行政権は別立てでという建前は通用しなくなっていた可能性が高い。

しかも、レオン三世以降のイサウリア朝の皇帝政権は、小アジアを中心としたこれら地方のテマ軍団の軍事力に大きく依存していたから、事実上解体したに等しい行政組織の抜本的な立て直しはせず、テマ将軍にその運営を一任（丸投げ？）したのではないか。でないと、ほぼ毎年のように小アジアの奥深くまで侵攻を繰り返すイスラム軍から国土を防衛することはかなわなかった（中谷二〇一六）。

テマ制改革とニケフォロス一世

これに対してホルドン教授は、以上とはまったく異なる視点を提示して、ニケフォロス一世の改革による説明を試みる。彼は記述史料に対する厳格な最近の研究アプローチを踏まえ、八〇〇年頃よりも前にテマという用語を使用することを封印した。理由は、九世紀以前には『テオファネス年代記』以外に「テマ」という用語を使った例が存在しないからである。

同時に、ホルドンは考古学からの資料である印章（要するにハンコ）のデータを重視する。役人たちが認め印として鉛に押した印形が数万単位で発見され、そこには彼らの名と官職名が記されていた。ところが、これらの鉛印章のうち七、八世紀と想定されるものにテマという用語はいっさい見られない。もちろん、個々の軍団の名前は登場する。しかし、そこから推測されるのは軍管区の存在までであり、行政の単位となったテマは確認できないのである。

ちなみに、『テオファネス年代記』以外の記述史料でテマがはじめて登場するのは、あのストゥディオス修道院長のテオドロスの手紙においてである。それは、早くとも八一五年のイコノクラスム再開より後のことであった。

ということで、ホルドンは九世紀になってテマ制が成立した、それはおそらくはニケフォロス一世によるものだろう、との斬新《ざんしん》な説を提示したのである。彼の考え方とこれまでの議論との違いは、テマ制の成立を軍事権と行政権の統合時期に求めるのではなく、新しい地方統治制度としてテマが形成されたのはいつか、という視点を重視したところにあった。

印章資料で新しいテマの役人、「テマの行政官（プロトノタリオス）」が確認されるのは九世紀に入ってからであった。この頃になって、ようやくテマ領域内における行政の仕組みが明らかになり始める。さらに、七世紀末から小アジアの軍団が繰り返して起こしてきた軍事反乱は、八二〇年代の大反乱（スラヴ人トマスの乱）を最後に終了する。

この後、個々の軍団は分割されていった。同じくバルカン半島でも、ニケフォロス一世の治世頃から新しい軍管区の設置があいついだ。この皇帝の施策との関連から推測するに、これらの軍管区は中央のコントロール下で設置された属州としての色合いが強そうである。

九世紀にはテマ行政官であるプロトノタリオスに加えて、管轄領域での軍財務官のカルトゥラリオス、そして司法官であるクリテスの設置が確認される。彼らは属州においては総督に相当するテマ将軍の下僚ではあったが、同時に中央省庁とも結びついていた。ここに中央政府と連動するかたちでの中央集権的な新しい行政システムが完成を見るのである（Brubaker & Haldon 2011）。

テマとテマ制

私の考えを述べておこう。史料情報に厳格なあまり、八世紀にはいっさい「テマ」という用語を使用しないホルドンの姿勢は、やはり極端であると思う。むしろ、時期は不明瞭《ふめいりょう》ながら国家の正式な用語ではない「テマ」（軍団や軍管区）が八世紀のどこかの時点で人口に膾《かい》炙《しゃ》していき、九世紀に入ってテマを行政区画とする地方行政制度が整備されていったのだろう。

新たなシステムが構築されるまでにどうしてこのような長い時間を要したのか、その間は行政と軍事とはどのような関係性にあったのか。ホルドン説にはそれが欠落している。テマ自生論からの私の推測は、レオン三世に始まるイサウリア朝の諸帝は、地方軍団テマを個人的な結びつきをも活用して掌握し、腹心と言えるテマ将軍たちを通じて実質上の地方行政を担当させていた、というものである。

ただし、以上は状況証拠による説明でしかなく、エビデンス不足はいかんともしがたい。それでも、テマ軍団が八世紀のビザンツできわめて重要な役割を演じていたことは確実である。

九世紀前半の史料として、宮廷での晩餐会《ばんさんかい》の席順を決める際の官職序列の表「タクティコン」が残されている（通説では八四三年のデータとされる）。そこではテマ（晴れて使えるようになった）を管轄する将軍（ストラテーゴス）たちの職名が列挙されている。いや、単に登場するだけではない。彼らは実質上国家の官職の最高位を占めていた。最上位のアナトリコイ将軍より上位にあるのは、総主教と総主教顧問官、元老院議長、そして侍従長くらいである。一方、政府の閣僚たちは、たとえば財務長官クラスであっても最新の小規模なテマの将軍よりも下に位置づけられる。これは注目すべきことだろう。

テマ将軍たちの間では、西方よりも東方が優位を占め、当然のことながら古いテマほど上位にある。しかも、約半世紀後の同様の官職リストでも序列に大きな変化はない。つまり、九世紀の中頃には中期ビザンツ国家の骨格は完成されていたと見なせるのである。

以上に加え、軍事面で注目したい点に近衛連隊（タグマ）の編成がある。官職リストの最上位に居並ぶテマ将軍たちと並んで、皇帝直属の四つの近衛連隊司令官が登場する。これらのうち、スコライの司令官はアナトリコイ将軍とそれに続くアルメニアコイ将軍の間に位置している。スコライ近衛連隊長（ドメスティコス）は、九世紀後半には皇帝が親征しない場合には帝国遠征軍の最高司令官となった。

次章で触れるが、九世紀の中頃からは法典の整備が開始され、文化活動も活発化する。地中海や東方ではイスラム勢力との拮抗《きっこう》状態が今しばらく続くものの、それ以外の異教徒の世界に向けてキリスト教の布教活動が本格始動した。とりわけ北方へのビザンツ世界の拡大は、その後の世界の歴史の展開にも大きな影響を及ぼすことになるだろう。皇帝の戦死という非常事態にもかかわらず、生き残ったビザンツ帝国は新たなステップを踏み出すのである。

コラム5：「屯田兵制」

本章の中で屯田兵という表現を使ったついでに、高校世界史の教科書にしばしば登場する「屯田兵制」なる用語について説明しておこう。用語集などでは、屯田兵制とは「軍管区の兵士に一定の土地保有を義務づけて世襲の農民兵とし、防衛力の充実と地租収入の安定をはかった制度」と説明される（ちなみに、山川出版社の『詳説世界史』の英語訳版には「屯田兵制」に相当する用語は登場しない）。

しかし、テマ制やそのもとでの兵士徴募の実態はよくわかっていない。専門的には、屯田兵制に似たものとして「兵士保有地（ストラティオティカ・クテマタ）」が知られる。ただし、兵士保有地というのは一〇世紀の皇帝たちが発布した法律に登場する用語である。

そこでは、馬を含めた装備を自弁する兵士を送り出す家は、それを経済的に支えるため一定量の土地をもたねばならず、その最低限の面積を定めて安易な売却が禁じられた。これは慣例化していた仕組みを法的に定めたものと推測されるが、いつ頃から実施されていたのかはまったく不明である。

七世紀後半以後のどこかの時点で、財政難から兵士に給料を十全に払えなくなった国家が、やむをえず軍務と引き換えに土地を付与し、後に個人的な軍役義務が兵士たちを支える土地に結びつけられるようになった、という推察がなされるだけである。

ともかく、屯田兵制というような明治時代の北海道あたりを連想させる具体的な制度が存在していたわけではない。

第4章　文人皇帝コンスタンティノス七世と貴族勢力
——一〇世紀

コンスタンティノス7世（左）の象牙像
（モスクワ，プーシキン美術館蔵）

ビザンツ皇帝在位表④

＊簒奪帝

皇帝名	在位年	即位の仕方	最期	親征の有無
＊バシレイオス1世	867-886	簒奪（陰謀）		○
レオン6世	886-912	継承・先帝の子		
アレクサンドロス	912-913	継承・先帝の弟		
コンスタンティノス7世	913-959	継承・レオン6世の子		
＊ロマノス1世レカペノス	920-944	共治・皇帝の岳父		
ロマノス2世	959-963	継承・コンスタンティノスの子		
＊ニケフォロス2世フォカス	963-969	共治・ロマノス2世妃再婚	暗殺	○
＊ヨハネス1世ツィミスケス	969-976	共治・先々代帝の妹と結婚		○
バシレイオス2世	963-1025	継承・ロマノス2世の子		○

七人目のコンスタンティノス帝

二度にわたるイコノクラスムが終了してから一世紀、一〇世紀半ばのビザンツ帝国に新たな政権が誕生した。九四五年、政治的な手腕は未知数で、その舵取りから長く排除されてきた王朝三代目の御曹司がクーデタによって政権を掌握したのである。皇帝の名はコンスタンティノス。初代の大帝から数えて七人目の同じ名のビザンツ皇帝であった。

コンスタンティノス七世は、生涯遠征に出ることはなかったし、宗教的な問題にもあまり口を出さなかった。しかしながら、ビザンツ史上で彼の存在はかなりユニークで、二〇世紀後半に一世を風靡《ふうび》した文明史家のアーノルド・トインビーは、彼を主人公に『コンスタンティノス七世とその世界』を著した。コンスタンティノスが注目された理由としては、学識に秀でた彼は歴史家でもあり、後に「マケドニア・ルネサンス」と呼ばれる文化活動を主導したことが挙げられる。

本章では、まず彼が即位するまでの歴史過程をたどり、続いて彼の文化史上での偉業を概観する。コンスタンティノス七世以前の文芸復興の実態にもコメントしておきたい。その上で、彼が政治に一定の距離をおけた理由を述べる。より具体的な表現を使うならば、この時代に新たに貴族勢力の台頭が顕著に見られるようになった、ということになる。

イコン「正教の勝利」 聖母子像の左にミカエル３世と母テオドラ（大英博物館，ロンドン）

初代バシレイオスの立身出世

イコノクラスムが撤廃された時の皇帝はミカエル三世であった。彼も王朝三代目であるが、八四二年時点では戴冠はすませていたものの、いまだよちよち歩きの幼子であり、政治は母親のテオドラと宦官のテオクティストスが担当した。前世紀イサウリア朝の四代目、コンスタンティノス六世の最初の十年が母親エイレネと宦官たちによって担われたのと類似したこの構図のもとでイコンは復活を遂げた。

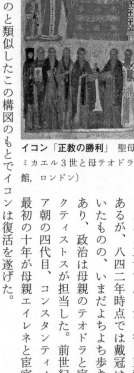

ちなみに、テオドラも聖人伝関連の史料記述においてではあるが、皇妃コンクールによって最後のイコノクラスト皇帝テオフィロスの妻となったとされる。

そして今回も、十五年間ほどの摂政期を経て母親と宦官を排除する政権交代が実現した。以前と違ったのは、皇太后であるテオドラの一族がクーデタの中枢にあったことだろう。首謀者はテオドラの弟のバルダスであり、これに彼の弟のペトロナスが加わった。若き皇帝ミカエルは、バルダスに副帝格の爵位カイサルを与え、ペトロナスを軍隊のトップと言えるスコライ近衛連隊長にその後抜擢している。政治にあまり関心を示さないミカエル三世になりかわり、バルダス兄弟は以後十年近く政権を担ったが、皇帝に政治の実権を取り戻すようにそそのかす者があった。後の皇帝バシレイオス一世である。

バシレイオスは、バルカン半島のマケドニア地方の出身とされる（それゆえ王朝名はマケドニア朝となる）が、詳しい出自は不明である。それなりの風貌をしていたのだろうか、首都に出て有力者に取り入り、さらにそのコネを生かして皇帝のお気に入りのグループに加わった。絵に描いたような立身出世のパターンであった。

この物語には尾ひれがついている。八一三年で終わる『テオファネス年代記』を引き継ぐことから、一般に『続テオファネス』と呼ばれる歴史記述は、バシレイオスが最初に仕えた主人とともにペロポネソス半島のパトラス市の教会を訪問した際のエピソードを伝えている。その場に居合わせたある修道士が、バシレイオスの中に帝王の風格を見出したのである。

豪華な身なりの主人には目もくれず、この修道士は若いバシレイオスを「キリストにより油を塗られたローマ皇帝であり、神が恩恵を賜った者」として最高度の敬意を払った。そして、話を聞きつけたダニエリスなる現地の女性富豪は、バシレイオスに金品を授けて彼の出世に投資したという（渡辺一九八五）。

「ビザンツ皇帝に俺はなる！」

興味深いことに、中期ビザンツの前半期にはバシレイオスのように皇帝就任の予言を受ける男たちが何人か登場する。

事例1：将軍レオンティオス。七世紀末に始まる「混乱の二〇年」の冒頭に登場する彼は、逮捕監禁を解かれたものの、将軍としてギリシアに赴任する前夜、集まった仲間たちに自らの運命を嘆いた。彼は仲間の一人である天文学者（占星術師）に対し「皇帝位を予言してくれたのに」とグチをこぼしている。ともかく、その直後の首都でのクーデタによってレオンティオスは皇帝となる。

事例2：パトリキ級という高級爵位（パトリキオス）保有者を父にもつバルダネス（フィリッピコス帝）。レオンティオス一党によるクーデタから十年、バルダネスは追放による苦難の日々の末に軍事反乱によって帝位を獲得する。

バルダネスは夢の中で自分の頭に鷲《わし》の影がかかるのを見て、これは皇帝となる前兆かもしれないと思った。そこで彼は予言の能力をもつ異端の修道士を訪ねる。隠者は、六八〇年の公会議の決定を無効にするならば長い治世が約束されるとの予言をする。その後、レオンティオスによる帝位簒奪の際、さらにティベリオス二世の反乱による皇帝就任の際にも、バルダネスは隠者を再訪する。しかし、そのたびに「あせるでない。まだじゃ」との返答があるばかりであった。

軽率にも彼はこの話を友人にしたため、密告により逮捕され、ギリシア北西沿岸のケファロニア島に追放された。その後、ユスティニアノス二世が再登極すると彼は呼び返されたが、今度はケルソン市に追放される。けれども、ケルソンで反乱が勃発し、これに乗じて帝権を得たのである。結局、異端信仰の推進は彼の治世を短くしただけではあったが。

事例３：もう一人のバルダネス（あだ名「トルコ人」）。エイレネ女帝期の頃であろうか、アナトリコイ軍団の将軍であったバルダネスは、近習の手の者三名を連れてある隠者を訪問した。予言が当たるという評判を聞きつけて、自身の今後を占ってもらうためであった。訪問を受けた修道士は、たちどころに皇帝になるという彼の野心を言い当てたが、そのような企ては財産と視力を失うことになると警告した。失望した将軍が馬のそばで待つ従者たちのところへ向かった時、隠者が彼を呼び止めた。もしやと思って引き返したバルダネスに修道士が告げた言葉は驚くべき内容であった。

　今お前が連れてきている馬まわりの者たち三名のうち、最初と二番目の者は帝冠を帯びるであろう。そして第三の者は自身を皇帝と宣言するものの、すぐに処刑されるだろう。

バルダネスは修道士に悪態をつきつつ、その予言を従者三名に伝えた。

レオンよ、お前は皇帝となり、そしてトマスよ、お前は（皇帝に）宣言されるが、ミカエルによって（二人は）殺され、ミカエル自身はまったく害されることなく帝位にとどまる。

レオンとは後の五世、ミカエルとは二世、そしてトマスは後に大反乱の首謀者となる。

以上はもちろん後世に作られた架空のエピソードであろう。けれども、バシレイオス一世のものを合わせて四つの事例は、何がしかの真実を伝えている可能性がある。すなわち、この時代にあっては有望な若者たちが皇帝位を嘱望することがしばしばあり、かつ人々もそのような話を信じたがっていた、ということである。

これは、にわかには信じられない皇妃コンクールとともに、当時の流動的な社会の実情をいくらか反映しているのだろうか。ただし、隠修士などによる皇帝即位予言は後のコムネノス朝期にも確認されるので、ビザンツ社会の伝統なのかもしれない。

マケドニア朝の成立――バシレイオス一世

話をバシレイオスのその後に戻そう。八六六年、出征したミカエル三世に同行するカイサルのバルダスを、その途上で殺害することに成功したバシレイオスは、まもなく共同皇帝となった。そして、最後の仕上げにと、翌年にミカエル三世の暗殺を決行する。テオドラ一族のもう一人の有力者で軍隊に大きな発言力をもったと思われるペトロナスは、兄の暗殺までに死去していたらしい。バシレイオスはまんまと国家乗っ取りを果たしたのである。

権力の座に就いたバシレイオスではあるが、政府は多くの課題をかかえていた。小アジアが比較的平穏になると、東方の国境地帯に展開していたパウロ派の異端者たちへの対応が不可避となっていた。九世紀中頃に勢力を増したアルメニア起源のこの教団に対し、皇帝自らが出陣しなければならない事態となった。

一方、八二〇年代に始まったイスラム勢力のシチリア島への侵攻では、シラクサが陥落するなど帝国はつねに劣勢に立たされていた。イスラム軍はイタリア南部にも進出したので、バシレイオスは軍隊を差し向けると同時に、カール大帝の孫のルートヴィヒ二世とも協調を余儀なくされた。

バシレイオス1世と息子のノミスマ金貨（アテネ貨幣博物館）

内政面でも、治世末期にヨハネス・クルクアスらの陰謀が発覚するなどゴタゴタはやまなかった。さらに後継者に指名した次男（長男は早世）のレオン六世と皇帝は反目したままで、レオンは軟禁状態が続いていた。結局、バシレイオスとレオンの和解は皇帝の死の床にまで持ち越された。皇帝の死亡原因は狩猟時のケガであったという。

キリストにひれ伏す皇帝レオン6世とされるモザイク（聖ソフィア大聖堂，西側入り口上，イスタンブール）

「賢者」レオン六世

先にコンスタンティノス七世は親征を行わなかったと述べたが、彼の父親のレオン六世も戦場に立つことはなかった。この後一一世紀中頃まで二世紀近く続くマケドニア朝で、軍隊を率いて出征したのは初代のバシレイオスと、もう一人のバシレイオス、「ブルガリア人殺し」との異名を取る二世の二人だけである。

そのかわりレオンもまた文才に恵まれた。「賢者」というあだ名が示す通り、彼はいくつかの著作の編纂で知られる。父親から法律の編纂事業を継承し（『バシリカ法典』など）、自身による新たな勅法をとりまとめ、コンスタンティノープルの職能団体（西欧のギルド）への規定を記した『総督の書』、古代以来の伝統を引き継ぎつつも新たに書き足した軍事書『タクティカ』（テマでの文武両権に言及）などが彼の名によって刊行された。

さらに、宮中晩餐会での席次を中心に、国家の官僚機構のありさまが具体的に列挙された宮廷官フィロテオスによる『クレトロロギオン』（官職リスト「タクティコン」を含む文書）も彼の治世の八九九年に成立している。

戦場に立たなかったせいでもないだろうが、レオン治下の帝国の西方戦線は苦戦を強いられていた。イスラム教徒の攻勢により、シチリア島のすべてが帝国の支配から脱落した。隣国ブルガリアの君主シメオンは、コンスタンティノープルで成長した経験を生かして、自身がビザンツ皇帝位をうかがうまでに国家を強化し、戦場では何度も帝国軍を撃破した。こうして、またしても一世紀ぶりにテオドシウスの大城壁に「夷狄《いてき》」の軍隊が迫る事態となった。

「ブルガリア皇帝シメオン」（部分，アルフォンソ・ミュシャ『スラヴ叙事詩』より，プラハ）

けれども、レオンの最大の悩みは後継者の問題であった。彼の母親のエウドキア・インゲリナはバシレイオス時代の八八二年に息子レオンのために例の皇妃コンクールを開催し、彼女の親類のテオファノを選んだ。しかし、娘一人を授かっただけでテオファノは死去し、続く第二番目の皇后ゾエとの間にも娘のみ、第三番目のエウドキアとの間には男子バシレイオスが生まれたが間もなく死去した。

一方、レオンには正妻とは別に愛人のゾエ・カルボノプシナ（「真っ黒な瞳《ひとみ》」の意）がいて、九〇五年に男子が誕生した。この子が後のコンスタンティノス七世である。皇帝はこの愛人のゾエを皇后にしようと画策したが、これは理由のいかんを問わず結婚は三度までと規定する教会法に抵触した。

レオン六世は同じく学識が高く、皇帝の秘書官（ムスティコス）であったニコラオス（一世）を総主教に抜擢していたが、彼は皇帝の新たな結婚を認めず、これにより解任された（九〇七年）。レオン六世の四度目の結婚によるゴタゴタ（「四婚問題」）は彼の死後まで尾を引き、総主教に返り咲いたニコラオス一世が九二〇年に教会会議を開き、ようやくレオンの四度目の結婚を例外として認めることで決着する。

このことをきっかけに、コンスタンティノス七世は自身が正嫡であると明示すべく、大宮殿内の緋色の部屋で生まれたことを示す形容詞「ポルフィロゲニトス」を用いるようになった。

アレクサンドロス帝とロマノス・レカペノス

レオン六世が死去した時、一人息子のコンスタンティノス七世はまだ七歳にすぎず、帝位は共同皇帝であったレオンの弟アレクサンドロスが継承した。兄とは不仲だったらしいアレクサンドロスは、宮廷を一新させたようである。レオンの四人目の妻のゾエ・カルボノプシナは宮廷から排除され、さらに総主教エウテュミオスも罷免されて、ニコラオス一世（ムスティコス）が再任された。

アレクサンドロス帝は史料では好色で怠惰であったと批判的に取り上げられるが、いずれにせよ彼の治世は一年ほどしか続かず、子供もないままに死去した。新たに幼帝を支えることになったのは、宮廷を追われていた母親ゾエ・カルボノプシナであった。九一四年、アレクサンドロス帝の死後一年にして宮廷クーデタによって政権復帰を果たしたのである。けれども皇太后ゾエの政権も前途は多難で、とりわけレオン六世の治世末期からのブルガリアの君主シメオンとの戦争では、あいかわらず苦戦が続いていた。結局、九二〇年に彼女は政務を将軍ロマノス・レカペノスに委ねて、聖エウフェミア修道院に引退した。

アレクサンドロス帝のモザイク（聖ソフィア大聖堂2階ギャラリー北側）大橋哲郎撮影

ロマノス・レカペノスはアルメニアの農民の子として生まれたが、軍歴を歩むなか戦場でバシレイオス一世を助けたことがきっかけとなり出世街道を歩み始めた。テマ艦隊や中央艦隊の司令官として、その地位を高めた後の九一九年、ついに娘ヘレナをコンスタンティノス七世の妃とすることに成功し、外戚として「バシレオパトル」（つまり「皇帝の父」）という称号を獲得した。

ゾエが引退した九二〇年にロマノスは副帝（カイサル）となり、年末には正嫡の皇帝を無視するかのように共同皇帝として即位した。ロマノスはさらに自分の息子たちを共同皇帝としているので、最終的には義子のコンスタンティノス七世の排除を考えていたのかもしれないが、いまだ三代目は十五歳にすぎず、しかも彼は父親ゆずりの学究肌であり、当面のところ問題にする必要はなかった。

一方で、対外的な課題は残されたままであった。即位後早々に南イタリアのカラブリアやペロポネソス半島で発生した反乱には迅速に対応したものの、最大の懸案とも言えるブルガリアのシメオンとの対決という課題が残っていた。あいかわらず帝国側は劣勢にあったが、「ブルガリア人とギリシア人の皇帝」を称するシメオンに対し、直接会談を含めて柔軟に対応したロマノス帝は、結局この野心ある君主の死去を待ってブルガリアとの和平条約にこぎつけた（九二七年）。

その後、ビザンツ側はバルカン半島に勢力を拡大させてゆく。セルビア人たちへの影響力を伸長させ、ハンガリー人とも条約を締結した。後で詳述する北方のロシア（キエフ・ルーシ）に対しても海戦で勝利（「ギリシア火」の活躍）して和平条約（九四四年）を結んでいる。さらに、東方戦線でも将軍ヨハネス・クルクアス（前出の同名の人物の孫）が対アラブ戦を有利に展開させていた。

権力基盤の確立に余念のないロマノス・レカペノスであったが、落とし穴は自身の足もとにあった。九四四年の年末、彼は二人の息子が起こした宮廷クーデタによって廃位・追放されたのである。

けれども、結局レカペノス家の政権は事実上ロマノス一代で終わることになった。九四五年、コンスタンティノス七世が再度のクーデタによって政権を獲得したからである。レカペノスの息子兄弟は逮捕され、その後殺害された。ただし、レカペノス家出身ということでは、ロマノス一世の庶子のバシレイオス（「ノトス」のあだ名で呼ばれる）が、一〇世紀後半に帝国政治の中枢を担うことになる（後述）。

歴史家コンスタンティノス七世

単独統治を開始した時、コンスタンティノス七世は不惑の年を迎えていた。この後、九五九年に死去して息子のロマノス二世（ロマノス一世の孫でもある）に帝位が継承されるまでの十五年弱の期間、彼がビザンツ帝国の単独の君主であった。しかし、正嫡三代目の皇帝の政治はもっぱら他人まかせで、自身はあいかわらず学芸にのめり込んでいた。

先にコンスタンティノス七世は歴史家でもあったと述べたが、『テオファネス年代記』を継承する歴史書『続テオファネス』の編纂命令者は彼であった。『続テオファネス』は、名称は年代記となっているが、その内容はレオン五世以降の皇帝たちの治世ごとの事績を記述している。つまり皇帝たちの伝記という形式である。その中の一章、ミカエル三世に続く「バシレイオス一世伝」はコンスタンティノス自身が筆を執ったとされる。

王朝初代の祖父バシレイオスについて、コンスタンティノスはその起源を古代のアルサケス朝パルティアにさかのぼる高貴な血筋とするなど、「バシレイオス一世伝」は彼の治世を顕彰する長大な記述である。当然かもしれないが、権力を簒奪されて殺害された先代のミカエル三世は暗愚な「遊び人」君主として描かれた。

『テマについて』

コンスタンティノス七世がかかわった著作は歴史記述だけではない。彼の作品と称する『テマについて』というパンフレットが残されている。その序文には次のようにある。

レオン（六世）の息子、皇帝コンスタンティノス（七世）の、ローマ人たちの帝国に属するテマ（属州）についての作品。どこから名前を獲得したのか、そしてそれらのテマという呼び名は何を意味しているのか、またそれらのいくつかのものは昔からのものであり、また他のものは新しい呼び名を獲得したことについて。

これだけを見ると、この『テマについて』を読めばテマ制の起源が明白になるような気になる。けれども続く記述は以下の通りである。

テマの名称は、私にはそう思われるのだが、多くの人々が考えるようには成立しなかった。というのも、どの名称も古いものではなく、歴史を書く者たちの誰一人として今言われているようにはその名前に言及していないからである。

これに続く記述もこのような調子で、コンスタンティノス七世が統治した一〇世紀中頃にはテマの起源は不明瞭となっていたことが判明する。結局、序文に続く本文は、当時存在した東方の小アジア級のテマ一七、西方のヨーロッパ級のテマ一二、合計二九の地域について記述がなされるが、その内容は地理的な境界と主要都市名、そして各地域に関連した雑多な地誌情報であった。

つまり一〇世紀になるとテマは、「属州」という程度の意味以上のものではなくなっていたのである。

『帝国統治論』と『儀典の書』

コンスタンティノス七世はさらに息子のロマノス二世に指南するかたちで『帝国統治論』と一般に呼ばれる手引き書を編纂している。この作品では、前半の九つの章で北方世界の諸民族への施策を紹介した後、それ以外の周辺諸地域とそこに居住する民族について現状にいたった経緯が個々に詳述される。

そこには本書が設定するビザンツ世界を越えて、イスラム帝国やフランク王国も含まれる。ただし、個々の情報には誤りや誤解も散見されるのだが（渡辺一九八〇、居阪ほか二〇一七）。

文人皇帝の肝いりはまだまだある。この時点でも数世紀にもおよぶ歴史を有していたビザンツ宮廷の有職故実《ゆうそくこじつ》を集めた文献一覧と言える写本が残されている。一般に『儀典の書』とも『ビザンツ宮廷儀式について』とも呼ばれる大部の史料群である。

『儀典の書』に含まれている事項をいくつか列挙すれば、第一巻ではクリスマスから聖霊降臨祭までの行列や歓呼（一～九章）、皇后の戴冠と婚儀（四一章）、首都総督の昇進への歓呼（五三章）、第二巻では総主教の即位式（三八章）、クレタ島などへの遠征軍の編成（四四、四五章）、役人への俸給リスト（四九、五〇章）、など、多くは同時代の一〇世紀のさまざまな儀式の式次第の内容で、かなり雑多な寄せ集めの印象を受ける。

けれども、膨大な内容の多くは要約などではなく、儀式などの式次第の「現物コピー」であり、今となっては貴重この上ない記録である。さらに、第二巻の五二、五三章は宮中晩餐会での着席の順番を決めるためのマニュアル、フィロテオスの『クレトロロギオン』となっていて、ビザンツ国家における爵位と官職の序列表（タクティカ）を含む非常に重要な史料である。

こうしてコンスタンティノス帝は、彼が生きる「ローマ帝国」について、中央『儀典の書』、属州『テマについて』、周辺『帝国統治論』の三つの著書をまとめあげたのである。なお、コンスタンティノス七世の手による編纂物としては、その他に『軍事書』三巻や古代の農事書からの抜粋をまとめた『ゲオポニカ』がある。後者は三二名の著者を取り上げていて総ページ数は一二〇〇を超える（伊藤正二〇一九）。

「コンスタンティノス抜粋」

コンスタンティノス七世の名前を冠した著作の数と内容には驚かされるばかりだが、さらに壮大な規模で構想された企画も紹介しておく。それはこの皇帝の歴史への思い入れの集大成とでも言うべきもので、彼が生きた一〇世紀半ばの時点で帝国に残されていた歴史にかかわる書物をすべて探し出し、それらから集めた情報を五三の主題ごとに分類・編纂するという事業である。この成果は一般に「コンスタンティノス抜粋」として知られる。

残念ながら、「コンスタンティノス抜粋」で完全に現存するのはたった一巻のみである（『徳と悪徳について』）。他には『格言について』が約半分を残して改作されるかたちとなり、さらに三作品（『ローマ人の使節について』『外国人使節について』『伏兵について』）は重要部分のみが伝わる。それ以外は、皇帝・戦争・政治・教会・地理・レジャー・文学・道徳など、いくつかタイトルが判明するだけである。

このように私たちの知ることができる情報は相当に限定的なものでしかない。しかしそれでも、「抜粋」の中では次の二六名の歴史家や著述家たちが引用される。

ヘロドトス（紀元前五世紀）　トゥキュディデス（前五世紀後半）
クセノフォン（前五～前四世紀）　ポリュビオス（前二世紀）
シチリアのディオドロス（前一世紀）　ハリカルナッソスのディオニュシオス（紀元前後）
ダマスカスのニコラオス（紀元前後）　フラウィウス・ヨセフス（紀元後一世紀）
アリアノス（一世紀末～二世紀）　ヤンブリコス（二世紀）
アピアノス（二世紀）　カッシウス・ディオ（二世紀中頃～三世紀前半）
プブリオス・ヘレニオス・デクシポス（三世紀）
＊サルディスのエウナピオス（四世紀中頃～五世紀初）
教会史家ソクラテス（四世紀後半～五世紀前半）　＊パニオンのプリスコス（五世紀）
ゾシモス（五世紀）　プロコピオス（六世紀）
＊パトリキオスのペトロス（六世紀）　ヨハネス・マララス（五世紀末～六世紀）
フィラデルフィアのマルコス（五～六世紀）　ミュリナのアガティアス（六世紀）
＊メナンドロス・プロテクトル（六世紀）
テオフィラクトス・シモカッテス（六世紀末～七世紀前半）

＊アンティオキアのヨハネス（六〜七世紀）　　修道士ゲオルギオス（九世紀）

（＊マークを付けた人物はこの時代の引用以外では作品の内容が現存しない作者である）

最新の研究では、この「コンスタンティノス抜粋」こそは、コンスタンティノス七世がかかわった歴史系の作品のデータベース、ないし検索エンジンとしての役割を果したと予想されている。ともかく、百科全書的と呼べるこれだけのプロジェクトを推進するには、皇帝の周辺を中心に相当数の学者やそれを支援する集団が必要であったと予想される。

さらに、この一大事業はコンスタンティノス七世没後の一〇世紀後半期にも継承されたらしい。仕事を引き継いだと目されるのが、彼の治世を内政面で支えたロマノス一世の庶子バシレイオス・レカペノス（ノトス）である。

たとえば、『続テオファネス』はコンスタンティノス七世やその息子ロマノス二世の治世まで記述が継続されているし、それ以外の作品も知られる最古の写本がこの頃に属する。なお、同じく一〇世紀後半には、項目数約三万を数える百科事典『スーダ』も成立をみている（井上一九九三）。

フォティオスと古典文献

以上のようなコンスタンティノス七世による知の体系化とも呼びうる活動は、一人の皇帝の趣向で始められるものではなかった。「賢帝」と呼ばれ、複数の編纂事業にかかわった父親のレオン六世は彼の幼少時に死去していたが、父の学友でもある総主教ニコラオス一世ムスティコスを通じて、その知識欲は学問を愛する若者コンスタンティノスに伝えられたのかもしれない。

皇帝の秘書官であるムスティコスに抜擢されたことからも推測されるように、総主教ニコラオス一世は聖職一筋の人物ではなく、政府要人としての活躍が目立つ。皇帝レオンの「四婚」問題で解任されたことは先に述べたが、彼はアレクサンドロス帝によって再任された。そして、九二五年に死去するまでこの要職にとどまり、書いた多くの書簡は一〇世紀初頭の帝国の対外政策を知るための貴重な史料となっている。そんな学識深いニコラオス一世が先輩として仰いだのが、同じく総主教でビザンツを代表する知識人の一人、フォティオス（在位八五八～八六七、八七七～八八六）であった。

フォティオスは俗人である筆頭書記官から総主教に就任したが、それは彼の叔父でやはり俗人として総主教となったタラシオス（イコン復活に尽力）と同じコースであった。彼は幼少期を第二次イコノクラスムのもとで送ったが、名門出身の有為の若者として頭角を現し、イスラム帝国への使節にも二度にわたり参加している。フォティオスを総主教に抜擢したのはミカエル三世下のカイサルのバルダスであったようだが、一度の解任期間をはさみつつ彼はバシレイオス一世の治世でも総主教を続けた。

古典文献に精通していたフォティオスは、著名な数学者レオンと同様に首都の教育機関の教授職にあったと推定されている。教会関係の著作も多いものの、彼の代表作は一般的に『文庫（ビブリオテカ）』と呼ばれる。その最古の写本では、表題は「われわれが読破した本のリストと解説」となっている。『文庫』の序文などによると、この作品は兄弟の求めに応じて彼がアラブ人のところへ派遣される前に、これまで読んだ書籍をまとめたものであるらしい。

『文庫』は、そこに登場する二〇〇名近い著者、彼らの三八〇を超える書物を二八〇の項目に分けて取り上げる（一つを除いて「～を読んだ」で始まる）。フォティオスは、あるものについては書誌情報を含めた紹介・抜粋を書き、また別の作品については文体の批評を記すなど、長短さまざまな内容となっている。聖書やホメロスなど有名すぎる著作は含まれておらず、明らかに教育現場で使われるテキスト（トゥキュディデス、クセノフォン、プラトン、アリストテレス、エウクレイデス、そして詩人たちなど）も除外されている。

登場する書籍の分野は古代から中世まで、教会や宗教関係のものも異教・世俗の作品も文系も理系も、実に多彩である。なかでも彼が歴史作品に強い関心をもっていたことは注目に値する。ただし、驚くべきことに、彼はヘロドトスの『歴史』をペルシア人の「王（バシレウス）」たちの物語として読んでいる。古代のギリシア人や現代の私たちとは読み方が一八〇度異なるのである。東方に位置し、古代の大帝国の系譜に連なるビザンツ国家にあっては、古代ギリシアの諸ポリスによる抵抗と勝利の歴史は、むしろペルシア帝国の支配に対する不当な反乱と位置づけられたのである。

フォティオスは、さらにその豊富な読書から『辞書』の編纂をも手がけた。そこには単なる語義だけでなく、古代の著作や註釈を通じて語源にも言及がなされており、その博識ぶりは瞠目《どうもく》すべきものである。このように彼の仕事ぶりを見るだけでも、コンスタンティノス七世の師匠筋の実績こそが、一〇世紀の皇帝肝いりの事業を生み出したのだと言いたくなる。

思えば、フォティオスやその叔父タラシオスだけでなく、歴史書『簡略歴史』を著し、タラシオスの後任となった総主教ニケフォロスも帝国書記官からの抜擢であった。神学も含めて教養ある俗人が教会の世界に参入してくるビザンツ社会は、中世盛期に大学が登場するまで、学術活動が主に教会関係者や修道院で展開された西欧とは、この時点では対照的であった。

フォティオスにとって重要だったのは、七・八世紀の「暗黒時代」に忘れられかけていた古典作品を見つけることであった。彼はまずは残された写本を集めてこれらを書き写し、またその内容を読み取っていった。そのノートをもとにして『文庫』は書かれたのであるが、どうやら若い時期の彼は独学で学問を進めたらしい。

いずれにせよ、古典文献の内容を吟味し、註釈を加えるといった研究段階はまだこれからの状態であった。それでも、現在に完全な写本が残る古典作品の多くが一〇世紀のものであることは特記しておきたい。ホメロスやヘロドトス、トゥキュディデスもそうである。コンスタンティノス七世へとつづく写本編纂事業の重要性は明らかであろう。

カイサルのバルダス

皇帝ミカエル三世の義弟として政権を掌握し、おそらくフォティオスを抜擢した人物、爵位カイサルを獲得した政治家バルダスについても述べておこう。

バルダスが政権を担った九世紀中頃、帝国は対外面で転換期にさしかかっていた。半世紀前にビザンツ皇帝ニケフォロス一世を敗死させたブルガリアでは君主ボリス一世が洗礼を受け、ギリシア正教の仲間となった。バルカン半島とは反対側の小アジアでは、八六三年に侵入したイスラム軍をバルダスの弟ペトロナス率いる帝国軍が撃破している。

以後、この地域へのイスラム教徒の侵入は二世紀近く途絶えることになる。さらに、黒海北岸からカスピ海にかけて展開してきたハザール国家の勢力にかげりが見え、帝国北方に不穏な影が広がり始めるなか、バルダス政府はこの地にキリスト教を宣教するため使節を派遣した。このミッションは帝国第二の都市テサロニキ出身のコンスタンティノスとメトディオスの兄弟によって実施された。語学の天才であったという弟のコンスタンティノスは、この

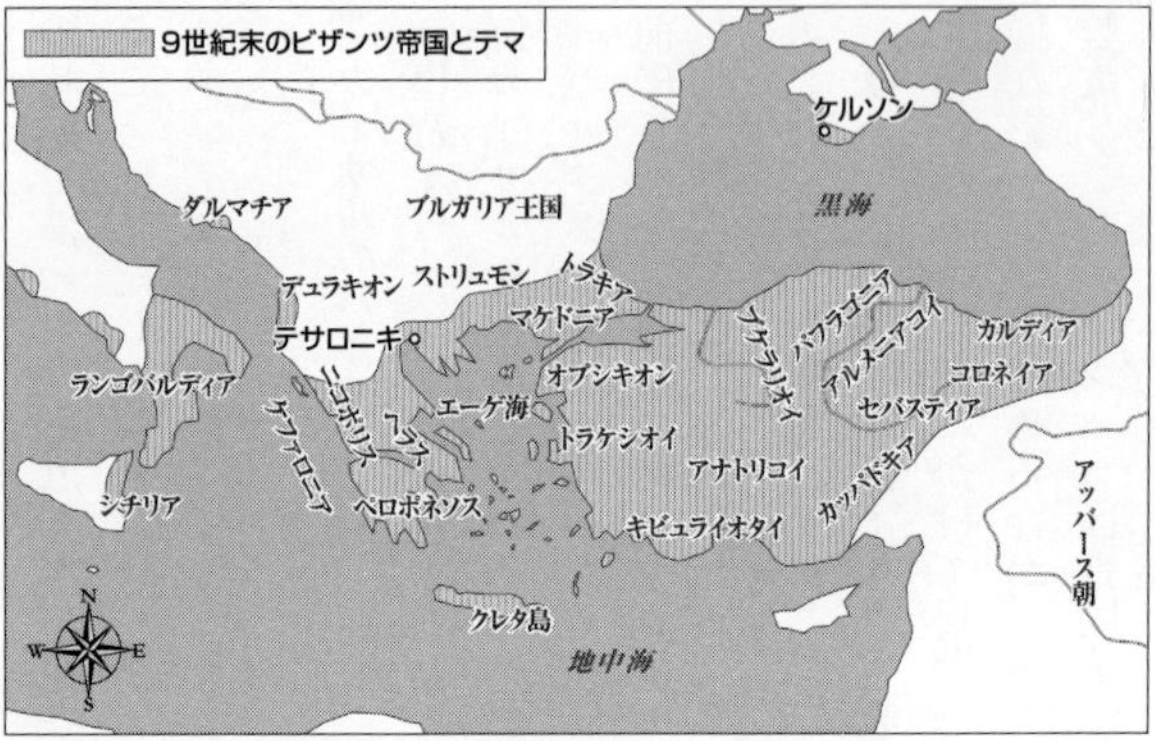

地図6　9世紀末のビザンツ帝国

名前よりも修道士名のキュリロスの方が有名だろう。

前述したように、バルダスはフォティオスを総主教に抜擢した人物でもあった。ここからは、世俗の学問の復興に彼もまた貢献したと推察される。彼は首都の大宮殿のそばのマグナウラ宮に学校を創設し、そのパトロンとして数学者レオンたちによる教育を支援した。

もちろん、バルダスの登場で学術が振興した、という見方は誤解を招くかもしれない。彼が宮廷クーデタで排除した宰相格の宦官テオクティストスは、先代の皇帝テオフィロスが若い息子ミカエル三世の将来を託した人物であったが、彼はテオフィロス帝やその妃テオドラの摂政期、前述のキュリロスや数学者レオンを支援していたことが知られる。

キュリロスとメトディオス兄弟

キュリロスとメトディオス兄弟について、もう少し紹介しておこう。

修道士名キュリロスこと、コンスタンティノスは八二六／七年にテサロニキに生まれた。父親は軍隊の高級将校で、すでに幼少期から彼は非凡な才能を発揮したらしい。首都に旅行した際には、前述の宦官のテオクティストスに見出されて最高度の教育を受けることになった。司祭に叙階されたコンスタンティノスは、聖ソフィア大聖堂の文書管理官に就任したが、後にはマグナウラ宮で哲学の教師に抜擢されたという。

コンスタンティノスは後に列聖され、彼の生涯は聖人伝として記述される（木村・岩井一九八四〜八五）。この作品の中では、彼はヘブライ語をマスターしてカリフの宮廷でイスラム神学者と議論をかわす一方、イコノクラスム神学の信奉者で総主教の文法学者ヨハネスを論破し、さらに布教のために訪れたハザール国では君主カガンの御前でユダヤ教の代弁者と堂々とわたりあったとされる。まさに伝説上の偉人である。

八六三年、彼は兄のメトディオスとモラヴィア（メーレン、現在のチェコ東部）に派遣された。この地を治める公のラスチスラフからビザンツ政府に布教の依頼があったためである。兄弟はまず事前にスラヴ語を表記するための文字を発明し、多くの教会関係の著作を翻訳、これらをもって出発した。

現地に到着すると兄弟は現地でスラヴ語を用いた教会を創設したが、同じくラテン語での布教をめざすフランク帝国側の聖職者たちと対立することになった。そこで八六七年、コンスタンティノスとメトディオスは長駆ローマをめざした。ローマ教皇からは篤く歓待されたらしいが、八六九年にこの地でコンスタンティノスは四〇年の生涯を終えた。彼の亡骸は、兄弟がハザール布教の途上、クリミア半島のケルソン市で奇跡的に発見したという教皇クレメンス一世（在位八八～九七!）の聖遺物を安置するローマのサン・クレメンテ聖堂に葬られた。

弟の死後、兄のメトディオスは翌年モラヴィアに戻ったものの、フランク人によって逮捕監禁された。解放後はいったんローマに帰還し、コンスタンティノープルで総主教フォティオスに支援を求めた。こうして三たびモラヴィアに旅立ったメトディオスであったが、布教は成功することなく失意のなか八八五年に彼は死去した（木村・岩井一九八六）。

兄弟の遺志は弟子たちが引き継ぎ、彼らはブルガリアに移動してこの地で教会スラヴ語による聖書を完成させた。教会スラヴ語の文字は一般にキリル文字と呼ばれ、今日ではブルガリア語だけでなく、ロシア語やウクライナ語、セルビア語などの表記文字となっている。

ギリシア語の小文字

ビザンツ帝国の古典文芸の復興を語る際、忘れてならないことにギリシア語の小文字の誕生がある。ここでは、文を書き記す際の文字、つまりフォントについて詳しく述べる余裕はないが、ごく大雑把に言うならば、この時代よりも前にはギリシア語は大文字だけで表記されていた。カンマもピリオドもなく大文字をズラズラと書き並べたかたちで。このような書

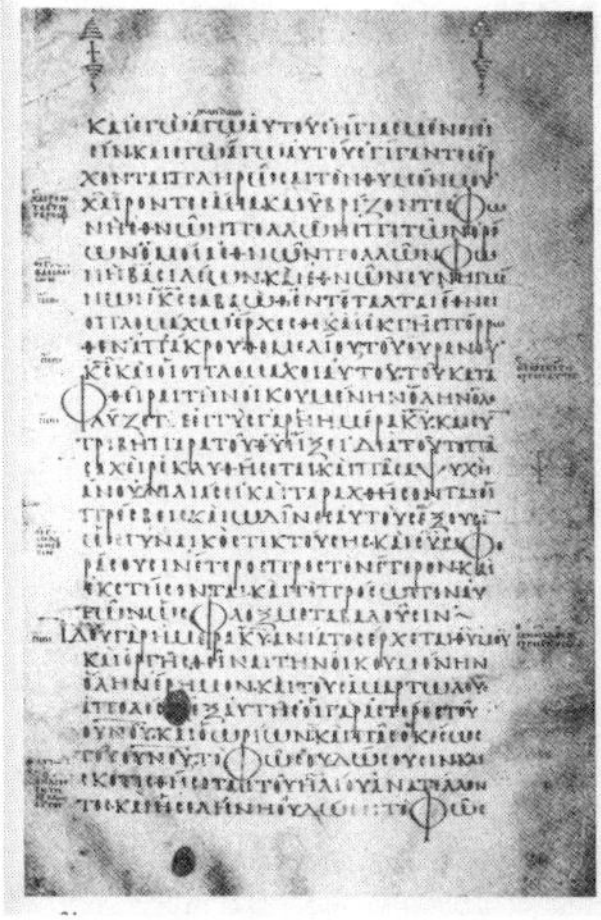

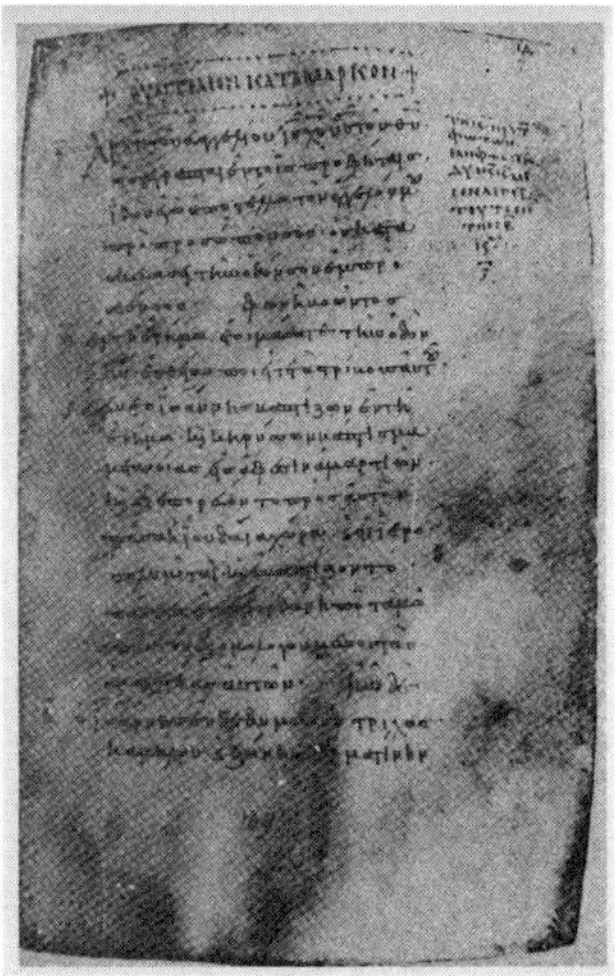

左：アンシャル体写本（『イザヤ書』13-3-10，Codex Marchalianus 6世紀），
右：小文字体写本（『クルドフ詩篇』72［73］-1-10a 9世紀）
出典：B・M・メッツガー（笠原義久ほか共訳）『図説 ギリシア語聖書の写本：ギリシア語古文書学入門』教文館，1985年，104-5,112-3頁.

き方は石に刻まれた碑文や床モザイクの銘文などでよく知られるが、パピルスや羊皮紙などでも同様であった。

文字を書く場合、とりわけ元の文章を書き写すには、小文字があると非常に便利である。というか、文章を書き写すために小文字が発明された、と言ってもよいくらいである。現存するギリシア語の小文字で書かれた最古の写本は八三五年とされる。そもそもパピルス紙などに書かれ、巻物（巻本：volume）の一部として現在に伝わるものは非常にかぎられていて、古代や初期中世の圧倒的多数の作品は九世紀以降になって小文字体で羊皮紙などに書き写され、現在私たちが普通にイメージする書物である冊子本（codex）として伝わった。

古文書学研究での推測によれば、ギリシア語の小文字は八〇〇年頃にコンスタンティノープルのストゥディオス修道院において誕生したらしい。姦通論争やイコノクラスムで活躍したテオドロスが院長をつとめたあの大修道院である。テオドロスについては膨大な書簡が伝わっており、彼はさらに修道院の運営に直結したであろう教会関係の書物を多く著した。

ギリシア語小文字の誕生についてはただ推測するしかないが、「暗黒時代」に放置されたままの古い写本は傷みが大きかったのかもしれない。これらを後世に残すための活動が開始され、九世紀中頃から本格化したのではないだろうか。このような時代背景こそが、フォティオスの膨大な読書経験を生み出したと推測されるのである（レイノルズ一九九六）。

「マケドニア・ルネサンス」

少々想像をまじえた記述が多くなりすぎたかもしれない。しかし、九世紀中頃から本格始動し、一〇世紀のコンスタンティノス七世あたりで頂点に達する文芸復興が存在したことは事実である（ただし、バクダードでのギリシア語写本のアラビア語への翻訳活動が与えた影響を強調する研究もある〔グタス二〇〇二〕）。

このような活動を、かつて研究者たちは「マケドニア・ルネサンス」と呼んだ。ここまでは、たとえば、コンスタンティノス七世肝いりの『続テオファネス』の序文に表現される。その精神の記述を読まれた方は、なるほど、とそのネーミングに得心されるかもしれない。

おお、もっとも賢明なる皇帝陛下、これもまたもっとも確実にあなたの良き事績の一つであります。他の多くのまた偉大なことどもに。すなわち、時間によって投げ捨てられ、離れ去ってしまう物事にふたたび命を取り戻し、再生へと導くこと、そして歴史の美徳を育成することであります。

けれども、最近は「マケドニア・ルネサンス」といった派手な表現にはより慎重な動きも出てきている。というのも、この他にも古代末期の「テオドシウス朝ルネサンス」や「ユスティニアヌス・ルネサンス」、一二世紀の「コムネノス朝ルネサンス」、さらには末期の「パライオロゴス朝ルネサンス」など、ルネサンスの名前がいくつも並列していて、要するに暗黒時代の七・八世紀を除くとビザンツ帝国はいつもルネサンスと、まるでお笑い芸人の発言に近い状態にあるから。

「再生」を意味するルネサンス、その言葉のプラス・イメージにあやかるためなのか、西欧でも「カロリング・ルネサンス」や「一二世紀ルネサンス」など、使いたい放題の状態である。

歴史学では、同様のポジティブな用語やキーワードの一人歩き現象が他にも見られるように思う。たとえば、本書でも用いた「社会的流動」もそうだろう。研究者は自分の研究している時代が活気のない閉塞的な社会であった、などとは認めたくない。それだけに、よいイメージを与えるキーワードや言説にはあらがいにくい。数値データがないのをよいことにポジティブ・ワードの大安売りとなる。

ということで、ここでは中期ビザンツの文芸復興に「ルネサンス」という冠をつけることには慎重でありたい。思えば伝統を重視し、革新よりも保守的な姿勢を見失うことがないこと、それこそがビザンツの真骨頂であったのだから。もちろん、末期帝国の文化活動がイタリア・ルネサンスに多大な影響をおよぼしたことは、教科書の記述にあるとおりである。

ビザンツ人の名前と貴族

話をコンスタンティノス七世の治世に戻すことにしよう。

ポルフィロゲニトスとの呼び名をもつ三代目の御曹司が文化活動に入れ込んでいるあいだ、政治はどうなっていたのかというと、事実上、優秀な行政官や軍人たちに丸投げされていた。

コンスタンティノス七世の死後、その文化活動を継承したバシレイオス・レカペノス（ノトス）もその一人で、「パラコイモメノス」（皇帝の「側用人」的な重臣）として活躍した。加えてここでは、軍事面でコンスタンティノス七世政権を支えたフォカスという名字をともなった人たちに注目したい。

これまで触れてこなかったことだが、実はギリシア人には名字は存在しなかった。古代以来、長い歴史を有する彼らであるが、基本的には個人を示す名だけで呼ばれてきた。ヘロドトスもソクラテスもペリクレスもそうである。名だけでは同名の人物との区別に困りそうだが、そのような場合には「誰それの子」というように父親の名をつけて呼んだ。「ペレウスの子アキレウス」のように。

この点、氏族名と家名で呼ばれるローマ人（たとえばユリウス・カエサルのように）とはまったく異なる。ちなみに、カエサルは有名だが、彼の名がガイウスであることを知る人はあまり多くないだろう。

ところが、九世紀に入る頃から史料では名前を連ねて表記するケースが多くなってくる。ただし、それが先祖代々受け継がれる名字なのか、それとも単なるあだ名なのかは、親子関係がはっきりしないかぎり確定できない。たとえば、「バルダネス・トゥルコス」の場合、「トルコ人」というあだ名なのか、それともそういう名字なのか議論があったりする。

けれども、この世紀も後半になると、たとえばニケフォロス・フォカス、レオン・フォカス、バルダス・フォカスなど、フォカスという呼び名をもつ人物がたびたび史料に登場し、さらにその血縁関係も明確になってくる。つまり、フォカスというのは個人名やあだ名ではなく、名字であることがほぼ確定的となるのである。

史料記述に登場するこれらの名字を有する人々は、その大半が国家の要職にある者たちであった。彼らは代々名字を継承していることから、事実上の貴族として家門を形成していたことが予想される。詳しく述べる余裕はないが、一〇世紀あたりからビザンツ社会は貴族化が急速に進展していった。これは貴族とは皇帝から授けられた爵位を有する一代かぎりの者、との古代末期以来の皇帝中心的な社会からの逸脱でもあった。

一一世紀に入ると史料での登場人物は、ますます名字を有する人々で占められるようになり、名前だけの人物は少数派となっていく。この頃になると、貴族と目される人々はコンスタンティノープルや地方に家屋敷や広大な所領を所有することが明らかとなる。さらには、統治する皇帝たちも名字を有する事態が多くなった（根津一九八九、一九九一）。

皇帝ニケフォロス・フォカス

フォカス家は、カッパドキアを本拠地としたことが知られる。つまりアラブ地域との国境に比較的近い場所である。史料から確認される初代は九世紀後半にテマ将軍のすぐ下の師団長であった。

その息子の名前はニケフォロスといい、テマ将軍やスコライ近衛連隊長などの軍隊の要職を歴任し、とりわけイタリア戦線での活躍で名をはせた。この時期にはスコライ連隊長は、遠征に出ない皇帝の名代として帝国軍の最高司令官の役割を果たしただけに、彼の皇帝からの信任のほどがわかるだろう。

ただし、フォカス家の人々の興隆が順風満帆であったかというと、そうとはかぎらなかった。ニケフォロスの息子のレオン・フォカスは父親と同じくスコライ連隊長に就任したものの、九一〇年代にブルガリアのシメオンとの戦いで敗退し、ロマノス・レカペノスとの政争にも敗れて政権中枢から排除されている。ところが、レオンの兄弟のバルダスとなると、一転九四五年にコンスタンティノス七世による政権奪還を支援し、その功績によりふたたびスコライ連隊長職を獲得した。

コンスタンティノス七世の治下には、フォカス家の活躍がいっそう顕著になる。バルダスの三人の息子たちはいずれも小アジアのテマ将軍に就任し、なかでもニケフォロスは最高司令官のスコライ連隊長へと昇進を遂げた。ロマノス二世の治世となるが、ニケフォロスは九六一年にクレタ島をイスラム勢力から奪回することに成功し、さらに北シリアでも快進撃を続けた。

九六三年、ロマノス二世が若くして死ぬと、ニケフォロスは首都での権力闘争にいったんは敗れたものの、本拠地のカッパドキアで皇帝に擁立される。首都をめざして進軍するニケフォロスを総主教や首都民衆が支持したため、彼はコンスタンティノープルに無血入城を果たした。ニケフォロス・フォカスはロマノス二世の妃であったテオファノと結婚してニケフォロス二世として即位し、先帝の忘れ形見のバシレイオス二世とコンスタンティノス八世兄弟の後見人となった。

当然のこととして、ニケフォロスの一族にも栄達が待っていた。父親のバルダスはカイサル、弟のレオンはクロパラテスという皇族の爵位を獲得する。ニケフォロス二世の皇帝就任後、帝国の軍事攻勢はいっそうの進展をみた。九六五年にはビザンツ軍はキプロスを占領し、九六九年には総主教座のあるアンティオキアも奪還した。北シリアの広範囲に帝国の支配がおよぶのは三世紀ぶりのことであり、ここにフォカス家の権勢は頂点に達した。

だが、事態は急変する。権勢欲の強かった皇后テオファノは、皇帝となっても戦地をめぐり、首都宮殿の寝室でも軍人さながらに厳格かつ禁欲的な夫とはそりが合わなかった。彼女は陰謀をめぐらし、ニケフォロスと同じく有力な将軍であるヨハネス・ツィミスケスを皇帝の寝所に招き入れて夫を殺害させた。このヨハネス・ツィミスケスがヨハネス一世として新たな皇帝となる。

ただし、彼は皇太后であるテオファノを追放し、ロマノス二世の妹のテオドラと結婚することで正統性を確保した。ヨハネス帝はニケフォロス帝の身内の者たちを政権から排除する一方、マケドニア朝正統の幼い皇帝兄弟についてはやはり後見人としての立場を維持した。

ヨハネス一世ツィミスケスとバシレイオス・レカペノス

ヨハネス帝は内政面ではニケフォロス二世の施策に修正を加えたものの、積極的な対外政策という点では前政権の方針を継承した。彼はニケフォロス・フォカスの姉妹を母親としており、フォカス家につらなる家門に属していた。イスラム世界との国境地帯に勢力基盤を有することの多い彼ら軍事貴族たちにとって、帝国の対外発展はダイレクトに家門の勢力拡大に連動したからである。

ヨハネス一世はまずバルカン半島に出征し、先帝によってブルガリアへ招き入れられ、当時無敵を誇っていたルーシ（北方ロシア）の大公スヴャトスラフの軍勢を撃破すると（九七一年）、こんどはアジア側へと踵《きびす》を返してベイルート市を占領（九七五年）、さらにウマイヤ朝の都であったダマスカスに到達した。ここから聖地エルサレムは指呼の間である。

けれども、軍人皇帝であるヨハネス帝の治世も長くは続かなかった。シリア・パレスチナ遠征の翌年に彼は急死する。暗殺された可能性もあるが、詳細はわかっていない。ともかく、若い皇帝兄弟を担いで政権を担当したのは、コンスタンティノス七世時代からたびたび政府内で活躍してきた老練な政治家、宦官のバシレイオス・レカペノス（ノトス）だった。

バシレイオス・レカペノスは、父ロマノス一世の即位前の子であり、若くして宦官とされた。けれども、彼は宮廷内で着実に実績をあげて、幾多の政争をも乗り越えてきていた。コンスタンティノス七世の死後はいったん政権から退いたが、ヨハネス一世死去後に摂政に返り咲いた皇太后テオファノによって再起用された。

彼は内政だけでなく対外戦争でも武勲を立てたことがあり、先にも述べたようにコンスタンティノス七世の編纂事業の継承者と考えられる。巨万の富を築いた彼は、文化面だけでなく修道院など聖界のパトロンとしても名高い。

二人のバルダスの反乱

しかし、九七六年のヨハネス一世ツィミスケス帝死去後の一〇世紀最後の四半世紀には、有力貴族による大規模な軍事反乱が二度にわたって勃発した。まず九七六年、ヨハネス帝下で勇名をはせた将軍バルダス・スクレロスが兵を挙げた。彼は東方の軍隊によって皇帝に擁立され、首都に向けて進撃を開始する。まるでニケフォロス二世の首都行軍の再来であった。迎え撃った政府軍を撃破し、向かうところ敵なしの反乱軍を前に、手を焼いたバシレイオス・レカペノスは、地中海の島に流刑中であったもう一人のバルダス、ニケフォロス二世フォカスの甥（クロパラテスのレオンの息子）を鎮圧軍のトップにあてた。バルダス・フォカスが率いる政府軍は当初こそ苦戦続きであったが、コーカサス方面のイベリア地方から騎兵の援軍が到来し、激戦の末に勝利を勝ち取った。スクレロスはバクダードへ亡命し、三年間にわたる内乱はいったん終息する。

ふたたび事態が動くのは九八五年のことである。この年、宮廷クーデタによって正嫡の若き皇帝バシレイオス二世が宦官バシレイオス・レカペノスを追放した。さらにバシレイオス帝はスコライ連隊長（軍最高司令官）であったバルダス・フォカスの任を解き、自ら軍隊を率いてブルガリアへと出征した。

　ところが、帝国内の政変に応じるかのように亡命中のバルダス・スクレロスがイスラムの軍勢を率いて帝国内に舞い戻って来た。対応に追われた皇帝は、再度バルダス・フォカスをスコライ連隊長に任命して、大軍とともに侵攻軍の鎮圧に向かわせた。ところが、あろうことかフォカスに付き従う貴族たちとその軍勢は彼を皇帝として歓呼する。ここにバルダス・フォカスによる大反乱が勃発した。

　小アジアの軍隊はその大半がフォカスを支持し、ついに反乱軍は首都対岸に迫った。これに対しバシレイオス二世が自らの手勢以外で頼ったのがルーシ国、キエフ大公ウラジーミルである。ウラジーミルが派遣した北方の戦士六千名が決定力となったのか、あるいはバルダス・フォカスの落馬事故死が原因なのか、よくわからない点もあるが、大反乱は突如として瓦解《がかい》する。一時フォカスに捕囚されていたバルダス・スクレロスも降伏して、九八九年に長期にわたる内乱は終焉を迎えた。

戦う皇帝バシレイオス二世

　政権を奪取した時点で二七歳のバシレイオス二世は、一〇二五年末に死去するまでの四〇年もの間、専制君主として帝国に君臨した。彼は初代のバシレイオスから数えると王朝五代目にあたるが、首都の宮廷にこもり、政治と軍事は優れた臣下に丸投げする、という先代の

バシレイオス２世（詩篇序文の細密画，ヴェネツィア，マルチャーナ図書館蔵）

皇帝たちのスタイルを放棄する。

彼は生涯独身を貫き、反乱を繰り返した有力な貴族家門を敵視して一方的に弾圧するかたわら、自らは軍隊を率いて戦場を駆けめぐった。帝国史上でも図抜けた個性の持ち主と言えるが、その成果もまた注目に値した。

貴族対策としては彼らの基盤と目される大土地所有に照準をあわせて、土地獲得を制限する勅法を発布した。そこでの対象者には世俗勢力だけでなく、寄進などによって大規模な土地集積をなしていた修道院などの教会勢力も含まれていた。

実際のところ、有力な貴族たちはしばしば教会・修道院に寄進をしたし、そもそも修道院自体を創設してそこのトップに血縁者や縁故の者を送り込んでいたから、ある意味で同じ穴のムジナだったのである。

バシレイオス二世は、加えて貧困に陥って租税を支払えなくなった者たちの租税負債を近隣の有力者たちに肩代わりさせるアレレンギオンと呼ばれる措置を命じている。バシレイオス二世の時代にはフォカス家などいくつかの有力家門の没落が確認でき、彼の決意のほどが見て取れる。けれども、大土地所有を制限し、国家財政とテマ兵士徴募の基盤となる農民層を保護する立法は一〇世紀前半から立て続けに発布されており、そこからは法律の効力の限界もまた明らかであった。

親政開始の直後からブルガリアとは対立していたが、帝国側は苦戦が続いていた。バシレイオスが本格的にバルカン半島に帝国軍主力を投入するのは、北シリアで対立するファーティマ朝と一〇〇一年に和平をなしてからのことである。それ以降、執念とも言える皇帝のブルガリア遠征は断続的に十年以上におよんだ。

苦闘の末の一〇一四年、ストリュモン川付近でブルガリア軍兵士一万四〇〇〇人を捕虜にした皇帝は、彼らの百人に一人は片目を、それ以外は両目を潰して故国に送り返したという。たぶんに伝説的な残酷きわまるこの措置の効果は絶大で、ブルガリアの君主サムエルはショックのあまり直後に急死したと伝えられる。

こうして、第一次ブルガリア王国は一〇一八年に滅亡し、その領土はビザンツ帝国に併合された。あのニケフォロス一世がめざした野望が実現したのである。この「偉業」の裏側でバシレイオス二世は「ブルガリア人殺し（ブルガロクトノス）」のあだ名をもらうことになった。

東西での彼の軍事上の威光にひれ伏すかのように、ギリシア正教を信奉するセルビアに加え、カトリックであるクロアチアもビザンツ帝国の属国となった。同様に、アルメニアに加えてコーカサス地方のイベリア（現在のジョージアあたり）も帝国領に組み込まれる。バシレイオスは次に、かつての支配領域であるイタリア半島南部からシチリア島への勢力拡大をうかがっていたらしいが、彼の死去により実現しなかった。ともかく、帝国の支配領域はユスティニアヌス一世期のビザンツ世界にもっとも近づいた。しかも、うち続く外征にもかかわらず、当時の国庫はむしろ増大していたのだという。

コラム6：ギリシア語アルファベットとキリル文字

ロシア語を表記するための文字をご存知だろうか。ローマ字のRが反転したようなЯ（ヤーと発音する）が登場したりする文字である。これらは本章に登場したスラヴ人の使徒キュリロスにあやかってキリル文字と一般に呼ばれる。たとえば「パピプペポ」をキリル文字の小文字で表記すると、па пи пу пэ поとなる。なんとも、わかるような、わからないようなものであるが、これらはギリシア文字をモデルにして作られた。だからローマ字のpの音はπ（パイ）の形に似ているわけである。

ぜひとも覚えておいてほしいのは、このキリル文字もれっきとしたアルファベットであるということだ。そもそも「アルファベット」とはギリシア文字のアルファαとベータβからきているわけで、アルファベットはローマ字だけの独占物ではない。

さて、キリル文字というくらいだからキュリロス、スラヴ人の使徒コンスタンティノスが発明したとしたいところであるが、実際にはそうではない。彼が編み出したのはグラゴール文字と呼ばれるもので、キリル文字は後にブルガリアに移動したメトディオスの弟子たちがグラゴール文字に改良を加え、教会スラヴ語を表記するために作ったものである。

というわけで、直接ではないけれども、今日のロシア語やウクライナ語、さらにブルガリア語、セルビア語などは、九世紀のビザンツ帝国由来の文字を使用しているのである（ちなみに、モンゴルでもモンゴル語をキリル文字で表記する）。ブルガリアの首都ソフィアにある国立図書館の建物前には、キリスト教と文字文化の発展に寄与した偉人を記念して、キュリロスとメトディオスの像が立っている（服部二〇二〇）。

キュリロスとメトディオス像（ソフィア，ブルガリア国立図書館前）

第5章　あこがれのメガロポリスと歴史家プセルロス

——一一世紀

ワレンス帝の水道橋

ビザンツ皇帝在位表⑤			*簒奪帝	
皇帝名	在位年	即位の仕方	最期	親征の有無
コンスタンティノス8世	1025-28	継承・先帝弟		
ロマノス3世アルギュロス	1028-34	指名・先帝娘ゾエの夫	暗殺？	○
ミカエル4世	1034-41	指名・ゾエの夫		○
ミカエル5世	1041-42	継承・甥、ゾエの養子	廃位	
ゾエとテオドラ	1042	コンスタンティノス8世娘		
コンスタンティノス9世	1042-55	指名・ゾエの夫		
テオドラ（再）	1055-56	復位		
ミカエル6世	1056-57	テオドラの指名	退位	
*イサキオス1世コムネノス	1057-59	簒奪（軍擁立）	退位	○
コンスタンティノス10世ドゥカス	1059-67	イサキオス帝の指名		○
ロマノス4世ディオゲネス	1067-71	継承・先帝妃と結婚	捕囚	○
ミカエル7世ドゥカス	1071-78	継承・元帝の息子	廃位	
*ニケフォロス3世ボタネイアテス	1078-81	簒奪・軍擁立	廃位	

アイスランドのサガ

中世ヨーロッパの北方世界にまつわる伝説をまとめた文書群は一般にサガと呼ばれる。その一つで一三世紀に成立した「ラックサー谷の人々のサガ」は、一一世紀初頭の出来事として次のような話を伝えている。

アイスランド西部の有力者ボリの息子ボリ・ボラソンは、成人して義父から首長の地位の継承を求められた。けれどもボリは、毅然《きぜん》として「私はこれまで長く南への旅がしたかった」と自分の思い表明する。この決意を貫き、その夏に旅立った彼はノルウェーからデンマークへ、さらに南をめざした。

> ボリは自分の旅を開始して諸外国を通過し、ミクラガルズ（大いなる町、つまりコンスタンティノープル）にいたるまで止まることはなかった。その後しばらくして彼はワリャーグ衛兵の部隊に入ったが、われわれはボリ・ボラソンより前に「囲いのある町の王（つまりビザンツ皇帝）」の勤務についた北方人の報告を知らない。彼はコンスタンティノープルで長期間をすごし、彼ら抜きん出た者たちのなかで、どんな危険な状況でももっとも勇敢な戦士と見なされた。

後にボリは、金銀財宝で彩られた、きらびやかないでたちで故国に帰還したという（Ashley

海から見た聖ソフィア大聖堂（左）と聖エイレネ（イリニ）聖堂（イスタンブール）

2013）。

この逸話がどれほど事実を反映しているのかどうかは問わないでおく。ただ、紀元千年頃にヨーロッパの北端に生きた一人の若者が、コンスタンティノープルという町に魅せられ、その地を訪れたいと強く感じ、それを実行に移すほどであったということ、そして彼の冒険が伝えられて、長く記憶に留めおかれたことは間違いない。

ノルウェー王ハーラル三世とコンスタンティノープル

ビザンツ帝国の都コンスタンティノープル。古代末期に三五万人を超える人口を擁する大都市へと成長したこの町は（『オクスフォード古代末期事典』二〇一八年）、その後の長い変転の期間を経て、ビザンツ世界をはるかに超えてその令名をはせるまでになった。

いまだ形成途上のヨーロッパに万を超える人口を擁する町は数える程度であり、当時隆盛を誇ったカイロやバグダードなどのイスラム圏の大都会といえども、コンスタンティノープルのような長い歴史は有していなかった。

こうしてコンスタンティノープルは、周辺世界からさまざまな理由で多くの人々を引き寄せるメガロポリスとなった。以下では、各地からこの町を訪問する人物や集団をいくつか紹介していこう。

まずは、本章冒頭に紹介したアイスランドの若者よりも存在が確実な北方人に登場をねがう。ノルウェーの「苛烈《かれつ》王」ハーラル三世である。

一〇三〇年、王子であったハーラルはデンマーク王のクヌートとの戦いに敗れた。クヌート王はその後イングランドに侵攻し、三つの国の君主となる。一方、ハーラルは東方のルーシ（ロシア）へと落ちのびた。キエフ大公のヤロスラフはこの北方の若者を歓待したらしいが、ハーラルは手勢の者たちと船でさらに南のコンスタンティノープルをめざした。この地において、彼はビザンツの史料で「ワリャーグ人（ヴァランゴイ）」と呼ばれる親衛隊の隊長となる。北方人による傭兵部隊ワリャーグが史料に登場するのは一〇三四年頃であり、その中核にハーラルがいたと推察される。その後、彼はコンスタンティノープルのみならず、シチリア島やブルガリアなどを転戦して、武勇によりその名をとどろかせた。

一〇四六年にノルウェーに帰還したハーラルは国王ハーラル三世となる。そして二〇年後の一〇六六年、彼は西方のイングランド王国の継承問題に介入する。大軍を擁してノーサンブリアに上陸したハーラルはイングランド国王ハロルド二世と激突した。しかし、九月二五日のスタンフォードブリッジの戦闘で勝利したのはハロルドの側で、ハーラルは無残に敗死した。

ちなみに、ハロルド王はすぐさま南にとって返して一〇月一四日にヘースティングズでノルマンディー公のギヨームと対決する。今回の戦闘では彼が敗北・戦死する番であった。ギヨーム公はイングランド王ウィリアム一世としてノルマン朝を開く一方、敗北したアングロ・サクソン人の戦士たちの一部は、はるかコンスタンティノープルに向かい、ワリャーグ親衛隊に加わったという(ラーション二〇〇八)。

聖地巡礼の活発化

ヨーロッパ北方でのいわゆるヴァイキングや地中海でのイスラム海賊の侵攻や略奪が一段落しつつあった一一世紀、西ヨーロッパから東方への巡礼者たちの流れが目立ち始める。早くも一〇二六年、ノルマンディー公の支援を受けて七百名ほどの巡礼者が東に向けて出発し、これにパリ近郊からの別の巡礼団が加わった。エルサレムをめざす一行を率いるのは修道院長や伯などの貴族であった。続く一〇三三年はイエスの処刑・昇天から千年目と考えられたこともあり、聖地巡礼者の流れはいよいよ強まった。一〇五〇年代にも大規模な巡礼の波があったらしい。

さらに一〇六四年にも、フランスおよびドイツで大規模な巡礼団が組織された。バンベルク司教が率いる一団にマインツ大司教やユトレヒトとレーゲンスブルクの司教が加わり、一行は数千名以上にもふくれあがった。聖地への通過点である小アジア地域がセルジューク朝の侵攻を受けても巡礼の勢いは衰えず、一〇八五年にはフランドル伯ロベール一世が聖地に向けて旅立っている。

彼らは内陸路を行くにせよ、イタリアからアドリア海を渡るにせよ、コンスタンティノープルを通過した。やがて、彼ら巡礼者たちの流れは聖地十字軍というさらに大きな奔流となっていく（Riley-Smith 2007）。

旅の途上でコンスタンティノープルを訪問した巡礼者たちは、これまでの人生で見たこともない町の規模、古代にさかのぼる幾多の石造建造物群、聖堂内に安置されたあまたの奇跡を起こす聖遺物を目にして、文字どおり驚嘆したことだろう。

キエフ・ルーシとワリャーグ傭兵

帝都コンスタンティノープルをめざした者としては、北方のロシア、当時の呼称でルーシの人々の動きも見逃せない。ルーシ人がはじめて史料に登場するのはテオフィロス帝治下の八三九年のことである。

コンスタンティノープルを訪れた彼らは、帰路を求めてビザンツの使節団に同行して西方へ向かい、ヒルデスハイムでカール大帝の息子ルートヴィヒ敬虔《けいけん》帝と対面を果たした。

次に彼らが姿を見せるのは八六〇年で、皇帝ミカエル三世の出征時を狙いすましたかのように、武装船団がコンスタンティノープルに到来し、その周辺地域を荒らしまわった。当時の総主教フォティオスの説教では、町を守護する聖母のおかげで北方の「夷狄」たちは退散することになったというが、この後一〇世紀になってもルーシ人の帝都攻撃は断続的に繰り返された。

ビザンツの皇帝政府は「ギリシア火」の威力でルーシ艦隊を撃退することもあったが、最終的には指導者であるキエフ大公と彼に従うルーシの武装商人たちと条約を取り交わした。彼らに通商特権を付与するかわりに、その戦力をある時は傭兵として、別の機会には同盟軍として活用する約束を取りつけたのである。ビザンツ側の史料『儀典の書』では、九一二年や九四八年のイタリア方面およびクレタ島に派遣された艦隊の中にルーシの戦士が確認される。

さらに、世紀末のバルダス・フォカスの反乱に際しては、バシレイオス二世はキエフ大公ウラジーミルから六千名の戦士を援軍として借り受け、反乱鎮圧に活用した。その後、ウラジーミル大公は皇帝の実の妹の降嫁を受けることと引き替えに、キリスト教に改宗することになった。

ルーシの戦士の中には北欧からのノルマン人が多数含まれており、一二世紀に編纂された『ロシア原初年代記』はルーシ国家の形成には北方からの「ワリャーグ人」が大きな役割を果たしたと述べている。一一世紀前半には、はるばるアイスランドから到来したボリ・ボラソンも参加したというワリャーグ傭兵が皇帝の親衛隊を形成する（國本ほか一九八七）。

ノルマンディー出身者ロベール・ギスカール

ノルマン系の人々には、ロシア経由で黒海を渡りコンスタンティノープルに到来する者たち以外に、地中海の西方からやってくる戦士たちもあった。一一世紀後半に傭兵としてビザンツ皇帝に仕えた者たちもいたが、ここではコンスタンティノープルを戦略目標に定め、ビザンツと戦った人物、ロベール・ギスカールを取り上げたい。彼はフランスのノルマンディー地方のしがない貴族の六男坊で、一一世紀中頃に先行した兄たちが活躍する南イタリアをめざした。彼らは一〇世紀初頭にフランス王の家臣としてノルマンディー公に封じられたロロに従った「ヴァイキング」の子孫であり、今となってはフランス語を話すフランス人と言えなくもないが、彼らも史料ではノルマン人と呼ばれる。

当時の南イタリアは、在地のランゴバルド系の諸公国、あいかわらずこの地の宗主権を主張するビザンツ帝国、さらにシチリア島やその他の地域から到来したイスラム勢力が入り乱れる係争の地であった。ノルマンディーからも、一旗揚げようと多くの食いはぐれ、乱暴者たちが到来していた。見方を変えるならば、九世紀から一〇世紀にかけて、北方から多くの武人たちがさまざまな経路で地中海をめざして移動していたことになる。

南イタリアで次第に頭角を現したロベール・ギスカールは、一〇五九年にローマ教皇を支援したことから南イタリアのプーリアとカラブリアの公、さらにシチリア公という称号を獲

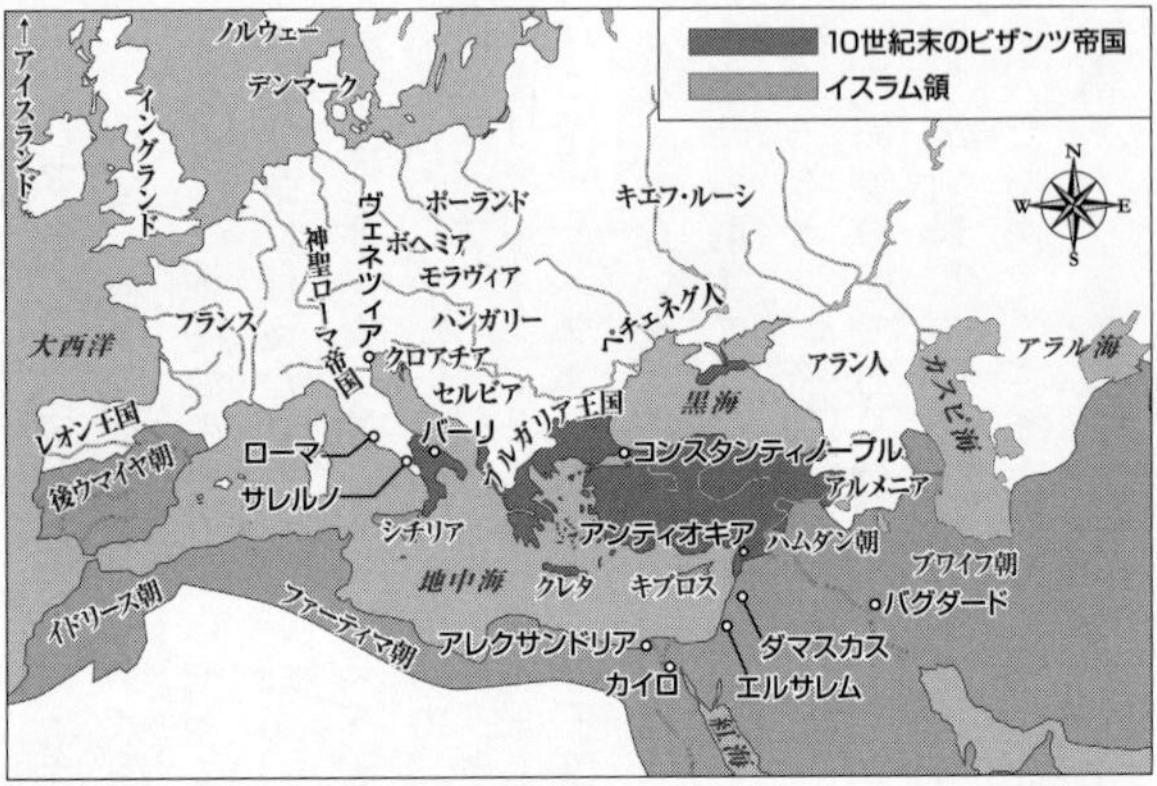

地図7　10世紀末のビザンツ帝国

得した。その後も彼は着実に支配領域を拡大させ、それらを自分の肩書きに合わせていった。そして一〇七一年、この地域に残るビザンツの最後の拠点バーリ市を占領する。

苦境に立たされたビザンツ政府は外交的手段で事態の打開を試みて、一〇七四年にロベールの娘と皇子コンスタンティノスとの婚約が取り交わされた。南イタリアからコンスタンティノープルに到着した将来の妃候補、少女オリンピアスはヘレナと改名する。ロベールから見れば彼女はビザンツ帝国の政権中枢へ食い込むための野望のタネであり、皇帝側からは、あわよくばノルマン人たちの成果を丸飲みせんとの口実であった。けれども、一〇七八年に帝国内で発生した政権交代によりすべてはふりだしに戻る。

侮辱されたかたちとなり、不明なままの娘の運命に心を痛めたロベールは、帝国本土への攻撃に着手した。ここにアドリア海を渡りコンスタンティノープルをめざすロベール・ギスカールの進撃とそれを阻止せんとの帝国の死闘が始まる（次章）。なお、彼についた「ギスカール」というあだ名は、古いフランス語で「狡猾な」を意味する（山辺二〇〇九）。

ヴェネツィアとイタリア商業都市

巡礼者や戦士たち以外で、コンスタンティノープルに来訪した西欧人についても述べておこう。西方から帝都にいたった人々は、その多くがカトリック教会に属しており、ラテン語が彼らの共通言語であったので、ビザンツ人からは「ラテン人」と総称された（それ以外にも「フランク人」とも古代風に「ケルト人」と呼ばれることもあった）。

コンスタンティノープルに到来するラテン人としては、一〇世紀まではローマ教皇やフランク帝国などからの外交使節がその中核にあった。たとえば、クレモナ司教のリウトプランドはイタリア王の使節として二度にわたりコンスタンティノープルを訪問し、その宮廷の実情について詳しい記述を残している（リウトプランド二〇一九）。

けれども、一一世紀の帝都に到来したラテン人のなかで、特に目立つ存在だったのはイタリア商人たちである。中世のイタリアは独立した多くの都市国家コムーネから構成されていたが、コンスタンティノープルで商業活動にいそしんだコムーネのなかで、特に古くから帝国と関係を有していたのがヴェネツィアであった。

サン・マルコ大聖堂（ヴェネツィア）浅野和生撮影

起源を古代末期の民族移動期にさかのぼるヴェネツィアは、もとはローマ帝国の支配に服属する存在であった。七五一年にラヴェンナの総督府がランゴバルド勢力に制圧された後も、しばらくは帝国側にとどまっている。この地を治める総督ドゥクス（ラテン語ないしギリシア語）は、イタリア語風になまって「ドージェ」と呼ばれ、後にヴェネツィア国家の元首となる。

八二八年にエジプトのアレクサンドリア市から福音書作者であるマルコの聖遺物を獲得すると（移葬＝トランスラティオ）、九〇〇年頃に自治を宣言し、それ以後のヴェネツィアは変わることのない貴族主導の共和政という政治体制を採用した。

ビザンツ帝国との関係もおおむね良好に維持しつつ、ヴェネツィアは商業活動だけでなくイタリアからの使節をコンスタンティノープルへ運んだり、アドリア海をイスラム海賊から防衛したりして帝国の南イタリアでのプレゼンス維持に貢献した。

これらの貢献にむくいるかのように、九九二年に皇帝バシレイオス二世はヴェネツィア人に対する商業特権を記した黄金印璽《いんじ》文書（金印勅書）を発給した。実際、彼の治世に起こった南イタリアの都市バーリへのイスラム軍の攻撃・包囲に際し、ヴェネツィアは現地のビザンツ軍に対して援軍を派遣している。

同じ一一世紀には、ヴェネツィアを代表する建築物であるサン・マルコ大聖堂が、ほぼ現在と同じ姿を現す。世界文化遺産のサン・マルコ大聖堂は、コンスタンティノープルにあった聖使徒教会（現存せず）をモデルにしたと言われるが、コンスタンティヌス大帝が建立させたこの教会は、歴代の皇帝たちの墓所を提供した。

ヴェネツィア人の成功を追いかけるように、一一世紀には他のイタリア諸都市も商業活動に乗り出した。北西部のリグリア湾に面したジェノヴァ、トスカーナ地方の港町ピサ、そしてナポリ近郊の都市アマルフィなどである。一一世紀以降、各都市もヴェネツィアに続いてコンスタンティノープルの金角湾沿いに自分たちの居留地をもつことが許されている。

コンスタンティノープルの異教徒

コンスタンティノープルには、当然のことながら東方からもたくさんの人々が到来した。その中核にはムスリム商人たちがあった。なにしろ、北方人やラテン人商人が求めた物産の大半は、ビザンツ帝国に加えて、いやそれ以上にはるか東方に産するものだったのだから。ただし、残念ながら彼らの商業活動についての具体的な情報は多くない。

ともかく、キリスト教の一大拠点であるこの町には、ムスリムたち向けの祈禱《きとう》所、モスクが存在したことが知られる。それは監獄のあるプライトリオン地区に設置されていたが、その理由はコンスタンティノープルにかなりの数の戦争捕虜が連行され、その後のカリフ国との捕虜交換にそなえるためであった。

後の十字軍時代の記録になるが、ムスリム商人たちの居住区がイタリア商人たちと同様に金角湾沿いに設定されていた。当然のことながら、この地域にもモスクが設置されていたであろう。

帝都を訪れたイスラム教徒は商人や戦争捕虜だけではなかった。コンスタンティノープルについてはイスラムの地理学者たちによる記述がいくつも残されており、彼らは実際にこの町を訪れたり、またここに滞在した仲間の証言を書き残したりしている。

外国人ということでは、これまで詳しく述べてこなかったが、アルメニア人の活躍も忘れてはならない。そもそも異邦人というイメージがないほどに、彼らは帝国社会（とりわけ軍事面）に古くから数多く参入していた。

本書に登場した、バルダスとかバルダネスという名前もアルメニア系であった。レオン五世やロマノス一世のように、帝国に帰化し、皇帝に登り詰めた例もある。しかもビザンツでは、これらの事実は特筆するほどの事例とはされていない。

なお、コンスタンティノープルにはユダヤ人の共同体も存在したことが知られる。

転換期としての一一世紀とバシレイオス二世の遺産

ビザンツ世界の各地から、そしてその外部からも多くの人々を引き寄せたコンスタンティノープルと帝国の状況はどうだったのだろうか。以下では、一〇二五年にバシレイオス二世が死去した時点から約半世紀あまりの政治過程をたどることにしよう。

ビザンツ史において一一世紀は七世紀以来の大きな時代の転換期であった、というのが研究上の常識となっている。とりわけバシレイオス二世死去後の半世紀は、属州での反乱や首都で多発化する騒乱に彩られている。コンスタンティノープル繁栄の背後でどのような事態が進行していたのだろうか。

先導役を果たすのは、ビザンツを代表する知識人にして、この時期の政治に深くかかわった人物ミカエル・プセルロスである。プセルロスは歴史家として『年代記』を執筆し、九七六年から一〇七八年の十四名の皇帝の治世について情報を提供してくれる。政府の要人でもあった彼の発言は、辛辣でかつ率直である一方、自慢げな点や中央政府寄りの記述という点で問題はあるものの、一一世紀についての第一級の史料であることは揺るがない。

バシレイオス二世が死去した時点で、帝国の支配領域は六世紀のユスティニアヌス一世による再征服以来で最大となった。バルカン半島では久しぶりにドナウ川が国境線となり、シリアやアルメニアを併合してイスラム勢力との最前線は、アナトリアのはるか東方に移動していた。一見したところ、ビザンツ帝国はその絶頂に達したように見える。

けれども、彼の死去から半世紀ほどで国家は存亡の淵に立たされることになる。これまで悪戦苦闘の連続であったとはいえ、粘り強く存続してきたこの国の歴史から考えると、何とも急な衰退ぶりである。いったい何が起こったのだろうか。

この時代のビザンツ史研究の権威アンゴールドは、衰退の種はバシレイオス二世の時に蒔《ま》かれていたと主張する。彼が指摘するのは二つの要因である。一つは東西での支配領域の拡大、もう一つはそれと関連しての外部勢力への依存の増大であった。

具体例を挙げるなら、バシレイオス二世の執念とも言えるブルガリア征服であり、対外進出を実現させるための、ルーシをはじめとする外国人傭兵の導入、そしてヴェネツィアへの商業特権の付与である（Angold 2008）。

ただし、軍事力の「アウトソーシング」は彼の治世に大規模に展開されたわけではなかったし、また帝国は古くから外国人傭兵を活用してきた。けれども、地中海随一の強国となったビザンツ帝国のプレゼンスは、先に見たようにコンスタンティノープルへとさまざまな人々を引き寄せる強い誘因となっていた。

婿入りによる王朝維持の試み

バシレイオス二世は生涯独身を貫き、子をもうけることはなかった。その理由はよくわかっていない。彼の後継は弟で共同皇帝のコンスタンティノス八世であったが、皇弟にも息子はおらず、二人の娘、ゾエとテオドラがあるのみであった。バシレイオス二世自身は姪のゾエに目をかけていて、彼女に婿を取ることでの王朝継続を考えていたと言われる。

けれども、彼の死去時にゾエの年齢は四〇歳に近かったのに何も決まっておらず、さらに運の悪いことに後継者のコンスタンティノス八世も治世わずか三年で病没した。その死の床であわただしくゾエの婿が決まる。指名を受けたのは老人といってよい年齢の首都総督、ロマノス三世アルギュロスであった。

名門の貴族家系出身のロマノスであるが、歴史家プセルロスは彼を誇大妄想的で、いにしえの名君に並び立とうとしたと批判する。彼はバシレイオス二世の政策を転換して大土地所有者を優遇する一方、修道院建設などの建築事業にいそしんだ。対外面では一〇三〇年に東方のアレッポをめざして大規模な親征を実施したが、これは失敗に終わった。結局、妻のゾエとは不仲となり、ゾエは若い愛人ミカエル・パフラゴン（パフラゴニア人）と共謀して彼を暗殺したらしい。

やはりゾエの夫となることで帝位を得たミカエル四世パフラゴンは、小アジア北西部のパフラゴニア出身の両替商の家系に属していた。彼が皇后ゾエに接近できたのは、兄弟で宦官のヨハネスの仲介があったからだ。宦官たちの活躍は一一世紀でも顕著であり、とりわけ人脈の少ない人物、たとえばコンスタンティノス八世や彼の娘たちにとっては誰よりも頼りとなった。

ミカエル四世の治世をプセルロスは先帝に続いての建設事業での支出増大など、気前のよさが目立つとコメントしているが、この時期には征服地ブルガリア属州での租税が金納に転換され、大規模な反乱を招いた。

その背景には放漫財政の結果、国庫にある貨幣の備えが著しく減少したことがあったらしい。コンスタンティノス大帝以来、その品位をおおむね維持してきたノミスマ金貨の品質低下が始まったのは、彼の治世であったと主張する研究者もいる。ともかく、地方における大土地所有のいっそうの拡大と、首都を含めた門閥貴族たちの成長が進行していった。

治世七年ほどで病をえたミカエル四世は、帝位を甥で同名のミカエルに引き継がせたうえで亡くなる。マケドニア朝との結びつきを維持するため、ゾエの養子というかたちで即位したミカエル五世であったが、彼は一族の宦官ヨハネスを追放し、翌年には義母のゾエまでも宮廷から追い出すという挙に出た。

結果として、この行為はコンスタンティノープルの市民の強い反発を招き、騒乱は急遽ゾエを復帰させても収まることはなかった。反皇帝派には元老院や総主教が加わっていたから、事態は暴動の域を超えた権力闘争へと転化する。ミカエル五世は反対派の弾圧をめざしたが、逆に首都の大宮殿が包囲される始末で、皇帝は摘眼刑に処されて追放となった。先帝以来の大盤振る舞いも奏功しなかった。

分水嶺《ぶんすいれい》としてのコンスタンティノス九世

ミカエル五世失脚後、帝位には一時的にコンスタンティノス八世の娘ゾエとその妹で修道院より還俗したテオドラの二人がついた。けれども、それは二ヵ月に満たない期間で、今回もゾエが三度目の夫としてコンスタンティノス・モノマコスを指名し、彼がコンスタンティノス九世として即位した。新皇帝は首都の名門の生まれで、血縁関係ではロマノス三世アルギュロスの姪の元夫にあたる人物であった。

先に一一世紀は危機の時代だと述べたが、コンスタンティノス九世が即位した一〇四二年の時点では、いまだ危機は目立ってはいない。彼の十三年間の治世が終了した一〇五五年でさえ、その後の変転を予測できた者はほとんどいなかったのではないか。ただし、コンスタンティノス九世の統治下に危機へとつながる要因が登場し始める。

ミカエル五世を退位に追い込んだ首都の元老院と民衆の動きを受けて、ゾエとテオドラの姉妹は民衆の指導者層を元老院に参画させたが、コンスタンティノス九世もこの路線を踏襲した。さらに皇帝は歴代皇帝たちの大盤振る舞いによって生じた国家財政の悪化に対し、金貨に銀を多めに混ぜる悪鋳政策を推進した。結果として通貨の供給量が増し、現代風に言えばインフレ基調となり、コンスタンティノープルを中心とする商業活動は、活況を呈した可能性がある。

首都重視という政治路線のもと、皇帝は宮廷に教養ある人材を集めた。すでに紹介ずみの

コンスタンティノス９世と皇后ゾエのモザイク（聖ソフィア大聖堂２階ギャラリー）

ビザンツを代表する学者、ミカエル・プセルロスはその代表格である。彼は首都の裕福な家系に生まれ、一〇世紀以来の伝統を受け継ぐ高い教育を受け、その学識は哲学・修辞・神学・法学に加え、理系の分野にまでおよんだ。

プセルロスは、コンスタンティノス九世によって「哲学者たちのコンスル（ヒュパトス）」の称号を与えられ、後進の教育にも力を尽くしながら歴代の政権を支えるアドバイザー的な位置を維持していく。

皇帝が重用した学者にはプセルロスの親しい友人のコンスタンティノス・レイクデスや同じく友人の法学者ヨハネス・クシフィリノス（トレビゾンド出身）がいた。後者は皇帝が首都に創設した「法科大学校」の責任者（ノモフュラクス）に任命された。以上の二名は続く時代に国家の宗教上のトップ、コンスタンティノープル総主教に抜擢される（コンスタンティノス三世〔在位一〇五九～六三〕とヨハネス八世〔在位一〇六四～七五〕）。

他にもプセルロスの師匠で、コンスタンティノス九世の宮廷付き修辞学者ヨハネス・マウロプス（パフラゴニア出身）があり、神学に明るい彼もまた後に小アジアのエウカイタ市の府主教に起用された。ただし、彼ら首都の知識人の命運はひとえに皇帝の信任にかかっていた。いったん寵愛を失ってしまうと、あえなく首都追放という運命が待っていた。

さらに、コンスタンティノス九世が起用した重要な人物に総主教のミカエル一世ケルラリオスがいる。政府首脳たちとも縁戚関係をもつミカエル・ケルラリオスは、首都の人々から絶大な人気を誇った。やがてマケドニア朝が断絶すると、彼の発言力は新たに即位した皇帝に匹敵するまでになる。

このミカエル・ケルラリオスに関しては、世界史の教科書に登場する出来事がある。東西両教会の断絶（シスマ）がそれである。一〇五四年、南イタリアで勢力を強めるノルマン人たちに対抗するため、久しぶりにローマ教皇とビザンツ教会は接近した。ところが教皇使節としてコンスタンティノープルを訪問した枢機卿《すうききょう》のフンベルトゥスはこの総主教と激しい議論を戦わせることになった。

ゾエのモザイク（細部，聖ソフィア大聖堂２階）大橋哲郎撮影

紛糾した最大の論点は、教会でのミサの際に使用するパン（キリストの肉を象徴する）に酵母（パン種）を入れるのか（ギリシア式）、入れないのか（ローマ式）であった。結局、最後はフンベルトゥスが聖ソフ

ィア大聖堂の祭壇にビザンツ教会に対する破門状を置きすてて帰国するという結末を迎える。これに対し、ミカエル・ケルラリオスもカトリック教会に破門を言い渡した。

内憂外患時代の到来

財政難にあえぐコンスタンティノス九世の政府は、国境防衛を軽視する傾向があった。皇帝の命令により、東方の辺境守備に配置されていた軍隊は解散となり、かわりに住民に兵役代納金を支払わせ、その費用で傭兵などを充てる方策が採用された。効率を優先したこのような施策は、地方での軍事反乱を招く。

まずは名将ゲオルギオス・マニアケスによる反乱。ゲオルギオス・マニアケスは図抜けた体軀《たいく》と軍事的才覚により東方戦線で頭角を現し、ミカエル四世によって西方のイタリア戦線に派遣された。北方人ハーラル（後の三世「苛烈王」）を含むワリャーグ傭兵の活躍もあり、将軍はまたたく間にシチリア島の東部制圧に成功する。しかし、讒言《ざんげん》のためにマニアケスは首都に召還され、この島をイスラム勢力から奪回する役割はノルマン人たちのものとなった。一〇四二年、そのノルマン人たちに対抗するため、マニアケスはミカエル五世の命を受けてふたたびイタリアへ渡る。けれども、活動を開始した将軍に対し新帝コンスタンティノス九世から召還状が届く。業を煮やしたマニアケスは、麾下《きか》の軍隊によって皇帝に擁立され、反乱軍とともに渡海して首都へと進撃した。ところが、翌年にテサロニキ近郊で政府軍と激突した際、彼は戦死してしまい反乱は瓦解した。

次は一〇四七年に勃発したレオン・トルニキオスの反乱。レオンは首都の北西約二〇〇キロメートルの町アドリアノープルの生まれで、コンスタンティノス九世の血縁者であった。やはり東方国境地帯で活動中に、故郷のバルカン側で彼を擁立する陰謀が発覚した。

首都召還となった彼は一時は引退を決意するも、その後に故郷のアドリアノープルへと逃亡して反皇帝の狼煙を上げた。軍隊とともに大城壁前に進撃したトルニキオスは、一時は首都をパニックに陥れた。けれども市内からの内応者はなく、その後バルカン半島内を転戦するなか、味方の裏切りにあった反乱の首魁《しゅかい》は摘眼刑となった。

こうして二度の内乱は鎮められたものの、コンスタンティノス九世政権は対外面でも不安をかかえていた。ゲオルギオス・マニアケスの反乱終結と同じ年の一〇四三年、突如としてルーシの艦隊がコンスタンティノープル近郊に出現して略奪を開始した。政府は鎮圧に艦隊を派遣して対処したものの、不意打ちとも言える攻撃による混乱は計り知れなかった。

バルカン半島では外部からも脅威が迫りつつあった。ドナウ下流地域に定着していた遊牧民族ペチェネグ人が帝国領内に侵入を開始したのである。一〇世紀には黒海北岸にあったペチェネグ人（パツィナキタイ）は、コンスタンティノス七世の『帝国統治論』では同盟者として帝国北方外交の要《かなめ》の位置にあったが、一一世紀にブルガリアが征服されると西に移動して帝国とドナウ川をはさんで対峙することになった。

戦闘を含めてビザンツとの交流が活発化するなか、一〇三六年の襲来ではビザンツ軍の五人の将軍が捕囚となった。さらにコンスタンティノス九世治下の一〇四六年には、彼らの一派がドナウ川渡河を開始し、帝国政府は彼ら二万人の移住を容認せざるをえなくなった。キリスト教への改宗を促すとともに、同盟者として彼らに国境防衛を委ねる帝国政府の姿は、七〇〇年前のいわゆる西ゴート人のドナウ渡河を思い起こさせる。

一〇四八年、帝国政府は移住したペチェネグ人で部隊を編成し、これを東方での戦役に投入しようとした。けれども、彼らは戦線を離脱してバルカン半島に舞い戻ってしまう。武力による制圧の試みはあえなく失敗し、なんとか和平協定(一〇五三年)を取り交わしたものの、明らかにバルカン半島の北部には帝国の支配が届きにくくなっていた。皇帝政府にできたのは、海路を通じてドナウ川流域の諸都市に物資を供給することくらいであった。

さらに、ビザンツ帝国にかわる小アジアのその後の主人公、トルコ人たちが登場する。セルジューク朝の勢力である。一〇四二年に西トルキスタンのホラズムを占領したトゥグリル・ベクは、その後イラン高原を制圧、一〇五五年にはバグダードに入城してカリフからスルタンの称号を獲得する。実は、トルコ人の一派は一〇四〇年代からアルメニアの東部国境地帯に出没していて、カタカロン・ケカウメノスら現地の将軍との戦闘が始まっていた。

イサキオス一世コムネノスによる帝位簒奪

一〇五五年、後継者を指名することなくコンスタンティノス九世は死去した。帝権はマケドニア朝で一人生き残った皇族、高齢のテオドラに帰した。けれども彼女にも死期は近づいていた。プセルロスが、おとなしいがおしゃべりでケチであったと記述するテオドラは、死の床で帝位継承者にミカエル六世を指名した。

新たに皇帝となったミカエル六世は「老人」があだ名で、優柔不断ゆえに扱いやすいと見た政府要人たちが擁立したものであった。そんな彼の治世は一年ほどで終焉を迎える。

一〇五七年の復活祭のおり、小アジアの有力な将軍たちが首都で皇帝に直訴し、不正な人事を正し、自分たちへの報償や待遇改善を求めた。けれども謁見した皇帝はこの請願に応じず、失望した彼らは故郷に戻り反乱を決断する。

新たな皇帝に擁立されたのはパフラゴニア地方に基盤をもつコムネノス家のイサキオスで、実績のある将軍カタカロン・ケカウメノスらが彼を支援した。六月、イサキオスを推戴する反乱軍が進軍を開始すると、小アジアの軍隊が次々とこれに合流し、皇帝が派遣した討伐軍もニケーア近くで撃破された。

反乱への対応を交渉へと切り替えた政府は、前述のコンスタンティノス・レイクデスとミカエル・プセルロスを派遣した。ミカエル六世が提示した条件はイサキオスに副帝カイサルの爵位を授与し、皇帝の後継者とするというものであった。叛徒《はんと》たちがこの条件での調整を始めた時、首都で反皇帝の動きが活発化した。元老院と民衆が起こした蜂起を総主教ミカエ

イサキオス1世のノミスマ金貨（アテネ貨幣博物館）

ル・ケルラリオスが支持し、ここにいたってミカエル帝は退位を決断する。叛徒たちは無血での首都入場を果たし、イサキオスは正式に皇帝に即位した。反乱軍の首謀者の皇帝即位は、ニケフォロス二世フォカス以来九〇余年ぶりであった。

幼い頃にバシレイオス二世に接したことのあるイサキオス一世にとって、圧倒的な権勢を誇示したこの皇帝が彼の模範であったらしい。コムネノス家は、有力貴族を目の敵にしたバシレイオス二世が彼らを弾圧する際に取り立てた者たちの子孫であった。構成メンバーに違いはあれ、貴族社会は着実に進展していたのである。

イサキオス一世コムネノスの政権は枯渇した国庫の充実をめざしつつ、同時に軍隊の再建にも努めることになる。皇帝は徴税を正し、国家に寄生する者たちには情け容赦なかった。修道院の土地所有は制限され、先の皇帝たちによる寄進は無効とされた。発行した金貨で抜き身の剣をもって立つイサキオス帝の姿は、断固としたその決意を示しているかのようである。一方でプセルロスは、役人の給料の減額や元老院議員への手当の削減など、皇帝の施策は性急で乱暴であると批判している。

軍事面でも皇帝はバシレイオス二世を理想とする姿を求めた。ハンガリー人とは和平をなす一方、ペチェネグ人に対しては自ら出陣してこれを撃退した。けれども、まもなく皇帝は病に倒れる。その死の床でイサキオス一世は、プセルロスたちに往時のバシレイオス二世との思い出をなつかしく語ったという。プセルロスの伝えるところでは、退位を決意した皇帝は、彼の助言を受けて後継者に盟友のコンスタンティノス・ドゥカスを指名した。

コンスタンティノス一〇世ドゥカス

新たな皇帝を出したドゥカス家の本拠は、コムネノス家と同じ小アジア北西部のパフラゴニアにあった。新帝コンスタンティノス一〇世ドゥカスは、一〇五七年のイサキオスたち軍事貴族の請願に加わり、その後政権に合流している。

ただし、彼の二度目の妻エウドキア・マクレムボリテッサは総主教ミカエル・ケルラリオスの姪にして実質上の養女であることから明らかなように、新皇帝やドゥカス家の人々は首都勢力と強いパイプを有していた。実際、即位後すぐコンスタンティノス一〇世はイサキオスが実施した緊縮政策を取りやめにし、首都のギルド構成員たちを元老院へと登用した。

首都重視の皇帝は、属州駐屯軍の経費削減なども徹底させた。さらに、先帝イサキオス一世とは異なり、彼は自分の家系での皇位継承をめざした。早くから息子のミカエルを後継者に指名し、その教育係に当代随一の学者ミカエル・プセルロスをあてている。

この頃になると、東方の国境地域ではセルジューク朝のトルコ人たちの侵入が増加していた。一〇六四年にはスルタンのアルプ・アルスランが帝国のアルメニアにおける拠点アニを陥落させ、さらに一〇六六／七年にはカッパドキアのカエサリアが略奪を受けた。一方、西方バルカン半島ではペチェネグ人に続き、ウゼ人による国境を越えての略奪が目立ち、皇帝自らが出陣して彼らに対処しなければならなかった。さらにイタリアではあいかわらずノルマン人の躍進が続いており、ビザンツ側は最後の拠点バーリをかろうじて死守するという状態であった。

コンスタンティノス一〇世はその死に臨み、皇后エウドキア・マクレムボリテッサにいまだ幼い息子ミカエル七世を託した。けれども、不穏な対外情勢が続くなかで、皇太后エウドキアは決断を下す。彼女は亡き夫から再婚を禁じられていたのだが、若い息子の帝権維持のために有力な将帥を夫に選んだのである。彼女が起用したのは将軍ロマノス・ディオゲネスであった。

その理由は、ロマノスが自分の領地のある小アジアの防衛に利害を有していること、そして何よりかつて陰謀に加担した彼は、とりなし役となったエウドキアに大きな借りがあったから。ロマノスは、息子ミカエルの後見人としての役割が期待できる安全なカードだった。

ロマノス四世ディオゲネスの捕囚

ロマノス四世にとって、皇帝就任は予想外の出来事であった。彼の治世は、小アジアやバルカンの貴族家門や首都の元老院議員や宦官など、さまざまな勢力のうち、自分の支えとなってくれる者を明確に見出せない状態での船出となった。

結果、彼がめざしたのはひたすら軍事的成功であった。それこそ自分に求められた役割であると信じて。ロマノス帝は新兵の募集と外国人傭兵の起用により小アジアの軍隊を再建し、一〇六八年そして翌年と東部アナトリアに二度の親征を実施した。けれども、彼が東方にあった間にも、トルコ人は小アジアの都市イコニオン（現コンヤ）を奪取し（一〇六九年）、続いてさらに西にあるアモリオンやコナエを攻撃対象とした。

一〇七一年、ロマノス四世は大軍を率いて三たび小アジアに出征する。セルジューク朝のスルタン、アルプ・アルスランとの決戦に臨むため、長駆アルメニアのマンツィケルト（トルコ語でマラズギルト）市に向けて出撃した。ヴァン湖の北、すぐ近くに『創世記』の「ノアの方舟」がたどりついたとされるアララト山がそびえる地。これほど東方にまでビザンツ皇帝が出征したのは、七世紀のヘラクレイオスとその孫コンスタンス二世以来のことであった。

けれども結果は壊滅的であった。味方であるカイサルのヨハネス・ドゥカスの息子アンドロニコスの裏切りもあり、帝国軍は総崩れとなった。しかも、皇帝自身までもが敵軍の捕虜となる。ロマノス四世はアルメニアへの請求権の放棄と身代金支払い、さらにスルタンへの支援を約束して解放されたが、彼を待っていたのは帝国政府による反乱者扱いであった。

その後、小アジアでは一年近く新旧の皇帝による内乱が続くことになった（敗退・降伏したロマノスは摘眼刑に処された)。ここにビザンツ政府による東方での組織的な防衛は停止し、帝国の小アジア支配は急速に解体へと向かった。

同じ一〇七一年、帝国は西方でも重大な軍事的敗退を経験する。イタリアでの最後の拠点バーリが、ノルマン人ロベール・ギスカールの攻撃により陥落したのである。

迷走する政権――ミカエル七世ドゥカス

皇帝の捕囚という前代未聞の事態をうけて(三世紀のワレリアヌス帝以来)、コンスタンティノープルでは前帝コンスタンティノス一〇世の息子で共同皇帝のミカエル・ドゥカスが単独皇帝となった(ミカエル七世)。

政権を担うことになったのはドゥカス一族の長老格、皇帝の叔父、カイサルのヨハネス・ドゥカスと皇帝の家庭教師ミカエル・プセルロスたちであった。けれども、彼らはまもなく宦官のニケフォリツェスとの政争に敗れた。

新政権は、まず西方で勢いを増すノルマン人に対して動いた。一〇七四年、ロベール・ギスカールと同盟が結ばれ、ロベールの娘が皇帝ミカエルの息子コンスタンティノスと婚約した(前述)。一方、政権を牛耳るニケフォリツェスは、極端な緊縮財政を断行した。とりわけ将兵への給料支払いの遅滞や将軍たちへの正当な報酬の欠如は、属州での蜂起や独自の活動を招くことになる。

まず、マンツィケルト会戦に続く内戦後の小アジア情勢から見ていこう。小アジアの東南部からシリア北部にかけての地域で、アルメニア系の将軍フィラレトス・ブラカミオスが独自の勢力圏を構築した。フィラレトスはこの地域に点在するアルメニア系の君侯たちの勢力をまとめあげ、自分たちの力でトルコ人の攻撃に対応しようとしたのである。こうして半島の東南部と北シリアが帝国の支配から離脱した。

小アジア北部では、一〇七三年に傭兵隊長のルーセル・ド・バイユールが反乱を起こした。ノルマンディー出身のルーセルの登場前から、ノルマン人は帝都に到来し、その首領たちはアルメニアコイ領域に所領を授けられていた。ルーセルはマンツィケルト会戦に際して戦線を離脱し、その後の内戦状態の小アジアでノルマン人傭兵四百名とともに帝国に反旗を翻す。

彼らを討伐するために派遣されたカイサルのヨハネス・ドゥカスが率いたのは、ワリャーグ人の近衛部隊とは別の西欧の「ケルト人」傭兵で、ここにアナトリコイ将軍のニケフォロス・ボタネイアテスが合流した。しかし、「ケルト人」の裏切りもあり、討伐軍は総大将のヨハネスが捕虜となる敗北を喫した。総兵力を三千に増したルーセル軍は首都に向けて進軍しつつ、驚いたことに捕虜にしたカイサルのヨハネス、つまり皇帝の叔父を皇帝に擁立した。

ところが、ルーセル軍は皇帝政府から支援要請を受けたトルコ人部隊から攻撃を受けて大敗する。こんどはルーセル自身とカイサルのヨハネスが捕囚となった。結局、身代金を用意したルーセルは本拠地のアルメニアコイ地域での勢力回復をはかった。最終的に計略によりルーセルが捕らえられ、首都に護送されたのは一〇七七年末のことであった。しかしこの反乱が終結した後、トルコ人の小アジア侵攻はいっそう加速度を帯びた。

同じ頃、小アジア中西部フリュギア地方でも前述のニケフォロス・ボタネイアテスが蜂起した。彼は皇族の爵位クロパラテスを有する老練な将軍で、翌年に少数の手勢とともに首都へと進軍を開始する。ニケーアでは皇帝政府が派遣したトルコ人傭兵隊と遭遇したが、後者は反乱軍へと寝返り、さらにニケフォロスはセルジューク朝の王族スレイマンと同盟を結ぶことに成功した。こうして小アジア沿岸部の諸都市は次々とボタネイアテス支持にまわった。

一〇七八年三月に反乱軍が首都対岸に到着すると、ボタネイアテスのところに逃亡する者たちが続出した。さらにコンスタンティノープル市内では政権打倒の陰謀がめぐらされた。反皇帝派は聖ソフィア大聖堂に集結し、監獄から囚人たちを解放して武装させ、大宮殿に乱入した。退位を決意した皇帝はストゥディオス修道院に引退し、ボタネイアテスは無血での首都入城を果たした（ニケフォロス三世）。

西方のバルカン半島側はどうであったか。ミカエル七世の治下になってもドナウ沿岸地域では不穏な情勢が続いていた。一〇七二年、国境の町ドロストロン（ドリストラ）はペチェネグ人を招き入れて帝国への反抗を開始する。結局、政府はこの反乱を力で押さえ込めなかった。

一〇七七年には、アドリアノープルを本拠地とする著名な将軍でデュラキオン長官のニケフォロス・ブリュエンニオスが反乱を起こした。アドリアノープル市がこれを全面支援して彼を皇帝として歓呼する一方、マルマラ海に面したライデストス市もこれに同調した。しかし、反乱軍は首都進撃を試みるも政府軍に反撃され、敗れたブリュエンニオスはライデストスに籠城することになった。

ニケフォロス三世ボタネイアテス

一〇七八年四月、前皇帝の妃であるアラニアのマリアと結婚して正式な皇帝となったニケフォロス三世ボタネイアテスであったが、その治世は三年しか続かなかった。バルカン側と小アジア側の両方で反乱がさらに続いたからである。加えて西のイタリアではロベール・ギスカール率いるノルマン人がバルカン半島への上陸をうかがい、東ではトルコ人勢力がニケーアを獲得し、コンスタンティノープルの対岸に姿を見せる深刻な事態となっていた。

皇帝として彼にできたのは、討伐軍を若い将軍にまかせる一方、首都の人々に大盤振る舞いをすることくらいであった。品位が下落し続けるノミスマ金貨をさらに薄っぺらにしつつ。

新帝が即位した時点で、バルカン側では叛徒ニケフォロス・ブリュエンニオスがいまだライデストス市に籠城中であった。ボタネイアテス帝は反乱者に向けて二〇歳過ぎの将軍アレクシオス・コムネノスを派遣する。アレクシオスが率いたのは、ボタネイアテス支持の小アジアの部隊、ノルマン人傭兵、そしてニケーアを拠点とするスルタンからのトルコ兵二千な

テサロニキの市城壁　益田朋幸撮影

ど雑多な軍勢であった。

けれども、数的優位にあった反乱軍中で同盟者ペチェネグ人の勝手な略奪活動もあり、アレクシオス率いる政府軍が勝利した。トルコ兵に捕らえられたニケフォロス・ブリュエンニオスは首都に連行されて、眼球を摘出された。続いてアレクシオスは叛徒の拠点アドリアノープルへ向かい、寛大な措置を約束して反乱を終息させた。

しかし、バルカン情勢は不穏なままであった。というのも、ボタネイアテス帝が即位する前、新たにデュラキオンに着任した長官ニケフォロス・バシラキオス（アルメニア系）が蜂起していたからである。ワリャーグ人部隊を率いるバシラキオスは、デュラキオン市でニケフォロス・ブリュエンニオスの反乱に続いて決起し、この地でブルガリア人やアルバニア人を自軍に取り込み、さらに南イタリアからのノルマン人傭兵を呼び寄せた。ペチェネグ人とも同盟を結び、バシラキオスはエグナティア街道を東進してテサロニキを占領する。

この時点で、新帝ニケフォロス・ボタネイアテスの即位とニケフォロス・ブリュエンニオス反乱の失敗の知らせが届く。一方の新帝はいまだアドリアノープルにあった将軍アレクシオス・コムネノスにバシラキオス反乱の鎮圧を命じた。テサロニキの東方で両軍は激突したが、ふたたびアレクシオス軍が勝利し、降伏したバシラキオスもやはり視力を奪われた。

小アジアでも反乱が勃発していた。引退していた将軍ニケフォロス・メリセノスが蜂起したのである。トルコ人の首領たちを味方にしたメリセノスが首都に向け進撃を始めると、小アジアの各都市は彼の軍勢を歓呼で迎えたという。けれども将軍は同行するトルコ人部隊にこれらの都市を委ねる決定を下した。形式上、彼らは皇帝の同盟者であるとの理由からだが、結果は重大であった。首都にいたる多くの都市が、実質上トルコ人の支配下に入ったからだ。こうして一〇八一年春、ニケフォロス・メリセノスの反乱軍が首都対岸に現れた。

アレクシオス・コムネノスの政権奪取

一〇八一年二月、トルコ人の軍隊がキュジコス市（首都近郊、マルマラ海南岸）を占領すると、皇帝は将軍アレクシオス・コムネノスにまたも出陣を命じた。この機会に彼と兄のイサキオスは首都を密かに脱出して帝位簒奪の反乱を画策する。彼らはカイサルのヨハネス・ドゥカスを仲間に迎え入れた。アレクシオスの妻はカイサルの孫娘であったから、この連携はスムーズに進み、合流した三名は反乱を討伐するために集結した軍をともなって首都へと向かった。

けれども、アレクシオスを皇帝として歓呼する反乱軍に首都の反応はにぶかった。そこで彼らは守備隊のドイツ人部隊を懐柔し、彼らに城門を開けさせて首都に突入する。この騒然とした状況のもと、総主教の仲裁を受け入れて皇帝ボタネイアテスは引退を決意し、ここに皇帝アレクシオス一世コムネノスが誕生した。

即位時点でアレクシオスはいまだ二〇代前半の若者であった。けれども新帝は国難とも言える事態に全力をもって挑み、一世紀続く王朝コムネノス朝を打ち立てることになる。

帝国支配の危機

ここまで急速に解体へと向かう帝国の小アジア支配、そして動乱が止まないバルカン情勢について概観してきた。それにしても一一世紀後半の政治的混乱はどうして生じたのだろうか。明確な答えを提示するのは容易ではない。ここでは先に紹介したアンゴールドの主張を参考に、本章の記述からうかがえる要素を二つ指摘したい。

まず、専制君主である皇帝とそれを支える首都と地方の臣民という、これまでの帝国政治の基軸に揺らぎが生じていた。別の表現を使うなら、皇帝に対抗できる貴族勢力が台頭し、彼らに依存する地方の住民たちは中央政府に直に結びつかないケースが見られるようになった、ということになるだろう。要するに、中央集権体制の弛緩《しかん》である。

一一世紀の大半の時期、政治は首都コンスタンティノープル勢力の利害を中心に運営されていたように見える。この傾向自体は、これまでの帝国史のどの時代にも見られるものであったかもしれない。けれども、対外的な危機に見舞われるなか、地方の利害に配慮を欠くことは、重大な結果に直結しはしないだろうか。

コンスタンティノープルを中心に隆盛を誇り、繁栄を謳歌《おうか》する帝国政府は、迫りつつある危機を前にして、問題への抜本的な対応を先送りしつつ、小手先の弥縫策《びほうさく》に終始した。本章で登場した皇帝たちは正統王朝への接ぎ木というかたちでの、無難な年寄りたちのオンパレードと、壮年の場合は首都での騒乱による失脚、というパターンが目立つ。また優秀な将軍たちは信頼されず、傭兵と同じように使い捨て扱いを受ける。その結果が四半世紀間に小アジア側で五回、バルカン側では六回もの反乱の頻発となった。これは七〇〇年前後の「混乱の二〇年」のペースを上まわる。

第二に注目したいのが、外部勢力への依存度の増大である。ビザンツ帝国にあっては、これまで自前での国家運営がともかくも基本とされてきた。ところが、バシレイオス二世期に頂点を迎えた帝国の勢力拡大は、外国人の大幅な流入を招き、その後は軍事や商業面での外部勢力への依存、つまりアウトソーシングの傾向がいっそう明確になった。一一世紀後半の戦闘シーンや通商活動で目立つのはワリャーグ人・ノルマン人・ラテン人・トルコ人などの傭兵部隊やイタリア商人ばかりであった。

もちろん、ビザンツは帝国であり、民族的にまとまった国家ではない。とはいえ、一一世紀後半において軍事や通商の場面に登場する人々のうち、ギリシア語を話しギリシア正教を信奉する者はどれほどいたであろうか。傭兵部隊は戦争のプロであり、彼らへの給金が潤沢であるかぎりその忠誠は揺らがないだろう。けれども、この時期のビザンツ政府の財政状況は火の車であり、最悪の状態に近づきつつあった。

皇帝政府は内乱を平定するため、平気でトルコのスルタンに援軍を依頼する。さらには、反乱軍の中にも政府軍の中核にも、ワリャーグ人やノルマン人が多数入り込んでいる。このような事態に、私は滅亡間近の西ローマ帝国の姿を重ね合わせてしまう。四五一年のカタラウヌムの戦いで、アッティラ率いるフン人やゲルマン人の連合軍に対し、迎え撃つアエティウス将軍麾下のローマ帝国軍もその枢要部分にゲルマン人諸族が多数含まれていた。帝国軍は戦いに勝利したが、西ローマ帝国が滅んだのはこの後わずか二〇年ほどのことであった。

七世紀から八世紀にかけての対外危機の際、国家の防衛を担当したのは小アジアを中心とする地方のテマ軍団であった。軍団を率いる将軍たちは反乱を厭《いと》うことなく皇帝位を簒奪して、同時に国防をも担った。一一世紀においても、見捨てられたに等しい地方勢力、バルカンや小アジアの軍事貴族たちが反乱を繰り返した。首都勢力に大きく左右されないかたちで権力を獲得したアレクシオス・コムネノスは、どのような国家再編を実施するのであろうか。

手もとの英和辞典でbyzantineという語を引くと、「ビザンティン帝国の」・「ビザンティン様式の」という意味に続いて、「理解しがたい、複雑な、権謀術数の、（やり口が）汚い、よこしまな」という訳語が登場する（『ジーニアス英和大辞典』〔大修館書店、二〇〇一年〕）。

これは別の辞書でも似たり寄ったりで、さらに他の欧米語でも「追従的な、卑屈な」（『独和大辞典』小学館、一九九八年：byzantinisch）、「（議論などが）空疎でつまらない」（『ロベール仏和大辞典』小学館、一九八八年：byzantin）、「欺瞞《ぎまん》的な、煩瑣《はんさ》な」（『伊和中辞典』小学館、一九九九年：bizantino）という意味が見つかる。いったい、これはどういうことだろうか。

すでに述べたように、「ビザンツ」というのはこの国家が滅びた後にヨーロッパ人がつけた呼び名である。詳しく解説する余裕はないが、要するに「ビザンツ」とは蔑称であった可能性が高い。中世の西欧の史料では、自称ローマ人のビザンツ人は一貫してギリシア人と呼ばれ、そのギリシア人にはしばしば「平気で嘘をつく」「卑怯《ひきょう》な」などの形容辞がついた。正々堂々の戦いを旨とする当時の西欧の戦士たちは、ビザンツ人にこのようなイメージを抱いていたのである。ビザンツ人に言わせるなら、戦争で白黒をつけるばかりが対外政策ではないし、外交交渉の巧みさも立派な政治である、ということになるだろう。

西欧人の否定的なビザンツ観は、彼らのビザンツ人へのコンプレックスの反映である可能性もある。武勇に優れ、誇り高い彼らではあるが、ビザンツ側は古代ローマ帝国以来の伝統を誇示し、実際に建築物・財宝などの文化財で圧倒し、結局のところ西欧人を文明的に劣ったバルバロイ（野蛮人）と見下していた。一方の一一世紀の西欧人は、カール大帝からたかだか二世紀ほど、国も誕生して間がなく、文化の洗練さにおいて太刀打ちできそうになかった。このような対抗意識が、ギリシア人への侮蔑的なレッテル貼りを生じさせたのではないか。ローマという古代以来の栄光ある名称は、東方のギリシア人の国家には不適切であるとして。

西欧人のコンプレックスはやがて第四回十字軍による「悲劇」につながり、コンスタンティノープル陥落（一二〇四年）をもって一応の克服を見ることになろう。退廃した嘘つきギリシア人の国家は滅びるべくして滅んだ。まさにその国家はローマ帝国などというものではなく、「ビザンツ」なのだと、今度は逆に彼らの方で見下した表現を生み出していった。

一九世紀に近代的な学問として歴史学が成立するにともない、ビザンツ史研究も本格的に開始された。それは美術や建築、そして文学についても同様である。その際、研究者たちにとって最大の課題となったのが、「ビザンツ」という用語に染みついたマイナス・イメージの克服であった。二〇世紀の歴史家オストロゴルスキーの『ビザンツ帝国史』がめざしたものは、啓《けい》蒙《もう》時代に書かれたギボンの『ローマ帝国衰亡史』に典型的な没落史観からの決別であった。

なお、日本語の「ビザンチン」の語に侮蔑的な意味は込められてはいない（またロシア語にもないようだ）。

第6章　戦う皇帝アレクシオス一世と十字軍の到来

――一二世紀

聖ソフィア大聖堂

ビザンツ皇帝在位表⑥　　＊簒奪帝

皇帝名	在位年	即位の仕方	最期	親征の有無
＊アレクシオス1世コムネノス	1081-1118	簒奪・軍擁立		○
ヨハネス2世コムネノス	1118-1143	継承・子		○
マヌエル1世コムネノス	1143-1180	継承・子		○
アレクシオス2世コムネノス	1180-1183	継承・子	殺害	
＊アンドロニコス1世コムネノス	1183-1185	簒奪・叔父	殺害	
＊イサキオス2世アンゲロス	1185-1195	簒奪	（盲目）	○
＊アレクシオス3世アンゲロス	1195-1203	簒奪・兄	（逃亡）	
＊イサキオス2世（再）	1203-1204	簒奪		
＊アレクシオス4世アンゲロス	1203-1204	簒奪・子	殺害	○
＊アレクシオス5世ドゥカス	1204	簒奪	殺害	

『アレクシアス』

時は何ものにも遮られることなく不断に流れ行き、生まれ出るものすべてを運び去り、記録に値しないものも、偉大で記憶に値するものも暗い深海へ沈めてしまう、そしてまた悲劇の一節によれば、隠されたものを白日のもとにさらし、顕《あら》わであるものを覆い隠してしまう。しかし歴史記述は、時の流れに対する最強の砦《とりで》となり、抗することのできない時の流れをなんらかの方法でくい止め、時と共に生起するもののうち、とらえることのできたものはなんであれ、しっかりと包み込み、忘却の深みにおちいることを許さない。（相野洋三訳二〇一九）

これは、アレクシオス一世コムネノスの長女アンナが書いた歴史書『アレクシアス』の冒頭部である。『アレクシアス』執筆の目的は、彼女の偉大な父親の事績を詳しく語り、顕彰することにあった。作品の題目はホメロスの叙事詩『イリアス』にあやかったものであり、まさに英雄譚のような内容となっている。

アンナは、時に感情の高まりを率直に述べながらも、ひるがえって自制心を促し、偉大な父親をほめたたえるだけの頌辞《しょうじ》とならぬよう、敵対者についても公平に扱ったと主張する。『アレクシアス』では、戦場での皇帝アレクシオスの姿を余すところなく、時に現場に居合わせたかのような臨場感たっぷりに描いていく。

この章の前半では、アンナ・コムネナ（コムニニ）の『アレクシアス』の記述をたよりに、アレクシオス一世の戦いの日々をたどっていくことにしよう。

アレクシオス・コムネノスの登場

アレクシオス・コムネノスの初陣は十八歳の時であった。一〇七五年、皇帝ミカエル七世ドゥカスから、当時小アジア北東部に勢力を維持するルーセル・ド・バイユール（前出）の掃討を命じられたのである。皇帝イサキオス一世の甥という名門の出とはいえ、若いアレクシオスの抜擢には何か事情がありそうな気もする。しかも、彼には十分な軍資金も兵力も授けられなかったらしい。それでもアレクシオスは巧みにゲリラ戦を展開し、ルーセルの捕縛に成功して反乱を終わらせた（第一巻一～三章。以下I.1-3のように略記する）。

アンナが語るアレクシオスの次の戦闘場面は、前章で述べたニケフォロス・ブリュエンニオスの反乱時である。今回は、簒奪帝ニケフォロス三世ボタネイアテスによって討伐軍の司令官に任命された（一〇七七年）。結果、激闘のすえにまたも彼は勝利する（I.4-6）。

その直後、彼はデュラキオン長官のニケフォロス・バシラキオスの反乱軍とテサロニキ付近で激突した（I.7-9）。この戦闘でも勝利したアレクシオスは、一〇八一年のニケフォロス・メリセノス反乱には出陣要請を辞退し、密かに政権奪取に動きだす。反乱の始末に振り回されるのに嫌気がさしたのであろうか。けれども、帝位についたアレクシオスを待っていたのも、終わることのない戦いの日々であった。

第一次ノルマン戦役

一〇八一年三月、アレクシオス・コムネノス即位のひと月前、ロベール・ギスカールが最終目的地をコンスタンティノープルに定めて進撃を開始した。まず彼の息子ボエモンド率いる先遣隊がバルカン半島に上陸し、コルフ島とその対岸ブトリントを占領した。続く六月にはギスカール本隊もアドリア海を渡り、合流したノルマン軍はエグナティア街道の西の起点デュラキオン（現アルバニアのドゥラス）を包囲した。

八月、ニケーアのトルコ人スルタンと講和したアレクシオス一世は、即位後まだ四ヵ月であったが、急ぎ西方に向けて出撃した（III.1.1-5）。彼は自分の不在中の全権を母親のアンナ・ダラセナに委ね、首都の留守を兄のイサキオスにまかせた。彼が率いた軍隊は、有力貴族たちの連合軍に、ワリャーグ人親衛隊・トルコ人・セルビア人などを加えた、帝国の持てる軍事力のすべてを投入した編成であった。

アンナによれば、この時アレクシオスは二四歳、対するロベール・ギスカールはとうに還暦を過ぎていた。皇帝もこの時までに幾多の激戦をくぐり抜けてはいたが、百戦錬磨のロベールとノルマン騎士の突撃の前には歯が立たなかった。味方のセルビア軍が戦わずに撤退し

地図8　コムネノス朝期のビザンツ帝国

たこともあり、一〇月一八日の会戦では帝国軍は惨敗した。

　ローマ人の軍勢の残りは勇敢に敵に抗戦していた。しかしロベルトスは残りの軍勢を率いて、あたかも翼を持つ騎士のようにローマ人の軍勢に突き進み、撃破し、多数の部分に分断した。そのため抗戦を続ける者たちはこの戦闘で戦って倒れ、他の者たちは逃走に訴え助かろうとつとめた。皇帝アレクシオスは揺るぎない塔のように戦場にとどまっていた、しかし家柄においても戦争経験においても傑出した多くの側近者たちを失ったのである。

(IV.6.6–7)

　アンナは戦死した者たちの名前を列挙しつつ、それでも奮戦する皇帝の姿を生々しく活写する。

しかし、アレクシオスも命からがら敗残兵とともに東のオフリド、さらにテサロニキへと落ちのびた。その後、支援の途絶えたデュラキオンは翌年二月に降伏し、これを見た周辺の諸都市は雪崩を打ったようにノルマン側に走った。

「カノッサの屈辱」その後

この苦境下で帝国を救ったのは、お家芸の外交であった。アレクシオス一世は西方に使者を派遣して南イタリアの諸侯たちに蜂起を促す一方、ギスカールが忠誠を誓うローマ教皇と対峙する神聖ローマ皇帝にイタリアへの進出を要請していた。時のローマ教皇は改革者グレゴリウス七世（在位一〇七三～八五）、皇帝は叙任権闘争のもう一方の当事者ハインリヒ四世（在位一〇五六～一一〇六）であった。一〇七七年の「カノッサの屈辱」から五年、両者の対立は依然継続中で、ハインリヒは毎年のようにイタリアへの南下を繰り返していた。

ピンチのローマ教皇を放置できないロベールは、一〇八二年春に急ぎイタリアへと舞い戻った（V.3.3–7）。ローマに駆けつけたものの、南イタリアでも反乱が発生しており、彼はそちらへの対応を余儀なくされた。そして一〇八三年にかけて、ローマ市の皇帝側への寝返り、ハインリヒ四世の聖都での戴冠（対立教皇による）、その後の皇帝のドイツ帰還、さらに市内でのノルマン軍による略奪など、混乱は収まらなかった。

ちなみに、アンナの記述では、ローマ教皇（パパ）や神聖ローマ皇帝なども、等しく「バルバロイ」（蛮族）として扱われている。

ロベール・ギスカールの死

ロベール・ギスカールの不在にもかかわらず、バルカン半島西部では帝国軍の苦戦が続いていた。ロベールの帰国後、ノルマン軍の指揮を委ねられたのは息子のボエモンドである。一〇八二年五月、皇帝は再度出撃し、ノルマン軍の攻撃目標とされたヨアニナ市をめざした。しかし、今回の戦闘でもアレクシオスは敗退する。結局、夏の終わりに彼はテサロニキを経て首都へと帰還した。一方のボエモンドもヨアニナの攻略には失敗。翌年春、バルカン半島で二度目の冬をすごしたノルマン軍は、今度はラリッサ市をめざして進撃した。

夏になるとアレクシオス一世は三たび救援軍を率いて出陣した。彼は国家の危機を名目に、教会財産を不足する軍資金にあてるという非常手段に訴えた（V.2.1–3）。今回もスルタンからトルコ兵の援軍七千を受けたが、彼は戦術に大きな変更を加えた。真正面からの戦闘を避けてゲリラ戦を展開し、戦うと見せかけて敵主力をおびき出しては後方にある敵の陣営を急襲した。戦闘では敵軍騎兵の馬を射るように命じている。

こうして戦いは一進一退のまま膠着状態となり、ノルマン軍はラリッサ奪取を断念し、皇帝もいったん首都に戻った。秋になるとアレクシオスはまたも出撃し（VI.1.1）、奪われていたカストリア市を奪回、一二月に首都に凱旋する。ここにボエモンドはイタリアに引き上げ、最初の侵攻は終了した。ノルマン人の支配下に残ったのは、デュラキオンとコルフ島の一部のみであった。

ロベール・ギスカールがイタリアでの足場を固め直し、ふたたびバルカン半島に軍隊を派遣したのは一〇八四年秋のことである。やはりボエモンドを含む三名の息子が先遣隊となり、アヴロナやブトリントを占領した。しかし今回ロベールは、アレクシオス一世の同盟者ヴェネツィア艦隊による背後からの攻撃に苦しめられることになった。皇帝はヴェネツィアに帝国全土での免税特権を条件に、その支援を取りつけていたのである（VI.5.10）。さらにビザンツ艦隊も出動してきたため、ボエモンドは大きな成果のないままに現地で越冬した。

この時ノルマン軍のあいだに疫病が蔓延《まんえん》した。多数の死者が出て、ボエモンドも罹患《りかん》してイタリアに帰還。一〇八五年春、ケファレニア島の占領作戦を展開するノルマン軍にギスカールが合流したが、まもなく彼も疫病に倒れた。七月一七日、ロベール・ギスカールは死去する。それはハインリヒ四世と対立し続けた教皇グレゴリウス七世が、流転の末に南イタリアのサレルノで没して二ヵ月後のことであった。ビザンツ側は残るノルマン将兵を個々に切り崩してゆき、デュラキオン市も奪回された。

ペチェネグ人との戦い

ノルマン戦役が一段落しても、帝国が「瀕死の重体」（III.9.1）であることに変わりはなかった。ノルマン戦争期のバルカン半島では、ペチェネグ人がギリシア本土方面への侵攻を繰り返していた。一〇八六年には、これまでペチェネグ人に対応してきた将軍グレゴリオス・パクリアノスが戦死するという事態が生じている（VI.14.3）。

翌年春には、ペチェネグ人に同じく遊牧民のクマン人が合流し、マケドニア地方へと進出してきた。帝国軍はこれを撃退したものの、皇帝は彼らの討伐をめざしてコンスタンティノープルから出撃した。同年夏、ドナウ沿岸のドリストロンまで進んだ帝国軍は、「スキタイ人」の軍勢と激戦となった。

ロマノス四世の息子レオンが戦死し、取り巻きが皇帝に退却を進言すると、彼は、

今日が生き得て、そして死ぬ身であると覚悟し、彼らに向かって突撃することである。そして神に助けられ、スキタイの戦列を突き抜け後方へ出たら、別の間道を進もう。（VII.3.10）

と叫んで残りの者たちを奮いたたせると、自身まっしぐらに「スキタイ」に向かって突っ込み、最初に向かってきた敵に一撃を加え、危機を脱したという。

この後もペチェネグ人とは和戦を繰り返したが、皇帝はフィリッポポリスを奪取されたまま一〇九〇年を迎えた（VII.6）。ようやく最終的な勝利を得て、皇帝の首都凱旋がかなった

のは一〇九一年四月であった。最終決戦地は首都から西にわずか数日、エーゲ海北岸に位置するレブニオン山の麓《ふもと》においてであった（VIII.5：根津二〇一三）。

それでも皇帝アレクシオス一世の戦いは終わらない。翌年には小アジア側でトルコ人との戦いが継続された。一〇九四年にはバルカン半島のダルマチア地方にセルビア人が進出し、アレクシオスは出撃を余儀なくされている（IX.5.1）。

西方への軍隊派遣要請

ビザンツ史では救国の英雄であるアレクシオス一世は、世界史の概説書だとローマ教皇ウルバヌス二世（在位一〇八八～九九）に十字軍の派遣を要請したビザンツ皇帝として知られる。一〇九〇年代中頃、バルカン半島での動乱をどうにか平定したアレクシオス一世にとって、次なる課題は放置されたままの小アジアの失地回復であった。それには帝国軍の兵力増強が不可欠と思われた。

『アレクシアス』を読むと、皇帝が兵力不足に苦しんでいた、との記述が頻繁に登場する。実際、彼の即位時には小アジア全体が一時的に失われ、バルカン半島側も不安定な状態にあった。ビザンツ政府が動員できた兵力は、かなり限られていたと推測される。一一世紀に多発した反乱でも、叛徒たちの規模が一万人を超えるケースは少なかった印象を受ける。反乱鎮圧に向かう政府軍もまた、傭兵など寄せ集めの感が強い。

大きな兵力を決戦に投入することは、ノルマン戦役当初のように大敗を喫した場合、国家を存亡の淵に陥れる危険性がある。皇帝に必要なのは、コンパクトだが戦闘に優れた軍事力であった。ただし、小アジアでの失地回復をめざすとなると、これまで重宝してきた現地のトルコ人部隊は活用しにくい。また南イタリア出身のノルマン人は、勇敢ではあったが規律に不安があった。

その点で見るべきものがあったのは、フランドル伯からの傭兵である。一〇八九年に聖地巡礼の帰りに皇帝に忠誠を誓ったフランドル伯ロベール一世は、翌年に五百名の騎兵を送りとどけた。彼らはニコメディアを拠点に小アジア側の守備につく一方、一〇九一年のペチェネグ人とのレブニオンでの決戦において重要な役割を果たした。

おりしもアレクシオス一世は、分裂状態のままであった教会の合同について、ローマ教皇と議論を開始していた。そして、この機会を利用して、教皇に援軍の派遣要請をすることにしたらしい。一〇九五年三月、北イタリアのピアチェンツァで開催された公会議にビザンツ使節が到来し、教皇ウルバヌス二世に軍事支援を要請した。

これに対してウルバヌスが想起したのは、彼が尊敬する改革派教皇グレゴリウス七世が、かつて構想した東方への教皇軍の派遣であった。皇帝が想定する傭兵の派遣とは相当異なる考えを教皇はもっていたのである。

同年、クレルモンでの公会議の開催を宣言したウルバヌス二世は、故国フランスへの旅の途中で「聖地への十字軍」という自身の計画の根回しをしたらしい。一一月に始まった公会議では、聖職売買の禁止や司祭の妻帯の厳禁など、教会の刷新に関する決議がなされた。この機会にウルバヌス二世は広場に出て、集まった人々に呼びかけたとされる。東方でキリスト教徒がトルコ人の侵攻を受けて苦境にある、侵略者はエルサレムを占領して巡礼に迫害を加えている、今こそ異教徒を打ち負かして聖地を解放すべきだと。加えて、この行為は巡礼でもあるから参加者には魂の救済、つまり現世での罪への許しが与えられると主張した。

事前の手はずどおり、トゥールーズ伯レーモン・ド・サン・ジルが呼びかけに手を挙げた。これをうけて人々は熱狂のうちに聖地への旅への参加を表明する。教皇の提案は西欧各地へ伝達されただけでなく、ウルバヌス自身もフランスを巡回して賛同者を募った。ここにフランスやドイツ西部の諸侯たち、さらには一般民衆をも含めた大遠征軍、後に十字軍と呼ばれる運動が開始される。

この第一回十字軍には、隠者ピエール（ペトロス）が率いる大勢の民衆や、ビザンツ帝国と激戦を演じたロベール・ギスカールの息子ボエモンドも参加する。教皇の特使に任命されたのはル・ピュイ司教アデマールで、翌一〇九六年八月一五日の聖母被昇天の日が東方への出発日に定められた。集結地はコンスタンティノープルとされた（八塚二〇〇八）。

十字軍の到来

アンナは『アレクシアス』の第一〇巻で、「ケルト人」（西欧人）の性格について述べた後に、次のように記述している。

ところで実際に生じた事態は、広く噂されていた以上に大きく、恐ろしいものであった。なぜなら全西方が、すなわちアドリア海の向かい側からヘラクレスの柱［ジブラルタル海峡―中谷］にいたる土地に住んでいる蛮族のすべての民が群れをなして移動を始め、ヨーロッパの諸地域をつぎつぎと横断しながら全家族をつれてアジアに向かって旅を続け進んできたのである。（X.5.4）

まさにアンナにとって十字軍とは、西方の蛮族たちの「大移動」なのであった。彼女は「都市の女王」に到来した者たちを列挙している。一〇九六年七月から八月にかけて最初に到着したのは、隠者ピエールらに率いられた民衆十字軍であった（X.5.10）。彼らは護衛の騎士たちが少なかったにもかかわらず、後続を待つことなくボスポロス海峡を渡ったが、小アジアを東へ進み出たところでトルコ人部隊に捕捉《ほそく》され、事実上全滅した（X.6）。続いて同年一二月末に到着したのが、仏王の弟ヴェルマンドワ伯ユーグとボードワン・ド・ブーローニュである。同じ頃、下ロレーヌ公のゴドフロワ・ド・ブイヨン（X.9.1）、そして父親同様に聖地をめざすフランドル伯ロベール二世が帝都にいたった（X.7.1）。翌年一〇九七年四月には、南イタリアから海を越えてターラント侯ボエモンドが首都に到着する。十年ほど前にビザンツ軍と死闘を繰り広げた張本人を、アンナは首都奪取の野心を隠し持つ要注意人物としている（X.8.1 / 6.10）。

『アレクシアス』には登場しないが、ボエモンドに先立つ四月に十字軍の本隊とも言えるトゥールーズ伯のレーモン・ド・サン・ジルと教皇特使のル・ピュイ司教アデマールが到着した。さらに、ボエモンドとともに南イタリア経由で到着した者に、ノルマンディー公ロベール二世（ウィリアム一世征服王の長男）とブロワ伯エティエンヌがあった。

以上この二年間にコンスタンティノープルを通過した十字軍士の総数は、兵士だけで三万人以上、民衆や随行者を含めるとおそらく数万人に達しただろう。いかにこの町が異邦人をひきつけたとはいえ、このような事態は前代未聞であった。なお、遠征軍に国王や皇帝が含まれていないのは、仏王のフィリップ一世が離婚問題で破門中で、ドイツ皇帝はいまだハインリヒ四世が在位しており、英王ウィリアム二世もウルバヌス二世と対立していたためである。

十字軍の小アジア横断

「誰もが推測するように、ことのほか短気で怒りっぽく、一度機会を握って動き出すと手の施しようがない」(X.5.10)十字軍士たちをアレクシオス一世は丁重に出迎え、食糧をふんだんに用意するなど、トラブル回避に細心の注意を払った(X.5.9)。

気前よく贈り物をした皇帝は、その一方で諸侯たちに忠誠宣言を求めた(X.10.5-6)。アレクシオスには聖地へと向かう彼らの力をもって旧帝国領を回復しようとの意図が隠されていた。

この目的を実現させるため、彼はコムネノス家の従者でノルマン戦役でも活躍したタティキオス将軍を十字軍に同行させた。集結して一大勢力とはなったものの、主導権争いの絶えない彼らの行動を監視する役割がタティキオスには期待された。

一〇九七年六月、ボスポロス海峡を渡った十字軍の最初の目標は、トルコ人の拠点となっていたニケーア市の攻略であった。けれども総攻撃を準備する十字軍の前に、スルタン不在の町は城門を開いた。ただし、降伏したトルコ人たちが交渉相手に選んだのはなじみのあるビザンツ軍であり、十字軍将兵は蚊帳の外におかれた。彼らは勇敢に戦おうとしないビザンツ人に不信感を募らせていく。

本格的な野戦は、月末にドリュライオン付近で起こった。激戦となったが、ボエモンドの活躍もあってキリスト教徒軍が勝利した。その後、スルタンは戦い方をゲリラ戦に切り替え、正面からの戦闘は影を潜める。それでも、数万人の十字軍将兵は、見知らぬ土地での炎天下の行軍を四ヵ月近く続けなければならなかった。北シリアの要衝、アンティオキアに到達したのは一〇九七年一〇月のことであった。

アンティオキアをめぐる攻防

キリスト教の総主教座のある大都市アンティオキア。九六九年にビザンツが奪還し、ついで十数年ほど前にイスラムの支配に戻ったこの町をめぐり、長期の包囲攻撃戦が始まった。アンティオキアの帰趨はシリアからパレスチナの勢力地図に大きく影響するだけに、トルコのスルタンだけでなくエジプトのファーティマ朝も強い関心を示していた。

攻城戦は半年以上におよび、十字軍側は食糧不足に苦しめられた。一部の諸侯は意見の不一致に嫌気がさして戦線を離脱した。勝手に東方の都市エデッサに進んで、ここにエデッサ伯領を形成するゴドフロワ・ド・ブイヨンの弟ボードワンのような人物も出る。一〇九八年二月にはビザンツの将軍タティキオスが、アンティオキア奪取は無理と見限って撤退した。さらに小アジアの途中まで進軍してきたアレクシオス一世も軍を返したため、十字軍諸侯たちのビザンツに対する不信感は決定的なものとなる。

事態に変化が見られたのは一〇九八年六月初旬で、ボエモンドが町の一角の占拠に成功した。けれども、セルジューク朝の援軍が到来したため、市街戦を含めた激しい戦闘がなおも続いた。月末になって十字軍側が最終勝利したが、そこに待っていたのはイスラム教徒に対する大虐殺であった。

諸侯間でのすったもんだの末、ボエモンドがアンティオキアの統治者におさまった（アンティオキア侯）。彼は奪還した都市をビザンツ側に返還するという約束を拒否したので、これ以後、アンティオキアを含む北シリアやその北西のキリキア地方をめぐってコムネノス朝の皇帝たちは十字軍勢力と抗争を繰り広げることになる。

エルサレム王国の成立とボエモンド

アンティオキアがキリスト教徒の手に落ちたことで、エルサレムへの道は開けた。シリアからパレスチナを南下しつつ、十字軍の将兵はこの地域の南端に位置する聖地をめざした。実はアンティオキア陥落のどさくさに乗じて、エジプトのファーティマ朝がエルサレムの支配権を奪い返していた。ビザンツ帝国にとって、ファーティマ朝（シーア派）は、敵対するトルコ人（スンニ派）の敵＝同盟者という位置にあっただけに事情は複雑であった。

一〇九九年六月、十字軍がエルサレムの城壁前に到着する。数万人の大軍でボスポロス海峡を渡った彼らであったが、この時までに戦死者や戦線離脱者も多く、総兵力は一万五千人程度となっていた。それでも七月一三日に総攻撃が開始され、ここでもイスラム教徒に対する大殺戮《さつりく》を経て町は制圧された。ウルバヌス二世の死はその二週間後で、聖地奪回の知らせを彼は聞くことはなかった。

協議の末にエルサレムの新たな支配者にはゴドフロワ・ド・ブイヨンが選ばれたが、一年ほどで彼は死去する。他方、所期の目的を果たした諸侯たちは次々と帰還の途についた。ノルマンディー公やフランドル伯らである。

一方、この年の年末にボエモンドが新たな教皇特使ダインベルトとエデッサ伯をともなってエルサレムを訪問した。しかし、アンティオキアに戻った彼は、翌年行軍中の隙をつかれてトルコ系のダニシメンド族に囚われてしまう。ボエモンドが解放されたのは一一〇三年夏で、翌年にはアンティオキの支配を一族のタンクレディに委ねて帰国の途についた。新たに彼がめざしたのは、ビザンツ帝国の首都コンスタンティノープルの攻略であった（後述）。

アレクシオス一世の政権

即位から四半世紀を経ても、アレクシオス一世はいまだ戦いの日々の中にあった。それはさらに十年ほど続くが、ここでは彼が三五年以上におよぶ長い治世を実現できた理由を考えたい。アレクシオス即位時の帝国は、対外情勢だけでなく、内政でも対応が待ったなしの状態にあったからである。彼は国難にどのように対処したのだろうか。

一〇八一年の政権奪取時、アレクシオスが主に頼りとしたのは属州の軍事貴族たちであった。彼は貴族連合政権のようなかたちで政治を始めた。彼の妻エイレネはドゥカス家の出身であり、皇帝コンスタンティノス一〇世の弟ヨハネスの孫娘にあたる。カイサル（副帝）の爵位をもつこのヨハネス・ドゥカスとは、一一世紀後半のコンスタンティノープル政治の中心にいた人物であり、その豊富な経験は新政権の重石《おもし》ともなり、一一世紀後半に二人の皇帝を輩出した有力家門の同盟が形成された。同じく皇帝を出したもう一つの小アジアの有力家門ディオゲネス家もコムネノス家の一門にあたり、後に王朝を形成するパライオロゴス家も同様であった。

一方、小アジア側で反乱を起こし、首都対岸に陣取ったニケフォロス・メリセノスには、アレクシオスは矛を収める見返りにカイサル位とテサロニキの支配を提示した。メリセノス家と縁戚関係にある小アジアの有力家門ブルッェス家も新たにテサロニキ周辺に所領を獲得する。以上のように有力家門を政権内に取り込み、これらの勢力を結集してアレクシオス一世はノルマン軍に対し出征したのであった。

首都の動向を忖度《そんたく》しない軍事政権という性格は、皇帝が軍隊の先頭に立って戦場を行き来したことにもよく現れている。皇帝不在のコンスタンティノープルでは、あいかわらず陰謀事件が多数発生したものの、総主教や首都総督の活躍はあまり目立たなくなった。そして属州での軍事反乱の方はなりを潜める。

ところが、一一〇七年の第二次ノルマン戦役の頃になると、政権の支配構造は大きな変化を見せていた。コムネノス家以外の有力家門が没落したり弾圧されたりしたわけではない。そうではなく、彼らは巧みにコムネノス家との姻戚関係の網の中に取り込まれ、コムネノス家を軸にして政権の中枢が形成されていったのである。

新たに形成された政権の特徴は、「コムネノス一門」という家産的なキーワードで表現することができる。アレクシオス一世は親征を繰り返すことでリーダーシップを発揮し、ビザンツ皇帝として専制的な地位を維持した。

小アジアの旧支配領は十字軍の到来以後は沿岸部を中心に回復されたものの、コムネノス家を含む貴族家門の多くはかつての勢力基盤を失い、それらを新たにバルカン側に構築していった。そのことも、皇帝の新しい秩序形成を容易にしたものと思われる（根津二〇一二）。

新しい爵位体系

アレクシオスが実施した施策のうち、注目されるものに爵位の改革がある。ビザンツ帝国で爵位は権威の象徴であり、付属する徽章などとともに社会の秩序を表象した。国家の官職体系とも結びつくこの爵位制度にアレクシオス一世はテコ入れを行ったのである。

とりわけ、新たな上級爵位の設置が目立つ。これまで副帝格の最高爵位カイサルより上位に「デスポテス」（専制者）が設けられる一方、一一世紀に誕生した続く爵位「セバストス」についても、セバストクラトルやプロトセバストスなどの細かな階梯《かいてい》が登場した。なお、セバストスとはラテン語の「尊厳者」（アウグストゥス）に対応するギリシア語である。

新たな高級爵位が設定された結果、一〇世紀までは皇族以外では事実上最上位にあり、通常は一人の人物にしか授与されなかったマギストロスは、もはや最上位の爵位ではなくなり、高級だったパトリキオス（「パトリキ級」）にいたっては消滅へと向かった。

爵位改革の要諦《ようてい》は、高級爵位を皇帝との縁戚関係を基準にして配分した点にある。皇族爵位の増加をうまく活用して、姻戚関係を取り結んだ有力家門の人々をコムネノス家中心の大家族的な秩序の中にまとめあげたのである。皇帝は家父長的な地位を占めることで、政権内の主導権を一手に掌握した。政府内での官職と爵位との連動は、従来と比べて重視されなくなった。なお、以上の高級爵位は外国の君主・要人たちにも、その重要度に応じて授与された。

ビザンツの爵位は授与された者一代かぎりの栄誉であった。ここで忘れてならないのは、爵位には年金が付随していたことである。下位の爵位であれば、高価ではあるものの金銭での購入が可能であった。ということは、今風に言うならば、爵位とは金で買える威信であり、かつ利子つきの金融商品のようなものでもあった。

けれどもアレクシオス一世は、この年金の支払いを削減していった。爵位は官職への俸給と違って一生涯の給付が約束されたから、一一世紀の爵位乱発は、いわば赤字国債のように、国家の財政を圧迫していたのである。

アレクシオス一世が即位した一一世紀末、政府はもはや爵位年金の支払いを十全に果たす能力を失っていた。では新皇帝はどう対処したか。彼がかわりに採用したのが、高級爵位の保有者に特定の土地を、その行政権や徴税権とともに授与するという方策である。このようにして下賜される土地は、後にプロノイアの名で呼ばれるようになる（言葉の元の意味は「配慮」）。通常、爵位を有する者は皇帝に付き従って従軍したから、プロノイアの授与は皇帝への軍事奉仕と抱き合わせのかたちとなった。

ノルマン戦役で、敵軍が自由にアドリア海を往来する危険性を察知した皇帝は、対策としてヴェネツィア人に海上での支援を要請した。一〇八二年、ヴェネツィアのトップ、ドージェ（総督）には「ダルマチアとクロアチアのドゥクス」の称号が授与され、その商人たちはコンスタンティノープルに加え帝国全域での関税が免除された。この特権は、黄金印璽文書として一〇九二年にも更新されたらしい。

このような特典は他のイタリア都市にも拡大される。一一一一年には、ピサ商人の取引での関税が四％へと減額となった。これらは新たに誕生したエルサレム王国、アンティオキア侯、エデッサ伯、トリポリ伯などの十字軍諸国にビザンツの影響力を広げるための方策でもあった。

アレクシオス1世のノミスマ金貨（アテネ貨幣博物館）

皇帝は品質が下がる一方だった通貨の改革も実施する。半世紀以前の状態への復帰は望めなかったものの、金貨の金含有量は一定程度改善し、帝国の経済は回復することになった。ただし、この頃以降の薄っぺらな貨幣は内側が凹んだ湾曲形となっている。

アレクシオス一世のその後の戦い

十字軍が進軍していった後の小アジアを、アレクシオス一世率いる帝国軍が旧領土を回復しながら進んだ。皇帝が派遣した義理の兄弟ヨハネス・ドゥカス（皇后エイレネの兄）の部隊は、スミルナ、エフェソス、サルディス、フィラデルフィアなどの都市の奪還に成功する（XI.5）。皇帝の本隊はアンカラの東方フィロミリオンまで進出し、そこから首都に引き返した（XI.6.4）。アンティオキアが陥落する少し前のことである。

その後もキリキアや小アジアのエーゲ海沿岸などで、帝国軍はトルコ人や西欧人との戦いを継続した。皇帝が最前線に立つことは少なくなったが、それでも最高司令官として派遣する各部隊の活動への配慮を怠らなかった。

アレクシオス帝にとって十字軍以後での最大の戦いは、治世初の強敵ロベール・ギスカールの息子、ボエモンドとの再度の戦いであった。それは一一〇七年から翌年にかけて、第二次ノルマン戦役として、第一次と同様にデュラキオンなどバルカン半島西部が舞台となった。アンティオキアの支配を一族のタンクレディに委ねたボエモンドは密かに南イタリアに帰還し（一一〇四年）、四半世紀以前に父親が果たせなかった野望、コンスタンティノープル制圧をめざす活動を再開した。ローマ教皇から十字軍遠征のお墨付きをもらったうえで、フランスやイタリアで募った軍を率いての出陣であった。

一一〇七年一〇月、アドリア海を東へと渡ったのはこれで四度目であったが、今回もまたボエモンド軍はデュラキオンを包囲した。宿敵とも言えるボエモンドの到来に、アレクシオス一世も出征する。『アレクシアス』の最終盤のハイライトとも言えるこの戦いでは、皇帝が最前線に立つことはなかったが、戦況はほぼ一貫してビザンツ軍優位のうちに推移した。

苦境に立たされたボエモンドは、最後には皇帝との会見をへて、アレクシオスへの臣従を余儀なくされた。これはアンナにとって父親の最後の輝かしき勝利であり、両者の協定（一一〇八年九月）でボエモンドが負った条件を事細かに記述している（XIII.12）。

さらにアレクシオス一世が出陣するケースは続いた。一一一一年には小アジア側に出征するも、そこには夫のリューマチ痛を危惧して同伴する皇后の姿があった。バルカン半島では、異端のボゴミール派が勢いを増しつつあった（アンゲロフ一九八九）。

この勢力の一部はやがて西方に移動して、南仏のカタリ派へとつながっていく。治世末期を悩ませたボゴミール問題の解決をめざし、アレクシオスはフィリッポポリスに出向いて対応した（XIV.8–9）。けれども一一一六年のバルカンへの出征を最後として、さしもの皇帝も宮殿内で病に伏す日々となり、一一一八年八月一五日夜、アレクシオス一世は息を引き取った（XV.11.13–24）。

ヨハネス2世コムネノスと皇后エイレネ（聖ソフィア大聖堂2階ギャラリー）

優秀な継承者ヨハネス二世コムネノス

アンナの記述はアレクシオス帝の死去をもって終わるが、この後、帝国を待ち受けていたのは十字軍運動の継続を含め、波瀾万丈の約一世紀であった。コムネノス朝のその後と一二〇四年の破局への過程を概観していこう。

アレクシオス一世の長男ヨハネス二世は一〇八七年にアンナ・コムネナの弟として誕生した。父親が死去した時には三一歳で、彼もまた軍隊を率いて戦場を駆けめぐり、コムネノス家の支配を立派に継承した。

ところで、弟のヨハネスと姉アンナは熾烈な権力闘争を繰り広げる関係にあった。というのも弟が生まれる前、長女アンナが皇位を継ぐと考えられていたからである。ヨハネス二世の即位前だけでなく、即位後も彼女は夫、ニケフォロス・ブリュエンニオス（同名の反乱者の孫）を擁立する陰謀を画策し、最後は闘争に敗れて修道院に逼塞した。修道院で執筆された『アレクシアス』において、弟ヨハネスは一貫して目立たぬ存在とされている。

一一二二年、ヨハネス二世は西方のバルカン側に出征し、「スキタイ人」に勝利した。ここでの「スキタイ人」の正体ははっきりしないが、ペチェネグ人ではなく新たな遊牧民族クマン人であったと推測される。さらに一一二七年にはハンガリー人の攻勢に対応してドナウ沿岸に出撃している。同じ頃、ビザンツ帝国の宗主権下からの離脱をはかるセルビア人とも戦って勝利を得た。

けれども、バルカン半島への皇帝の関与は限定的で、彼の主要な関心はキリキアやアンティオキア方面に向けられていた。一一三六年、ヨハネス二世はアンティオキアを十字軍国家から取り戻すためにシリアへと出陣した。ビザンツ軍のアンティオキア包囲により、侯のレーモン・ド・ポワチエは屈服して皇帝への臣従を宣誓した。その後もこの地域への攻勢は継続され、ヨハネス二世が死去したのもシリアでの狩猟の折の事故によるものであった。

国際政治家マヌエル一世コムネノス

マヌエル一世はヨハネス二世の四男であったが、兄たちが若死にしたため死の床の皇帝によって後継者に指名された。二五歳の若者であった。彼もまた祖父や父と同様にしばしば軍隊を率いて東西に出征した。けれども、彼の時代の特徴は、西欧、バルカン、小アジア、シリア、パレスチナなど、ビザンツ世界を越える領域を巻き込んだ国際外交の展開にあった。ともかく、皇帝の政治手腕が問われる状況に変化はなかった。

即位後しばらくして、いわゆる第二回十字軍の軍勢がコンスタンティノープルに到来した。今回はエデッサ陥落を受けて、ドイツ王コンラート三世（彼は神聖ローマ皇帝として戴冠しなかった）、ついでフランス王ルイ七世の率いる軍勢がコンスタンティノープルを通過した。西欧軍はクレルヴォーのベルナール（シトー派修道院長）という精神的支柱があったものの、やはり方針は定まらなかった。第二回十字軍はダマスカス市の奪取に失敗した後、大きな成果のないまま帰国の途についた。結局、小アジアの情勢に大きな変化はなかった。

マヌエル1世コムネノスと皇后マリア（写本挿絵，フランス国立図書館所蔵）

けれども、マヌエル一世は西方から到来するラテン人たちに興味津々となった。とりわけ西洋中世の花形、きらびやかな騎士たちに魅了され、「ラテン人びいき」として彼は有名となる。西欧の騎士たちを、ある時は兵士として、またある時は外交官として皇帝は起用した。

その一方でアドリア海への帝国の影響力の拡大政策もあり、ヴェネツィアとの関係は次第に悪化していった。彼はピサやジェノヴァの商人たちを優遇し、一一七一年には帝国内に居住する全ヴェネツィア人を逮捕して財産を没収する決断を下している。

ノルマン朝のシチリア王国とは対立が続いていた。第二回十字軍と同時期にシチリア軍がコルフ島を占領し、テーベやコリントを略奪して帰っていった。マヌエル帝は、父ヨハネス二世と同様に当初は神聖ローマ皇帝と提携しつつ、ハンガリー王には一人娘マリアの夫ベーラ三世をすえることに成功している。

けれども、巧みな外交政策とは裏腹に、彼が実施した軍事政策は失敗が多かった。治世初期のセルビアやハンガリーへの遠征こそ成功したものの（一一四九～五〇年）、その後はイタリア侵攻作戦に失敗し（一一五五～五七年）、セルジューク朝に対する親征でもミュリオケファロンの戦いで敗北を喫した（一一七六年）。一一六〇年代からはアドリア海、とりわけその東沿岸では周辺諸国が入り乱れての紛争が続くことになった。

マヌエル一世の国内政治で注目すべき事項に、プロノイア下賜の拡大がある。彼の祖父のアレクシオス一世が開始した、軍事奉仕の対価として土地の徴税権などを授与する政策である。プロノイアを授与された者たちとは、高級爵位を有するコムネノス家につらなる一門のメンバーであったから、これはある意味で国有地の政権メンバーへの配分であった。

皇帝専制を建前とするビザンツにあっては、その基本理念に矛盾する要素を含んだ権力分散的施策である。プロノイアは、その後一三世紀後半のミカエル八世時に世襲化が進展した。パライオロゴス朝をビザンツ「帝国」に含めない本書の考え方は、プロノイア制の拡大した後期ビザンツは、中央集権を旨とする君主専制の「帝国」とは呼べないというものである。

マヌエル帝の最大の失敗は立派な後継者を準備できなかったことであろう。コムネノス一門の中ではいとこのアンドロニコス（後の一世）と対立を繰り返し、和解がなったのは治世の最末期であった。三代にわたり皇帝の八面六臂《ろっぴ》の活躍で維持されてきたコムネノス朝の支配体制であったが、マヌエル一世が残した息子アレクシオス（二世）はあまりに幼く、その結果として王朝＝国家自体が危機を迎えることになった（根津一九九九）。

帝国衰退の要因

マヌエル一世の死去からビザンツ帝国の滅亡までは四半世紀しかない。一一世紀後半と同様に帝国衰退の要因について、大御所研究者のアンゴールドやマグダリーノ（セント・アンドリュース大学教授）の見解を参考にまとめておこう。

帝国衰微の要因として前章で述べたのが、傭兵の大規模な導入とヴェネツィア人などイタリア商人たちへの特権付与であった。一一世紀末のアレクシオス一世の治世には、十字軍の到来、イタリア諸都市への商業上の優遇措置と危険因子に拡大傾向が見られる。帝国の国力は軍事的・経済的にますます骨抜きにされた、というのは言いすぎだろうか。

西方からはラテン人、東方からはトルコ人、北方からはペチェネグ人やクマン人と一一世紀には新たな役者が登場したが、一二世紀にはこれらにバルカン半島の諸民族やレヴァント地方の十字軍国家が加わり、帝国を取り巻く国際情勢は複雑さを増していった。

アンゴールドによると、一二世紀のビザンツ国内には三つの分断線が生じつつあったという。まずは皇帝専制と貴族勢力という理念と現実のせめぎあいの問題。本来ならば理想は理想として棚上げにすればよいわけだが、ビザンツにあっては皇帝専制とは単なる建前を超えた国家の表看板であった。

二つ目は、コンスタンティノープルと地方の関係。一二世紀には権力と資源がコンスタンティノープルへ今まで以上に集中していった。そのようななかでのイタリア諸都市への商業特権の付与は、国内産業の伸長につながったかもしれないが、プロノイア制のような国土の「切り売り」政策と合わさって、ビザンツ経済の全体に重大な影響を及ぼしたように思える。

三つ目の分断線とは、国家と教会という古くて新しいものである。別の表現をするなら、世俗的で古代以来の古典教養の発展と、修道院を中心とするキリスト教信仰の霊的深化の相克とでも表現できるだろう。かつての帝国では両者は緩やかに並存していて、教養ある俗人が総主教に就任する一方、修道院は皇族や貴族たちを寄進者・パトロンとしつつ、必要に応じて政治力を失った人物に引退場所を提供した。

けれども、一二世紀には首都コンスタンティノープルの繁栄はあいかわらずである一方、総主教の突出した活躍が目立たなくなるのと並行して、修道院や修道士たちの勢力拡大が静かに進行していった。彼らは神秘的な信仰世界に没入しつつも、世俗の教会を通じて信者たちにも多大な影響力を及ぼすようになった。政治的理由からカトリック教会との連携を模索する世俗権力に対し、修道士たちは信仰にかかわる理念でも典礼などの形式でも一歩も譲らない姿勢を貫いていく。

すでに述べた聖体拝領時のパンの酵母問題、フォティオスの総主教時代にさかのぼる聖霊の発出（フィリオクエ論争）、そしてローマ教皇の教会での首位権などなど、教会合同にかかわる論点をめぐり、彼らは皇帝の施策にかたくなに反対の態度をとった。この後、皇帝政権はいよいよ脆弱となっていくだけに、国内政治の乱れは国際関係でビザンツ国家をいっそう孤立させた。

また、マグダリーノはコムネノス朝の特徴として、すでに見たラテン的西方への深い関与や権力と資源のコンスタンティノープルへの集中とともに、政治を規定する家族・家柄・血族という要素を挙げている。コムネノス期では、国家が皇帝家ないしコムネノス一門と同一化していった。そこでは家父長役の皇帝が強力なリーダーシップを発揮して、擬似的な大家族としての一門を統率する必要があった。

コムネノス政権とは、武勇を尊んで戦場では先頭に立ち、政治や外交ともども一門の貴族たちを統率するという、皇帝の資質に大きく依存した体制であった。それだけに、もしも一門の枠組みや結束が揺らいだり、君主が十分なパフォーマンスを発揮しえなかったりすれば、この体制は大きく傾いてゆかざるをえない。

アレクシオス二世とアンドロニコス一世コムネノス

一一八〇年にマヌエル一世が死去した時、一人息子のアレクシオス二世はまだ十一歳の少年であった。母親を中心とした摂政政権はラテン人を贔屓《ひいき》したため不人気で、まもなくマヌエル帝のライバル、アンドロニコス一世コムネノスに実権を奪われた。

バルカン半島では、マヌエル帝死去の報にセルビアの君主ステファン・ネマニャが独立を宣言する一方、ハンガリーのベーラ三世もアドリア海に向けて進撃を開始した。一一八三年、共治帝のアンドロニコス一世がアレクシオス二世を亡き者とすると、さらに動乱は深刻さを増した。シチリア王グリエルモ二世も、バルカン半島に遠征隊を派遣する。シチリア軍はデュラキオンを奪い、さらにテサロニキへと進撃した。シチリアからの艦隊はコンスタンティノープル付近の海域にまで進出したという。グリエルモ二世はロベール・ギスカールの甥ルッジェーロ二世の孫にあたるから、またしてもノルマン人が来襲したと言えるかもしれない。

以上の動乱に連動するように、バルカン半島北部ではブルガリア人とブラフ人が反乱を起こし、これにクマン人が合流した。東方の辺境、キリキアやキプロスでも中央政府を無視した独自の政権が打ち立てられた。

アンドロニコス一世は、属州総督への給料支払いの適切化、官職売買の廃止、そして課税の軽減などの改革を実施しようとしたが、貴族勢力と対立して政府要人を次々と粛清する恐怖政治に走った。ピサ人やジェノヴァ人を虐殺して首都住民の反ラテン感情に訴えたアンドロニコス帝であったが、イタリア勢力を完全に排除はできず、アドリア海政策でヴェネツィアと接近すると急速に首都での人気を失った。結局、単独での治世わずか二年ほどで彼は首都住民によって虐殺された。

アンドロニコス一世による弾圧のもと、離反者の多くは海外へと逃亡した。彼らはマヌエル一世が構築した外交関係を頼りに、帝国への干渉を呼び込むことになった。すなわち、トルコ人のスルタン、アンティオキア侯、エルサレム王、ローマ教皇、皇帝フリードリヒ一世、モンフェラート侯、ハンガリー王、シチリア王などである。

棚ぼたの帝位――イサキオス二世アンゲロス

一一八五年、アンドロニコス一世に抵抗する首都民衆が聖ソフィア大聖堂に結集した際、偶然そこに逃亡していたため、皇帝として歓呼されたのがアンゲロス家のイサキオスであった。イサキオス二世の治世には、数える気がうせるほどの反乱が続発した。マグダリーノの計算では、少なくとも十七回発生したという。多発化する反乱で気になるのは、従来のような首都に向けて進撃するケースが比較的少ない事実である。つまり、それらの反乱は帝国からの離反運動であった。

イサキオス二世期の帝国からの分離運動を簡単に紹介しておく。キプロス島ではマヌエル一世の姪の子イサキオス・コムネノスが皇帝を宣言した（後にイングランド王リチャード一世により征服される）。小アジア側の首都近郊、ニコメディア、ニケーア、そしてプルサ（現ブルサ）でも、アンドロニコス一世時代から中央政府への反抗が始まっていた。ブルガリアでの反乱はやがて第二ブルガリア王国の独立につながる。小アジアの内陸都市フィラデルフィアでも独立運動が起こった。

イサキオス二世は遠征を実施したり、外交交渉を駆使したりとそれなりの対応はしている。一一九〇年には第三回十字軍としてエルサレムをめざす神聖ローマ皇帝フリードリヒ一世バルバロッサ（赤髭）の到来を、巧みな譲歩を織り交ぜて無事やり過ごすことに成功した。バルカン半島を通過するドイツ人皇帝には、セルビア人やブルガリア人が自分たちの独立を承認してほしいと動いただけに、フリードリヒ一世との正面対立を回避したその努力は評価してよい。けれども、あまりに反乱の件数が多すぎた。

皇帝はコムネノス一門をまとめきれず、皇帝家内の対立が引き金となって出征中にイサキオス二世は帝位を奪われ、摘眼刑に処された。新たに皇帝となったのは、彼の兄アレクシオス（三世）であった。

アンゲロス家の二簒奪帝――アレクシオス三世とアレクシオス四世

アレクシオス三世は、アンドロニコス一世治下にはシリアにあり、その後一一八七年頃まではトリポリ伯領での幽閉を経験していた。苦労人アレクシオス三世の治世も、首都での騒乱や宮廷内の混乱、さらに地方での独立運動が続く多難な時代であった。けれども、どちらかというならば弟の治世よりも政治は安定していたと言える。政権内で有力家門はそれなりにまとまっていたからであった。

治世八年、彼の政権の崩壊は、国内ではなく海外からやってきた。アレクシオス三世から政権を奪取するのは、同名のアレクシオス（後の四世）。先代のイサキオス二世の息子、つまりアレクシオス三世の甥である（以下、アレクシオス四世と表記）。

父親の失脚時、アレクシオス四世は二〇歳の若者だったが、巧みに首都脱出に成功した。一二〇一年、彼はイタリアに逃亡し、ドイツにいる姉エイレネと夫シュヴァーベンのフィリップのもとに身を寄せた。フィリップはフリードリヒ一世の息子でドイツ国王であった。

一二〇二年末、フィリップとアレクシオス四世は使節を派遣したが、その行き先はアドリア海の都市ザラ（現ザダル）であった。この町にはヴェネツィアを出発した第四回十字軍が滞在していた。

第四回十字軍の提唱者は、ローマ教皇権の絶頂期を実現したとされるインノケンティウス三世（在位一一九八〜一二一六）であった。今回ヴェネツィアを集結地とした遠征軍の目的地はエジプトのカイロ（サラディンが興したアイユーブ朝の首都）だったが、渡航費を含む軍資金が不足し、ヴェネツィア人の要請を受けてキリスト教徒の町ザラを攻撃したのである。ザラ市攻略を理由に教皇から破門の処分を受けたが、そこにアレクシオス四世の使節が到来し、もしも自分と父親を政権に復帰させてくれるなら、遠征の費用を含めて支援金を工面しようと約束した。

アレクシオス四世は一二〇三年五月にケルキュラ島で十字軍の船団に合流する。十字軍は予定を変更してコンスタンティノープルへと進路をとった。七月、予期せぬ艦隊での十字軍の襲来に威圧されたアレクシオス三世は逃亡する。あっけなく政権を獲得し、盲目の父親イサキオス二世（まもなく死去）と共同統治を開始したアレクシオス四世であったが、ザラ協定で提示した条件の遠征費の捻出は厳しかった。ましてやローマ教皇に服従しての教会合同は無理な相談であった。首都の諸勢力も新政権を外からあやつる十字軍に敵意を抱き、アレクシオス四世への圧力を強めた。結局、一二〇四年に彼は首都脱出をはかったものの、捕らえられて絞殺される。

コンスタンティノープルの陥落とビザンツ帝国の滅亡

新たに帝位についたのはドゥカス家のアレクシオスで、こちらは五世ということになる。この人物は、かつて陰謀に加担したため一二〇三年の段階では監禁中であった。彼を解放したのは新帝アレクシオス四世であったが、恩を仇《あだ》で返して帝位を奪ったのである。首都の反ラテン勢力の支持を受けて即位したアレクシオス五世は、城外に滞在する十字軍への攻撃を指示した。ここにいたって十字軍将兵は、インノケンティウス三世へのキリスト教徒を攻撃しないとの誓いをまたしても破る決断を下した。

一二〇四年四月、皇帝アレクシオス五世は首都の城壁の防備を固め、敵対する貴族の財産を没収して軍資金をつくり、最初の十字軍の攻撃を撃退した（四月九日）。けれどもコンスタンティノープルの事情を熟知するヴェネツィア人の指導を受けて、十字軍は鉄壁の陸城壁ではなく金角湾の内側から海の城壁を攻撃した。結局一二日に城壁は突破され、町が大混乱に陥る中、皇帝はトラキアへと逃亡した。

かくして、町と得も言われぬ美しさを誇った教会は焼かれ、その数を数えあげることを私たちはできないのである。歴代のすべての皇帝が描かれていたソフィア聖堂の表玄関、競馬場は焼けただれ、町並みは海にいたるまで、皇帝の門、スド［金角湾―中谷］のあたりまで焼け落ちた。（三浦・平野訳二〇一七）

金角湾（ガラタ塔より．イスタンブール）

「バルバロイ」である第四回十字軍の攻撃によって、コンスタンティノープルは史上はじめて陥落し、ビザンツ帝国は滅亡した。キリスト教徒戦士によるキリスト教徒の都市、「都市の女王」への略奪は五日間にわたって続き、動かせる金目のモノはあらかた奪われた。

すでに述べたように、これに先立つ四半世紀、各地で帝国からの分離独立運動が続いていた。それは周辺民族であるブルガリア人やセルビア人だけでなく、帝国内の貴族勢力によっても推進されていた。ある意味では、帝国の滅亡は必至の状態にあり、十字軍はその引き金を引いただけなのかもしれない。ともかく、帝国各地に盤踞《ばんきょ》する在地の有力者たちは、もはや帝国政府を必要としなくなっていた。この流れが一二〇四年の解体後の元ビザンツ世界の基調となってゆく。

コンスタンティノープルの統合力の弱体化は地方貴族とイタリア商人たちとの直接の結びつきを導いた。それは一二世紀の後半に発生した帝国分裂の動きであり、一二〇四年以後のビザンツ系の有力地方政権を形成することにつながった。地方政権は主に次の三つである。

①トレビゾンド「帝国」。この地に滞在したことのあるアンドロニコス一世コムネノスの血統から誕生し、「大」コムネノス家を自称して王朝を形成した。一四六一年まで存続する。

②テサロニキ市を中心にしてイサキオス二世・アレクシオス三世のいとこたちが自立し、その後バルカン半島の西部に拠点を移し、エピロスに「デスポテス」国家を成立させた。

③ニケーアにも亡命「帝国」が樹立された。その中心にはラスカリス家があったが、初代テオドロス一世はアレクシオス三世の娘アンナの夫であった。アレクシオス三世のもう一人の娘エイレネの夫はアレクシオス・パライオロゴスで、その一族から一二六一年にコンスタンティノープルを奪回するミカエル八世が出た。

コラム8：ユーラシア国家興亡史

私たちは「このままでは日本は滅びる」と口にすることはあっても、本気でそこまで危惧する人は多くないのではないか。一九四五年の一時期は別にして。同様に、イギリスやフランスなどの歴史についても、滅亡の危機などという発想は想定外である。もちろん、いずれの国にも一時的な占領・制圧はあっただろう。けれども、異民族・異教徒などの未知の外敵の襲来によって国家が存亡の淵に立たされる、という発想は長らくないように思う。

ところが、ユーラシアの歴史では、国が滅びるのはいたって普通の現象であった。たとえばロシアであれ、インドであれ、エジプトであれ、大半の国や王朝は外からの侵入者に苦汁をなめたり、亡国という事態にいたったりした。その結果、征服者と先住民族との対立や融合が繰り返され、文化は複雑化・重層化していった。当然のことながら民族構成や境界線は複雑に変化した。一国の歴史がほぼ一直線に通史として語れるのは、世界の歴史では例外に属するのである。

かつてカール・マルクスは哲学者ヘーゲルの考えを発展させて、西欧の歴史を古代の奴隷制、中世の封建制、近代の資本制というように発展段階的に構想した。けれども、このような内的な発展を自明のこととして歴史をたどれる対象は、西欧や日本くらいなのではないか。その他の地域にあっては外的因子の役割が大きすぎて、国内の政治や経済の動きのみでは歴史の展開をうまく説明できない。あまりうまくいかないものだから、「アジア的生産様式」などという「その他大勢」的な乱暴な説明用語がでっち上げられたりもした。

ユーラシアの東西の縁に位置する日本や西欧は例外なのだ、という発想が必要なのかもしれない。その他の多くの歴史は、内的な発展以上に外的要因によって大きく左右された。「文明の十字路」に位置していたビザンツ帝国も、ユーラシアにおける国家・王朝の興亡史の真っただ中にあり、栄枯盛衰の果てに滅亡したと言えるのではないか。つねにそのような危機と直面しながら、千年続いたことの意義を嚙《か》みしめる必要があるように思う。

以上のような発想に立った場合、西洋史研究者である私は、本書の中で西ヨーロッパとの比較の視点を重視した叙述を進めすぎた恨みがある。それだけでは不十分なのだろう。グローバルヒストリーの躍進にも期待しつつ、今後の課題としたい（ホームズ二〇一七）。

終章　ビザンツ世界の残照
――一三世紀後半～一五世紀

コンスタンティノープルの包囲（フランス国立図書館所蔵，写本挿絵，写真：アフロ）

パライオロゴス朝系図（生没年と在位年）　　＊簒奪者

＊ミカエル8世パライオロゴス
（1224/5-1282 在位 1259-1282）

アンドロニコス2世パライオロゴス
（1259/60-1332 在位 1282-1328）

ミカエル9世パライオロゴス
（1277-1320 在位 1294/5-1320）

アンドロニコス3世パライオロゴス
（1297-1341 在位 1328-1341）

＊ヨハネス6世カンタクゼノス
（1295 頃-1383 在位 1347-1354）

ヨハネス5世パライオロゴス ＝ 娘
（1332-1391 在位 1341-1391）

アンドロニコス4世パライオロゴス
（1348-1385 在位 1376-1379）

ヨハネス7世パライオロゴス
（1370 頃-1408 在位 1390）

マヌエル2世パライオロゴス
（1350-1425 在位 1391-1425）

ヨハネス8世パライオロゴス　兄
（1392-1448 在位 1425-1448）

コンスタンティノス11世　弟
（1405-1453 在位 1449-1453）

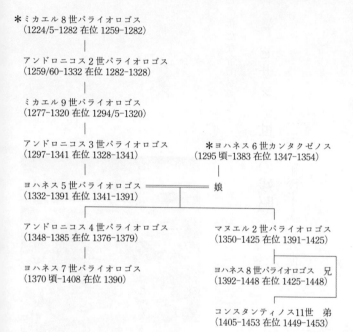

ビザンツ帝国の解体

一二〇四年、第四回十字軍の攻撃を受けてコンスタンティノープルは陥落し、帝国としてのビザンツは滅亡した。かわって成立したラテン帝国も、翌年にブルガリア軍に大敗を喫するなど、ビザンツの後継国家となる望みを絶たれた。こうして、東地中海の北部領域に長らく続いてきた帝国としての政治的枠組みは消滅する。コンスタンティノープルを中心としたビザンツ世界も終焉を迎えることになった。

この後、バルカンと小アジアの両半島は、ペロポネソスなどギリシア本土に拠点をおく西方出身の騎士たちや、クレタ島などの海上の要衝を押さえて強大化するヴェネツィアを含め、キリスト教徒とムスリムなどさまざまな勢力が乱立する群雄割拠の時代を迎えた。

古代ローマ帝国がこの地域に支配を確立して以来一二〇〇年、長らく保たれてきた政治的安定は失われ、一五世紀にふたたびコンスタンティノープル（ただしイスタンブールと改名）を中心に新たな帝国が形成されるまで、混迷と争乱の時代が続くことになった。

末期のビザンツ国家

一二六一年にビザンツ勢力はコンスタンティノープルの奪回に成功するものの、帝国とは名ばかりで、もはやそこに往時の面影はなかった。

ミカエル八世に始まるパライオロゴス朝の支配は一四五三年のコンスタンティノープル陥

アトス山メギスティ・ラヴラ修道院の主聖堂（ギリシア，カルキディキ半島）益田朋幸撮影

落まで二世紀弱続くが、王朝内でのいざこざは絶えず、地中海商業のイニシアチブはヴェネツィアやジェノヴァなどのイタリア商業都市が掌握しており、政治面での影響力も次第に縮小していった。

かつての帝国の栄光が次々と剝《は》ぎ取られるなか、この国に残されたものは静寂主義（ヘシュカズム）により神秘的な色彩を深めつつ、西方カトリックとの教会統合を断固拒絶する修道士の勢力と、はるか太古より連綿と継承されてきたプラトン哲学をはじめとする古典学芸の伝統、そして洗練の度を増して輝きを放つモザイクやフレスコ画などの美術工芸の技能であった。

静寂主義の実践はアトス山の諸修道院に結晶して今日まで継承されていく一方、古代からの文化遺産はやがてイタリアの地で花を咲かせることになる。ビザンツ帝国が、一貫して保持してきたローマ理念もいまだ消滅してはいなかった。ただし、「ギリシア人」としての民族的な意識が芽生えてくるのも、一三世紀後半から一五世紀前半のパライオロゴス王朝期においてであった（草生二〇一五）。

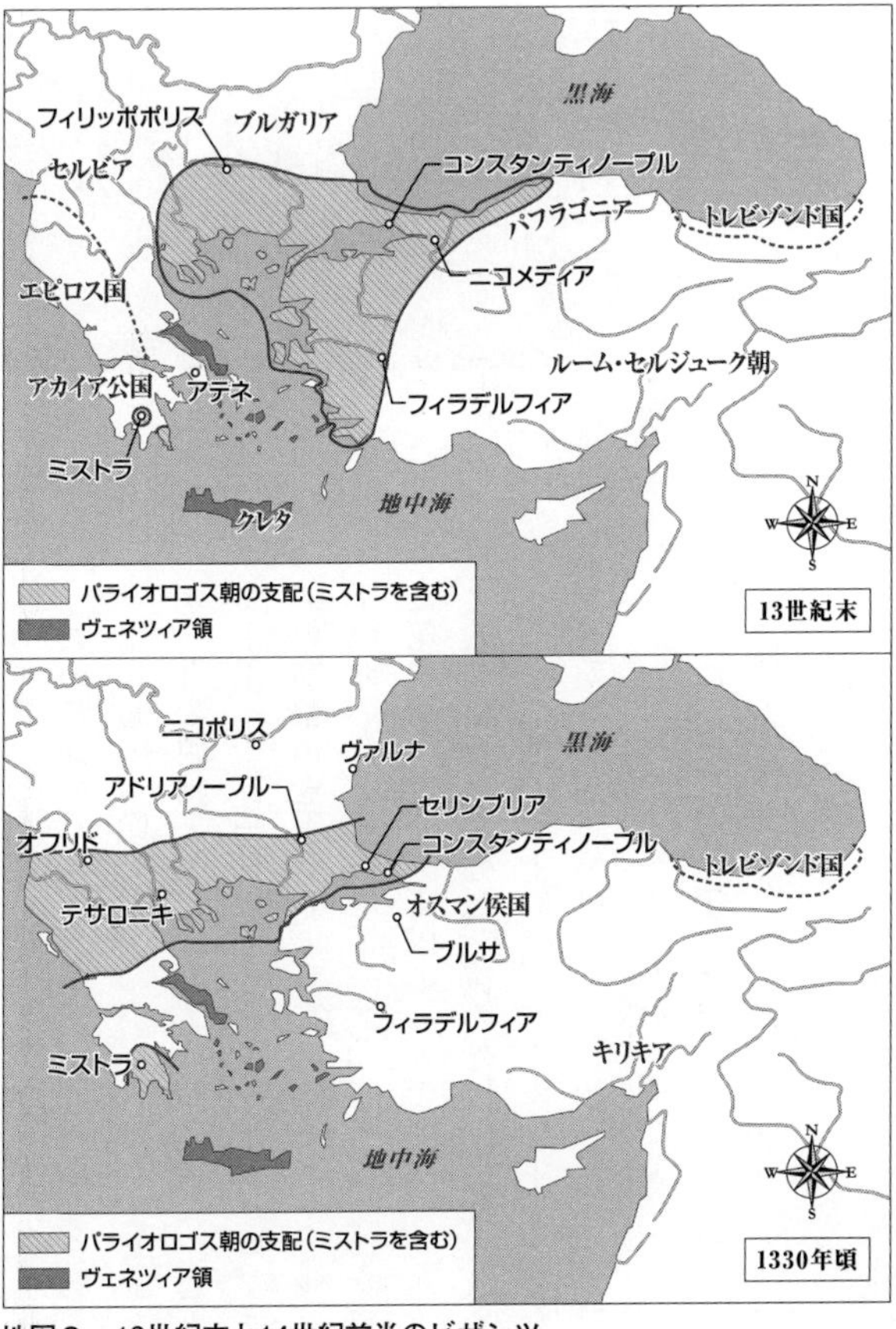

地図９　13世紀末と14世紀前半のビザンツ

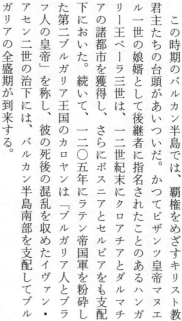

バルカンの群雄

この時期のバルカン半島では、覇権をめざすキリスト教君主たちの台頭があいついだ。かつてビザンツ皇帝マヌエル一世の娘婿として後継者に指名されたことのあるハンガリー王ベーラ三世は、一二世紀末にクロアチアとダルマチアの諸都市を獲得し、さらにボスニアとセルビアをも支配下においた。続いて、一二〇五年にラテン帝国軍を粉砕した第二ブルガリア王国のカロヤンは「ブルガリア人とブラフ人の皇帝」を称し、彼の死後の混乱を収めたイヴァン・アセン二世の治下には、バルカン半島南部を支配してブルガリアの全盛期が到来する。

ステファン・ドゥシャン（部分，ミュシャ『スラヴ叙事詩』「セルビアのステファン帝の東ローマ皇帝即位」より）

セルビアが統一されたのも同じく一二世紀末のことで、ステファン・ネマニャが王朝を創始した。一三三〇年、ビザンツ・ブルガリア連合軍をヴェルバジュド（現キュステンディル）で破ったセルビアは、翌年からのステファン・ドゥシャンの統治下に黄金時代を迎えた。

ドゥシャンはテサロニキ以外のマケドニア、テッサリア、エピロスを獲得し、ブルガリアに宗主権を認めさせ、スコピエで「セルビア人とギリシア人の皇帝」として戴冠した。けれども、一三五五年にドゥシャン帝がコンスタンティノープル遠征途上で急死すると、彼の帝国は分裂することになった（唐澤二〇一三）。

小アジアとバルカンの両半島にまたがる新たな帝国支配の形成は、オスマン勢力によって一世紀以上をかけて実現されていくが、そのプロセスについては優れた概説書があるのでそちらに委ねたい（小笠原二〇一八）。

本章では、帝国解体後に生き残ったビザンツ系の国家のうち、コンスタンティノープルを保持し、依然としてローマ帝国の看板をかかげ続けたパライオロゴス朝について、自称皇帝たちの婚姻政策を概観しよう。あわせて、最末期のビザンツの姿を示す事例としてフェラーラ・フィレンツェ公会議に参加した人々を取り上げる（ハリス二〇一八）。

皇后たちの出自について

古来ビザンツの皇后はさまざまな出自を有していたが、主にコンスタンティノープルを中心とした有力家門の女性がその多くを占めた。対外危機への対処として、コンスタンティノス五世の最初の妻で、ハザールのカガンの娘や、ロマノス二世の最初の妻となったイタリア王アルルのウーゴ（ユーグ）の娘ベルタの事例はあるものの、皇族女性の外国への降嫁が厳しく制限されたのと同じく、異国の君主との婚姻関係の事例は多くない。

貴族勢力が伸長した一一世紀には、マケドニア朝の血を受け継ぐゾエのケースは別にして、皇后はもっぱら貴族家系から出た。例外はミカエル七世ドゥカスの皇后となったマリア・アラニアであるが、ジョージア（グルジア）王家の出身の彼女は、政略結婚で皇帝家に嫁いだわけではなかった。美貌で知られたマリアは、後に簒奪帝ニケフォロス三世と再婚している。

コムネノス朝期はどうか。初代のアレクシオス一世は即位前にドゥカス家のエイレネとすでに結婚していた。彼女はコンスタンティノス一〇世の弟、カイサルのヨハネスの孫娘であり、この結婚から歴史家のアンナやヨハネス二世が生まれた。

ヨハネス二世の婚姻からは、専制君主を指向し、国際的なパワーバランスに配慮した政略結婚の時代に突入する。皇位継承者の結婚相手は一貫して外国から迎えられるようになるのである。ヨハネス二世の皇后はハンガリー王ラースロー一世（ラディスラフ一世）の娘ピロシュカで、ギリシア語風にエイレネと改名された。ヨハネスとエイレネの四男で後継者のマヌエル一世の皇后となったのは、神聖ローマ皇帝コンラート三世の皇后ゲルトルートの妹、ズルツバッハ伯の娘ベルタ（エイレネと改名）であった。

さらに彼女が亡くなると、マヌエル帝は再婚相手にアンティオキア侯レーモン・ド・ポワチエの娘マリー（マリア）を選んだ。この皇后がフランス人であったためか、続く幼い息子アレクシオス二世の婚約者は仏王ルイ七世（第二回十字軍に参加）の娘、フランス王女のアニェス（アグネス）であった。彼女はアンナと改名し、後に簒奪帝アンドロニコス一世コムネノスと再婚する。

続く皇帝イサキオス二世アンゲロスが帝位獲得後に皇后に迎えたのは、ハンガリー王ベーラ三世（マヌエル一世の娘婿）の娘マルギト（マルガリタ）であった。一方、イサキオス二世の兄で簒奪者であるアレクシオス三世の妻はエウフロシュネ・ドゥカイナ・カマテラ、つまりドゥカス家やカマテロス家につらなる貴族女性で、ビザンツの貴族家門同士での結婚となっている。

以上のように、ビザンツ皇帝や皇位継承者の配偶者にはハンガリー王女やフランス王女、そしてドイツ国王ゆかりの人物や十字軍諸侯の娘が選ばれている。これらの婚姻関係だけでも、皇帝家の派手な外交政策が見てとれるだろう。

ミカエル八世パライオロゴス

パライオロゴス朝初代のミカエル八世は、アレクシオス一世に仕えた有力家門の出で、コムネノス家、ドゥカス家、アンゲロス家などの皇帝を輩出した家門と姻戚関係にあった。彼はビザンツ系のニケーア「帝国」の君主ヨハネス三世バタツェス、ついでテオドロス二世ラスカリスに仕えたが、後者の息子ヨハネス四世ラスカリスの摂政を務め、さらに一二五九年からは共同皇帝となった。そして一二六一年、コンスタンティノープルをラテン帝国から奪還すると、聖ソフィア大聖堂で再度戴冠式をあげてヨハネス四世から帝位を奪った。

ミカエル八世の治世には、いまだビザンツ帝国復活の可能性があったかもしれない。皇帝は首都の復興に尽力するとともに、旧帝国領の回復に努めた。外交面ではラテン人の首都奪還の試みを巧みにかわす一方、東方ではマムルーク朝のバイバルスやキプチャク・ハン国のベルケと渡り合い、イル・ハン国のフラグと同盟を結んだ。

ミカエル八世の最大の敵となったのが、コンスタンティノープルの再奪取をもくろむ仏王ルイ九世の弟シャルル・ダンジューである。シャルルはシチリア王として勢力を拡大したが、ミカエル八世はパレルモでの騒乱「シチリアの晩禱《ばんとう》」（一二八二年）を促してシャルル・ダンジューの野望を阻止した。

けれども、ミカエル八世が推進した教会政策は不首尾に終わった。リヨンで開催された公会議で東西教会の合同に合意するも（一二七四年）、本国では聖職者・修道士たちの反対にあってこの方針は成就せず、彼が死去した際に教会は皇帝の葬儀を拒否する事態となった（橋川二〇〇二）。なお、簒奪者であるミカエル八世の妻は、ビザンツの貴族女性テオドラ・ドゥカイナ・バタツァイナであった。

アンドロニコス二世、ミカエル九世、アンドロニコス三世

ミカエル八世が亡くなった一二八二年から、マヌエル二世が即位する一三九一年までの約一世紀、ビザンツの君主はめまぐるしく変転した。ヨハネス六世カンタクゼノスによる一時的な簒奪を除くと、パライオロゴス家直系での継承がなされたにもかかわらずである。政治

の主導権をめぐって、親と子、さらに孫を巻き込んだ骨肉の争いが延々と続いた。結果として以下数ページは、少々込み入った内容となっているが、どうかお許しいただきたい。これでも、かなり簡略化したつもりである。

ミカエル八世の長男で後継者のアンドロニコス二世は四六年の長い治世を維持したが、その間に父親が築いた国家の衰退は決定的となった。バルカンではセルビア王の圧力の前に娘をその妻として差し出し（一二九八年）、小アジア側では新興のオスマン軍にプルサ（現ブルサ）を占領された（一三二六年）。彼の治世末期は悲惨で、孫で後継者のアンドロニコス三世と内乱状態となり、最後は廃位されて修道院に引退した。

アンドロニコス二世の最初の妻は、ハンガリー王イシュトヴァーン五世の娘アンナで、後妻はモンフェラート侯女のヴィオランテ（エイレネと改名）である。父親のモンフェラート侯グリエルモ七世の先祖はかつてテサロニキの支配者であったから、その縁もあり今回の結婚となったのかもしれない。

アンドロニコス二世の長男ミカエル九世の母親はハンガリー王女アンナで、彼が結婚したのはキリキアのアルメニア人国家のヘトゥム二世の妹リタであった（マリアと改名）。ミカエル九世は父親との共同統治の間に病没したが、アンナとの間に後継者のアンドロニコス三世が誕生する。

一三二一年、アンドロニコス三世は祖父のアンドロニコス二世に対して反乱を起こした。

教会会議の主催者ヨハネス6世カンタクゼノス（パリ，フランス国立図書館所蔵写本挿絵）

背後には彼の友人ヨハネス・カンタクゼノスらによる教唆があった。反乱軍が首都に入場し、祖父が退位したのは七年後の一三二八年のことで、彼は単独皇帝となったものの実権はもっぱらヨハネス・カンタクゼノスが握った。

アンドロニコス三世の妻となったのは、ドイツのブラウンシュヴァイク・グルベンハーゲン侯ハインリヒ一世の娘アーデルハイト（エイレネ）で、彼女が亡くなると後妻にはサヴォイア伯アマデウス五世の娘ジョヴァンナが選ばれた（アンナ・パライオロギナ）。

ヨハネス五世パライオロゴスとヨハネス六世カンタクゼノス

アンドロニコス三世の息子ヨハネスは、父の早世により九歳で即位した。母親のサヴォイアのアンナらが政権を担うかに見えたが、即位年の一三四一年にヨハネス・カンタクゼノスがからんだ内乱が発生した。

結局、カンタクゼノスは六年後の一三四七年に首都に入場し、娘のヘレナを若い君主の妻とし、共同皇帝として実権を掌握する。けれども一三五四年にはふたたび政権交代が起こる。ヨハネス六世カンタクゼノスはヨハネス五世に敗れて修道士となり、後にペロポネソス半島（モレア地方）のミストラに引退した。

カンタクゼノスは第一級の知識人でもあったから、三〇年ほどの余生を歴史書などの執筆活動ですごす。なお、カンタクゼノスの妻のエイレネ・アサニナは、ブルガリアの君主イヴァン・アセン三世の息子アンドロニコス・アセンの娘であった。

単独統治者となったヨハネス五世は、強力なオスマン帝国に対抗するため、支援を求めてハンガリーに旅した（一三六六年）。さらに一三六九年にはローマを訪問し、個人的にではあるがカトリックに改宗する。「ローマ人の皇帝」がローマの地を踏むのは、七世紀のコンスタンス二世以来であったが、強力な軍隊をともなった往時とは変わり果てた訪問であった。

ヨハネス五世の尽力にもかかわらず、帰国後の彼を待っていたのはいっそうの苦境であった。すでにブルガリアはオスマン国家に臣従しており、一三七一年にセルビア軍がマリツァ川の戦いで敗退すると、彼はスルタンのムラト一世の臣下となることを余儀なくされた（一三七三年）。内政では息子のアンドロニコス四世のたびたびの反乱に翻弄され、治世末年には孫のヨハネス七世の反乱（一三九〇年）にも苦しめられた。

アンドロニコス四世、ヨハネス七世、マヌエル二世

アンドロニコス四世は父親との仲が悪く、一三七三年にムラト一世の息子サヴジュとはかって両者の両親の同時排除をめざす反乱を起こしたが、失敗し片目の摘眼刑に処された。その後逃亡してふたたび反乱を起こし、ジェノヴァ人とオスマン帝国の支援によって首都を奪い取った（一三七六年）。けれども、ムラト一世を支援者とした父親の逆襲を受けて政権を失うことになる。彼の政権への野心は息子のヨハネス七世に引き継がれた。

アンドロニコス四世の妻はブルガリアの君主イヴァン・アレクサンドルの娘ケラツァ（改名してマリア）で、その長男がヨハネス七世である。ヨハネスは政権を失った父親とともにセリンブリアを拠点としていたが、一三九〇年にジェノヴァ人とトルコ人の支援により首都の奪取に成功した。しかし、ヨハネス五世の支援に駆けつけた叔父のマヌエル二世によりまもなく実権を失った。

ヨハネス七世は後にマヌエル二世と和解し、叔父の長期旅行中のコンスタンティノープルをバヤジット一世の封鎖から守った。そしてマヌエル二世の帰還後は、テサロニキを回復してその支配者（デスポテス）におさまる。ヨハネス七世の妻はレスボス島の領主フランチェスコ二世の娘エイレネ・ガッティルシオであった。

ヨハネス七世を排除して政権についたマヌエル二世も、兄アンドロニコス四世と同じくヘレナ・カンタクゼナの息子である。一三九〇年、彼はオスマン帝国の臣下としてバヤジット

一世のアナトリア遠征に従軍し、ギリシア人が支配するフィラデルフィアの陥落に立ち会った。翌年にはヘレナ・ドラガシュと結婚する。彼女はセルビア人の有力な領主コンスタンティン・ドラガシュ・デヤノヴィッチの娘であった。

一三九四年からのバヤジット一世による首都封鎖に際し、マヌエルは一三九九年から四年間にわたり支援を求めて西欧諸国を歴訪する。彼が面会した君主には、イングランド王ヘンリ四世、フランス王シャルル六世、神聖ローマ皇帝ジギスムント、デンマーク王女マルグレーテ、アラゴン王マルティン一世らがあった。しかし、皇帝の救援要請の成果はフランスからの艦船六隻と一〇〇〇～二〇〇〇名の兵士など小規模なものにとどまった。

一四〇二年のアンカラの戦いでバヤジット一世がチムールに敗退すると、彼は首都に戻ってこの好機を生かす努力を開始した。けれどもオスマン帝国の再興は急速に進み、マヌエル二世の帝国復興の夢はあえなく潰《つい》える。

ヨハネス八世パライオロゴス

マヌエル二世の長男のヨハネスは、若くして共同統治者となり、二度にわたるペロポネソス半島への遠征を成功させる。けれども一四三〇年にテサロニキがオスマン軍の手に陥落するなど、情勢は一進一退のままであった。

そこで彼は父親同様に西方に支援を求めた。彼が採用した方策は、東西の両教会を統合して、ヨーロッパからの支援を得るというものであった（フェラーラ・フィレンツェ公会議、後述）。しかし一四四〇年に帰国した皇帝を待っていたのは、ミカエル八世の時と同じく教会を中心とした教会合同反対のオンパレードであった。しかも、ビザンツ支援のために派遣された一四四四年の十字軍は、コンスタンティノープルに到達することなく撃破された（ヴァルナの戦い）。

ヨハネス八世の最初の妻はモスクワ大公ワシーリー一世の娘アンナで、後妻がモンフェラート侯テオドーロ二世の娘ソフィア、さらにソフィアの死後はトレビゾンド「帝国」の皇女マリアと結婚した。しかし、いずれからも子供は生まれなかった。この結果、支配権は弟のコンスタンティノス（一一世）に引き継がれることになった。

最後の「皇帝」コンスタンティノス一一世

コンスタンティノス一一世の最初の妻は、ザンテ（ザキュントス）島の領主レオナルド二世トッコの娘マッダレーナであった（テオドラと改名）。彼女が死ぬと、後添いにはレスボス島の領主ドリーノ・ガッティルシオの娘カテリーナがついた。二人の嫁ともにコンスタンティノスが即位する前に死去しており、子供はおらず、皇帝もその後は再婚しなかった。

以上、「皇帝」たちに限定してその妻となった女性の出自について駆け足で見てきた。次から次へと固有名詞が並んで、少々閉口させたかもしれない。ともかく、以上からもビザンツ国家の衰退のありさまが実感できるだろう。コムネノス朝下では皇位継承者の配偶者には、皇后となるのにふさわしいヨーロッパの王女レベルの女性が選ばれていた。これに対し、パライオロゴス朝になると「皇后」は近場のバルカン半島の君主の娘から、次第に近隣の領主層の身内へとシフトしていったように見える。

もはやビザンツ国家の君主は、ギリシア人の自称「皇帝」にすぎなかった。彼らは西欧人やトルコ人を「バルバロイ」と呼べる立場にはない。いかに自らのことを「デスポテス」（専制君主）とか「セバストス」（尊厳者）と称してみても、その実態はオスマン帝国のスルタンに臣従・貢納する地方領主ないし君侯レベルの存在であった。ただ一つだけ誇れる点が残っているとすれば、それは「都市の女王」コンスタンティノープルを保持していることである。けれども、古代にさかのぼる難攻不落の聖なる都も「バルバロイ」に明け渡す日が迫りつつあった。

コンスタンティノス11世（アテネの大聖堂前広場）

一四四九年の即位時点でコンスタンティノス一一世は四〇代半ばに達していた。青年時代はモレアの支配者として兄ヨハネス八世の統治を分担し、パトラス、アテネ、テーベなどの都市を獲得した。だが、一四四六年のオスマン軍のギリシア遠征により彼のギリシア制圧の望みは絶えた。その後、兄のテオドロスとアンドロニコスが先に死去したため、ヨハネス八世から帝位を継承する。
同じ頃、若くしてスルタンとなったメフメト二世は、コンスタンティノープルの奪取を志した。コンスタンティノス一一世は都市防衛の準備に余念がなかったが、一四五三年春に大城壁前に勢揃いしたオスマン帝国軍二〇万人に対し、彼が集めることのできた守備兵は一万に満たなかった。しかも、高額すぎて購入を断念した新兵器の大砲は、スルタン軍が入手して、大城壁に向けられた。

一四五三年四月一二日に砲撃が開始されたが、コンスタンティノス一一世をはじめ守備隊の奮戦もあり、一ヵ月を経過しても大城壁は突破されることはなかった。七〇〇名の兵とともに参戦し、最激戦区を守ったジェノヴァ人ジュスティニアーニ・ロンゴも、ひときわ大きな大砲での攻撃に柔軟に対抗した。けれども籠城《ろうじょう》一月半、五月二九日に最後の攻撃が始まり、激闘で深手を負ったジュスティニアーニが前線を退くと、防衛ラインは崩壊する。後に「トプカプ」(「大砲門」)と呼ばれる聖ロマノス門付近に突破口が開かれ、親衛隊イェニチェリが町中へと侵入した。最後の「皇帝」は戦場に消えて行方知れずとなった。

フェラーラ・フィレンツェ公会議

締めくくりとして、コンスタンティノープル陥落の十五年ほど前にイタリアで開催された公会議に参加し、教会合同を議論したビザンツ人たちを紹介しよう。

ベノッツォ・ゴッツォリ「東方三博士の行列」
（フィレンツェ，メディチ家リカルディ宮マギ礼拝堂，写真：アフロ）．ヨハネス８世がモデルとされる

まずこの公会議の概要について。国家存続に向けて万策尽きた感のあるビザンツ側は、先に開催されていたバーゼル公会議に使者を派遣し、軍事支援と引き替えに懸案となってきた東西両教会の合同の話し合いを提案した。ローマ教皇側からの条件はカトリック中心の合同の検討という屈辱的内容であったが、皇帝ヨハネス八世はこれを承諾する。開催地としてコンスタンティノープルを提示するビザンツ側の要請は却下され、結局ヴェネツィアに近いフェラーラ市での開催が決まった。なお、移動の費用は教皇側が負担することになった。

公会議へのビザンツ側の使節は、皇帝ヨハネス八世とコンスタンティノープル総主教ヨセフ二世を中心に、主要な聖職者や修道士、さらに学者など総勢七百名からなる。まるでビザンツ政府の中枢部が大挙押しかけたような顔ぶれが並んだ。

フェラーラで会議が始まったのは一四三八年四月で、枢機卿のチェザリーニを議長に、まずは予備会議が設定された。議論の内容は煉獄《れんごく》での炎の浄化やおなじみのフィリオクエ問題などなど。どれも結論が早々に出るようなものではなく、ビザンツ使節の滞在が長期化するなか、フェラーラ市

では疫病が蔓延し始めた。そこで、平穏な状態での議論の継続をめざして開催地がフィレンツェに変更された。

翌一四三九年、フィレンツェを代表して一行を迎えたのはメディチ家当主のコジモであった。世界史の教科書に登場するあの大富豪コジモ・イル・ヴェッキオである。画家のベノッツォ・ゴッツォリ（一四二一頃～九七）がメディチ家リッカルディ宮のマギ礼拝堂に描いた三面からなる「東方三博士の行列」は、この時のビザンツ使節一行をモデルにしたとの説がある。おそらく、ビザンツ使節はルネサンスを謳歌する花の都の繁栄ぶりに目を見張ったであろう。四世紀ほど前であれば、立場は反対であったはずなのだが。

サンタ・マリア・ノヴェッラ修道院を会場にして、またしても長い議論が始まった。六月には総主教のヨセフが死去するという出来事も起こった。それでも、ローマ教皇の首位権やミサで使われるパンの酵母の問題など、いくつもの議題が討議された。結局、力業というか疲労による妥協というべきか、七月六日にサンタ・マリア大聖堂にローマ教皇やビザンツ「皇帝」が臨席するなか、東西両教会の合同が宣言された。実際には、フィリオクエ問題と教皇首位権での妥協的一致にすぎず、その他の結論はあいまいなままであった。

ベッサリオンとマルコス・エウゲニコス

フェラーラ・フィレンツェ公会議において、ビザンツ側でもっとも活躍したのはヨハネス・ベッサリオン（一四〇〇頃〜七二）であった。トレビゾンド生まれのベッサリオンは、コンスタンティノープルに出て一流の知識人たちから薫陶を受けた。たとえば、書籍愛好家のヨハネス・コルタスメノスや天文学者のゲオルギオス・クリュソコケス、そして古典学の巨人プレトンらである。その後は修道士を経て司祭としてモレアに滞在し（一四三〇年）、続いてニケーア主教（一四三七年）として公会議メンバーに選ばれた。公会議でベッサリオンは、ビザンツ側の合同派リーダーとして活動した。最後の全体会合では、彼がギリシア語での宣言を担当した（ラテン語はチェザリーニ枢機卿）。翌年、彼はいったんコンスタンティノープルに戻るものの、すぐにイタリアへとって返した。ベッサリオンは教皇からの信望も篤く、帰国前にカトリックに改宗し、枢機卿に選ばれていたのである。教会合同に反対する人々からは、彼は裏切り者としか見えなかっただろう。

その後ベッサリオンは、イタリアだけでなく西欧諸国をまたにかけて精力的に活動する。教皇特使となって十字軍の派遣を各国に訴える一方、二度にわたり教皇の候補にもなった。この間、ギリシア語と新たに学んだラテン語で多数の書物を執筆し、ローマの自宅ではアカデミーを主宰し、人文主義者たちとともに古代のギリシア語作品の翻訳を進めた。写本収集にも尽力し、彼の蔵書はヴェネツィアに寄贈されてマルチアーナ図書館の礎となった。さらに、ギリシア人の共同体のあるこの地では、亡命者たちへの支援を忘れていない。

ベッサリオンと似たような経歴をもちながら、正反対の意見を表明したのがマルコス・エウゲニコス（一三九四頃〜一四四五）である。コンスタンティノープル生まれの彼もベッサリオンと同様にコルタスメノスやプレトンに学んだ。一四二〇年にマルマラ海のプリンシズ諸島で修道士となったが、一四三七年にはエフェソス主教に抜擢された。フェラーラ・フィレンツェ公会議では、煉獄やフィリオクエの問題でギリシア側の立場を強く擁護した。結局、彼はただ一人公会議の決定に署名せず、後に正教会から聖人に列せられた。

ちなみに、マルコスと同様、カトリック主導の教会合同にかたくなに反対した人物にルカス・ノタラスがいた。彼は歴代君主の重臣をつとめる一方で、ジェノヴァやヴェネツィアの市民権をもっていた。にもかかわらず、反合同論者として「ローマ教皇の三重冠よりもトルコ人のターバンの方がよい」とうそぶいたとされる。けれども、コンスタンティノープル陥落後、ルカス・ノタラスは征服者メフメト二世によって処刑された。

ゲオルギオス・ゲミストス・プレトン

ベッサリオンとマルコス・エウゲニコスを教えたプレトン（一三六〇頃〜一四五二）についても触れておく必要があるだろう。本名ゲオルギオス・ゲミストスはコンスタンティノープルの生まれであるが、九〇年におよぶ彼の人生の前半についてはほとんどわかっていない。敵対者の記述では、「バルバロイ」の宮廷でゾロアスター教を学んだと非難されているので、小アジアのブルサあたりで異教を学んだのかもしれない。ともかく、彼は古代の学問全般への驚異的な学識で群を抜く存在であった。

ゲオルギオス・ゲミストスは、コンスタンティノープルで多くの弟子を育成したものの、マヌエル二世によって異端・異教信仰の疑いでミストラに追放された。プラトン哲学に通じた彼はプレトンと自称し、その後の人生の大半をこの地で信奉者たちとの学問研究と著作活動に専念した。

すでに相当な高齢にもかかわらず、プレトンもフェラーラ・フィレンツェ公会議の参加者であった。彼は教会合同の問題とは別に、滞在中フィレンツェの学者たちとの交流に明け暮れた。プレトンの学識に啓発されて、コジモ・デ・メディチは後にフィレンツェ近郊にプラトン・アカデミーを創設することになったらしい。長期の滞在期間中、彼はイタリア人文主義者たちにストラボンを紹介する一方、地理学者トスカネリとも会見した。結果として、彼の講義や著作はイタリア・ルネサンスでの人文主義に多大な影響を与えることになる。

それ以外の参加者として挙げておきたい人物に、キエフのイシドロス（一三八五〜一四六三）がいる。彼はペロポネソス半島の出身で、コンスタンティノープルで教育を受け、故郷で修道士となった。一四一七年に首都の聖デメトリオス修道院の院長に就任した後、バーゼル公会議に派遣された。その後キエフ府主教に抜擢され、フェラーラ・フィレンツェ公会議にはロシアの聖職者をともなって参加した。イシドロスも教会合同に署名した合同論者で、ベッサリオンと同様に枢機卿となり、教皇特使としてモスクワに派遣された。一四五二年にはコンスタンティノープルに戻って正式に教会合同を宣言する。首都防衛戦にたずさわって一時は幽閉されたが、最後はローマで死去した。

さらに、コンスタンティノープル陥落後にメフメト二世からコンスタンティノープル（イスタンブール）総主教に任命されるゲンナディオス二世スコラリオスもこの公会議に参加していた。コンスタンティノープル生まれのゲンナディオスは、やはりマルコス・エウゲニコスやヨハネス・コルタスメノスらを師匠にもち、首都で論理学や物理学を教えた。公会議で彼は教会合同に署名したものの、帰国後は態度を翻してマルコス・エウゲニコスらの反対の立場を継承した（上柿二〇一二）。

結局、フェラーラ・フィレンツェ公会議の決定はリヨン公会議の合同（一二七四年）と同じく短命であった。首都陥落後、ゲンナディオス二世をトップにいただく現地のビザンツ教会は合同を正式に否定したからである（東西教会の和解は二〇世紀後半）。

なお一言付け加えるならば、ビザンツ人とイタリアの人文主義者たちの交流は、この公会議にとどまるものではなかった。たとえば、マヌエル二世の友人で外交官のマヌエル・クリュソロラスは何度もイタリアに出向いており、カトリックに改宗してローマやフィレンツェでギリシア語を教えた（一四一五年にコンスタンツで死去）。彼以外でも東西の人文主義者たちの知的なつきあいは相当に密なものがあった。

つまり、ベッサリオンやプレトンが参加したこの公会議は、以前からの交流をいっそう促進させる役割を果たしたと見るのが正しい。コンスタンティノープルが陥落すると、東方からさらに多くの人と写本がイタリアにもたらされることになった。

第三のローマ

一四五三年の時点でビザンツ系で残っていた領域は、ミストラを中心とするモレア地方と黒海の南東岸のトレビゾンド「帝国」くらいであった。エピロスのデスポテス領は、イタリアのオルシニ家やその後のセルビア人の支配を経て、すでにオスマン帝国に包摂されていた。モレア地方もしばらくしてメフメト二世の攻撃の前に降伏する（一四六〇年）。ルーム・セルジューク朝やイル・ハン朝の臣下として生き残ってきたトレビゾンドも、一四五六年からはスルタンに臣従し、一四六一年にはオスマン帝国の軍門にくだった。

マヌエル二世の末息子でコンスタンティノス一一世の弟のトマスは、モレアからケルキュラ島を経由してローマに亡命した。一四七二年、彼の娘ゾエはベッサリオンの助言もあり、ソフィアと改名してモスクワ大公イワン三世の妃となる。このことを根拠に、彼女の孫にあたるイワン四世「雷帝」はツァーリを自称し、モスクワをコンスタンティノープルに次ぐ第三のローマであると主張した。序章で紹介したように、ツァーリとはスラヴ語でのカエサルに起源をもつ皇帝称号であった。

コラム9：ビザンツ帝国の継承国家としてのオスマン帝国

バルカン半島でのオスマン勢力の拡大は、セルビアに危機意識をもったヨハネス六世がアナトリアに拠点をおく彼らに援軍を求めたことに端を発した。一三六〇年、アドリアノープルを占領すると（ヨーロッパ側の都エディルネとなる）、オスマン国家は周囲のキリスト教徒の諸侯たちの勢力をも吸収して急速にその支配領域をバルカン半島各地へと拡大させていった。一三八九年にはコソヴォの戦いでスルタン、ムラト一世がセルビア、ボスニア、ワラキア連合軍を破り、一三九六年のニコポリスの戦いでは、バヤジット一世がハンガリー王の軍を一蹴するなど、バルカンの残存勢力とフランス・ドイツの連合軍を撃破した。

アナトリア側へも勢力を伸ばそうとしたバヤジットは、一四〇二年、アンカラの戦いでチムール軍に大敗し、オスマン帝国の拡大は頓挫《とんざ》する。しかし、ビザンツとは異なり帝国は十年あまりで勢力を盛り返した。一四四四年のヴァルナの戦いで大勝したムラト二世は、ハンガリー王ウラースロー一世と枢機卿チェザリーニを敗死させた。こうして丸裸となったコンスタンティノープルは、一四五三年にメフメト二世の攻撃の前に陥落する。

オスマン帝国はイスラムを中心とする国家として成長していったが、トルコ人のみをとりたてて優遇することはなく、「啓典の民」であるキリスト教徒やユダヤ教徒を共同体ごと取り込み、彼らとの共存をはかった。メフメト二世の治世末には、帝国の支配領域はユスティニアヌス一

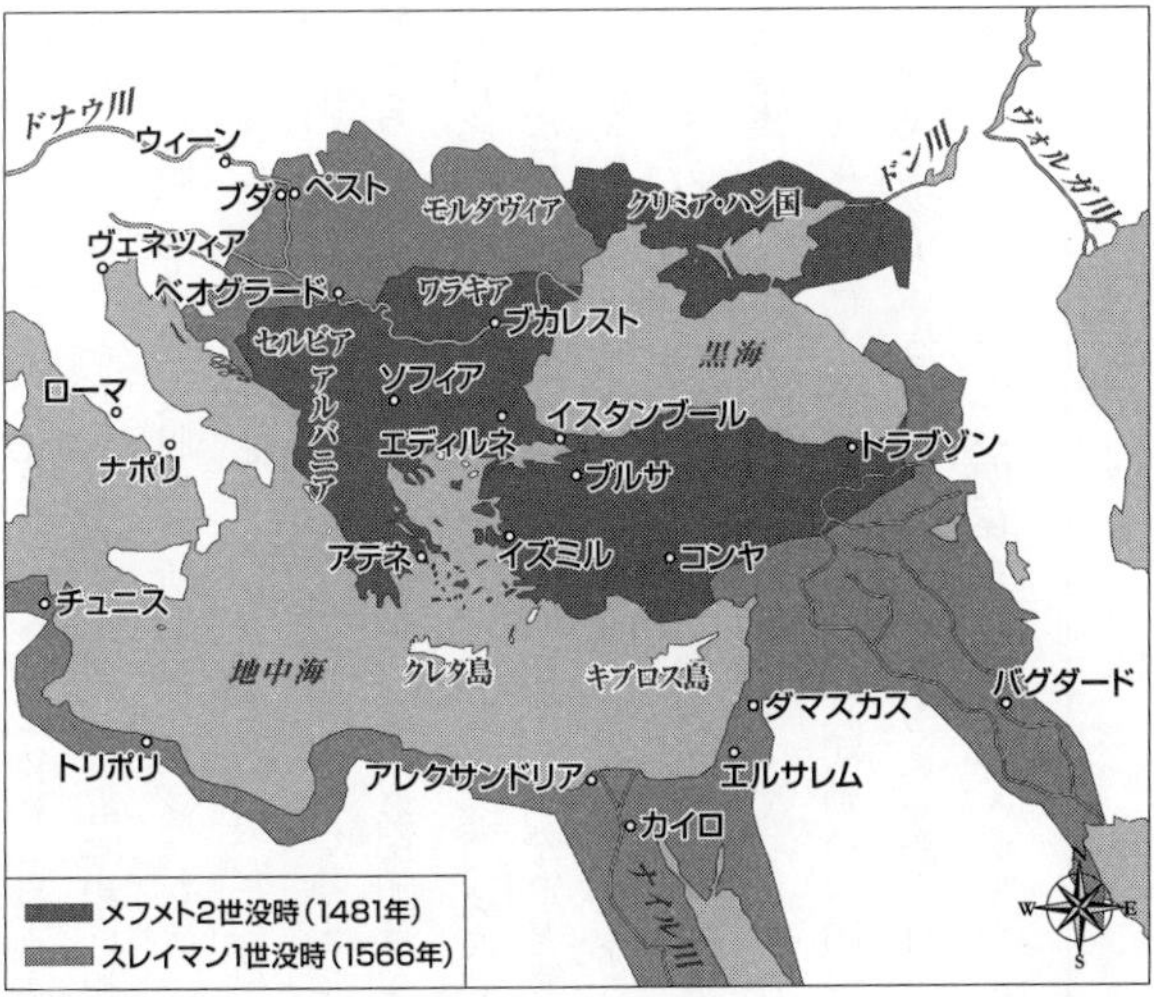

地図10　オスマン帝国

世時代のビザンツ帝国（序章の地図3参照）にほぼ等しくなる。一六世紀には東地中海域を越えて各方面に勢力を拡大させ、ヨーロッパと対峙する強大な勢力に成長した。

　キリスト教信仰を一方の柱にし、時に対立しつつもヨーロッパ世界とは兄弟のような関係にあったビザンツ帝国は、イスラム世界の盟主をめざすオスマン帝国とは一見したところ対照的な存在である。けれども、バルカン半島や小アジア半島に暮らす人々の構成は一四五三年の前と後とで大きく変化したわけではない。イスラム勢力の浸透は時間をかけてゆっくりと進展し、この地域にビザンツ世界とは異なる新たな世界が形成されていったのである。支配領域内に「啓典の民」を包摂しつつ、専制君主体制を継承し、必要とあれば元キリスト教徒であっても宰相に起用する。オスマン帝国とは、滅びた旧帝国を換骨奪胎、そこに大胆で革新的なバージョンアップをほどこした姿なのかもしれない。

最後に、ここまでビザンツ帝国の歴史をたどってきて思うことを述べておきたい。それは「帝国」という統治モデルの良い点と悪い点とでも言えるものである。もちろん、一口に帝国と言ってもさまざまなわけだが、近世のユーラシア大陸に登場したものも含めて考えた場合、帝国というシステムは一定の柔軟性をそなえていて、多くの人々を包摂して文明を築き上げたように見える。そこでは拡張期を中心に安定と繁栄の時代が到来する。

ところが、帝国は崩壊の局面に入ると予想外にあっけない、あるいは長い混迷の時期が続くケースが多いようだ。そして、帝国が解体するとき、そこに混在して生活してきたエスニックな諸集団が「民族」などの形態をとってシビアな対立抗争を展開する。場合によっては、エスニックな集団による帝国内での自立活動が帝国解体の要因となるケースも多々あった。

国民国家という近代のモデルを考える際には、前史としての帝国という存在の有無、そしてその統治のあり方との関係をも見ておく必要があるように思う（藤波二〇一三）。

おわりに――「なぜまたビザンツなのか」

今から四〇年ほど前の一九八二年、青山学院大学で開催された日本西洋史学会第三二回大会で、記念講演を担当した渡辺金一氏（一橋大学教授、当時）は、そのタイトルを「なぜまたビザンツなのか」とした（内容は『一橋論叢』八八巻五号に掲載）。日本のビザンツ史研究のパイオニアである渡辺氏は、この言葉にかなりの思い入れがあったようで、後に和田廣氏によってオストロゴルスキー著『ビザンツ帝国史』の翻訳がなされた際にも、同じく「なぜまたビザンツなのか」という言葉を使ってコメント文を寄せている（『一橋論叢』一二七巻三号）。

私がビザンツ史を志したのはまさにこの頃であったが、当時、日本人の手によるビザンツ史の書籍は四冊しかなかった。渡辺氏による大著『ビザンツ社会経済史研究』、若くして亡くなった米田治泰氏の遺稿をまとめた『ビザンツ帝国』、関西学院大学の杉村貞臣氏の『ヘラクレイオス王朝時代の研究』、そして後の筑波大学名誉教授、和田廣氏の新書『ビザンツ帝国』である。前二著のうち前者は一九六八年、後者は一九七七年の刊行であり、後二著は学会開催前年の一九八一年に世に出たばかりであった。

大学院に入学して驚いたのは、そんなビザンツ史を志す「無謀な」若者がけっこう多かったことである。そして、まるで私たちの勉強を後押ししてくれるかのようにビザンツ史本の刊行があいついだ。研究の円熟期を迎えつつあった渡辺氏は、二冊の岩波新書を上梓《じょうし》する一方、現在のビザンツ史研究の第一人者、井上浩一氏（大阪市立大学名誉教授）は野心作『ビザンツ帝国』（一九八二年）を岩波書店から上梓し、続いて講談社現代新書で概説書『生き残った帝国ビザンティン』（一九九〇年、現在は講談社学術文庫）を世に問うた。

それから三〇年の歳月が経過した今、ずいぶんと研究状況は変化した。本書の参考文献を一瞥《いちべつ》するなら、私の感慨を少しは感じていただけるのではないか。なお、参考文献はできるだけ日本語の最新のものに限定している。

もしも本書を読み進めて、難解であると感じた人は、井上浩一『生き残った帝国ビザンティン』あるいは根津由喜夫『ビザンツ国家と社会』・『図説 ビザンツ帝国』をご覧いただきたい。反対に、もっと詳しくビザンツ史を知りたいと希望される場合には、さしあたりJ・ヘリン『ビザンツ―驚くべき中世帝国』を手にすることをお薦めする。

ところで、今時代の変化は単に研究が進んだだけではなかった。その内容も大きく変貌を遂げたと言える。英語文献の圧倒的な増加、マルクス主義の影響を強く受けた社会経済史の縮小、そしてビザンツ史を含むこの国における西洋史学の黄昏《たそがれ》的状況（これが私の単なる印象にすぎないといいのだが）である。

＊

「なぜまたビザンツなのか」。問いかけの理由を直接先生にお聞きする機会は逃してしまったが、私の解釈ではこの言葉の意味は、「よりによって、またいったい全体、なぜこの国でビザンツ研究などというものをやるのか」となる。いずれにせよ、渡辺先生からのビザンツ史研究の意義をめぐるこの問いかけは今も脳裏を離れない。先生のあの独特の調子の声とともに。

同じような趣旨の言葉は、学部学生時代にはじめてお会いした際に川北稔先生（大阪大学名誉教授）からも承った。数年前、いい年になってから提出した博士論文を書籍化した際にも、先生から同様の発言を頂戴することになった。

「（この国で）なぜまたビザンツなのか」に対する返答を思い浮かべつつ、自分なりに書いてみたのが本書である。

かつて指導教官の合阪學《さとる》先生（大阪大学名誉教授、故人）からは、ビザンツとは「ヨーロッパの乳牛」というのでどうかと言われた。なるほど。本書でもヨーロッパの歴史がビザンツと深く結びついており、ビザンツなくしてヨーロッパは今日のような姿にはならなかった、と言えそうな気もする。けれども、私としてはビザンツがそれ自身で主張できる意義を提示したかった。

かつて思っていたのは、ヨーロッパ中心史観からの脱却である。これは井上浩一氏も述べておられる。まるで「都合よく」とでもいうように、ビザンツはヨーロッパがグローバルな舞台に本格的に躍り出る直前に地上から姿を消した。別の言い方をすれば、ビザンツ史はその後のヨーロッパの世界展開から自由である。コラム7で述べたように、ヨーロッパ人にとって「ビザンツ」はニュートラルな言葉ではすまなかっただけに、その歴史をたどることで古代の地中海世界を引き継ぐ別の発展の姿を探れるのではないか。しかも、ユーラシアの東の端からの視点で。

以上のことは、かつてこの国の歴史研究者を金縛りにしたマルクス主義にもとづく発展段階論・生産関係の図式を再検討する材料となるかもしれないとも思った。唯物史観の要諦は「下部構造が上部構造を貫く」、つまり（産業革命以前の場合）土地を中心とした生産力・生産関係（支配構造）が国家の中枢部の政治やイデオロギー、さらにはインテリたちの知的創造の枠組みを規定する、という主張である。ビザンツは、このベクトルが逆向きになっている希有なケースなのではないだろうか。そのような妄想をふくらませた。

現在にあっても「なぜまたビザンツなのか」への答えは明示できていない。ただ二一世紀の東アジアの片隅から、冷戦終結や大震災を経てＡＩによるシンギュラリティ（技術的特異点）と環境破壊（と感染症）で混迷を深める人間界の行く末を展望しつつ、滅びて五百年以上が経過した国家について、まずは皇帝を中心に紹介してみた。アジアでもない、ヨーロッパでもない、古典古代でもない、近代とは無縁の死滅した歴史的存在について調べ、考えてみる意義、それを読者のみなさんとともに問い続けられればと思っている。衰退が見え隠れする島国の現状を意識しながら。

＊

はじめて読んだ中公新書は何だっただろう。強く印象に残っているのは堀米庸三の『正統と異端―ヨーロッパ精神の底流』（一九六四年、現在は中公文庫）や角山栄の『茶の世界史―緑茶の文化と紅茶の社会』（一九八〇年）、そして今ではマンガ版もある木下是雄『理科系の作文技術』（一九八一年）であるが、読んだ最初のものは秀村欣二の『ネロ―暴君誕生の条件』（一九六七年）だっただろうか。記憶はあいまいで、捨てるはずもない現物も引っ越しを繰り返すなかで見あたらなくなった。

二〇一九年夏、思いがけず中公新書編集部の上林達也さんから「ビザンツ史の概説書を書きませんか」とのお誘いを受けた。直感的には「ちょっと私には無理ではないかな」と思った。概説書としては井上浩一先生の優れたものがあるし、帝国千年の歴史を鳥瞰《ちょうかん》する類書もけっこう刊行されている。そして何より不勉強な私はこれまで中期ビザンツ時代の、しかもその前半の一〇世紀あたりまでしか研究の射程に入れてこなかった。とても一一世紀以降の時代を語る資格があるようには思えない。

けれども、名著『生き残った帝国ビザンティン』の刊行から三〇年、「新たな視点での新書が必要ではないですか」との上林氏の言葉に考え直すことにした。それは井上浩一先生への学恩に少しは報いることになるかもしれない。ということで、誇張ではなく蛮勇をふるって執筆を引き受ける決断をした。その後も、上林氏の適切きわまるアドバイスは途絶えることなく続いた。感謝の極みである。

とはいえ、手がけてみて分不相応との感は今も強く残っている。とりわけ第5章より後はいかんともしがたく、正直言って井上浩一先生と根津由喜夫さんの研究におんぶに抱っこ状態となった。無謀な域外調査というものは、悲惨な結果を招いて当然である。ともかく、事実誤認や誤解などがあれば、他の章も含めてすべて非力な自分の責任である。

*

ところで、正直に告白すると、本書の大半は半年ほどで書き上げた。理由はいくつか思い当たる。授業など大学での仕事以外にも、締切の迫る原稿やら調査研究など、いろいろやるべきことも多いなか、本書の執筆は正直、楽しかった。ついつい優先してしまった。
それにもまして、昨年末から、本書を年老いた両親に捧《ささ》げようと思い始めたことが大きい。高校三年生の夏にいきなり理系をやめ、文学部で歴史を勉強したいと言い出したり、二八歳をすぎてもアルバイト生活のままだったり（大学で授業を担当したのは三十路に入ってから）、いろいろ勝手気ままにやってきた。それでも何ら苦言を呈さなかった両親の存在は、今にしてそのありがたさを思い知る。ここに記してお礼を述べることにしたい。ありがとうございます。

中谷　功治

中谷榮治、静子へ

の千年』知泉書館，2014年
根津由喜夫『聖デメトリオスは我らとともにあり―中世バルカンにおける「聖性」をめぐる戦い』山川出版社，2020年

特集「ビザンツ帝国と中世地中海世界」『西洋中世研究』10号，2018年
―大月康弘〈序文〉
―益田朋幸「聖母マリア伝図像の東西」
―瀧口美香「アプシス図像の東西」
―太記祐一「プロセッションがめぐるところ―マケドニア朝における儀式・建築・都市」
―草生久嗣「党派活動（ハイレシス）としてのビザンツ異端論―パウリキアノイを見る眼」
―M・C・G・ラウ「12世紀ビザンツにおける移住者と文化的多元主義」（渡辺理仁訳）
―仲田公輔「アルメニアからラヴェンナへ」
―樋口諒「中期以降のビザンツ教会堂建築の研究動向」ほか

Alexander P. Kazhdan et al. (eds.), *The Oxford Dictionary of Byzantium*, 3 vols., Oxford / New York, 1991.
Cyril Mango (ed.), *The Oxford History of Byzantium*, Oxford, 2002.
Elizabeth Jeffreys, John Haldon, Robin Cormack (eds.), *The Oxford Handbook of Byzantine Studies*, Oxford / New York, 2009.

地図作成：地図屋もりそん
図版出典：ギリシア火，イコノクラスム，コンスタンティノス7世の象牙像，イコン「正教の勝利」，バシレイオス2世，マヌエル1世コムネノスと皇后マリア，ヨハネス6世は，Cyril Mango (ed.), *The Oxford History of Byzantium*, 2002. による
それ以外で撮影者が記載されていないものは、すべて著者の撮影による

年，第2部
上柿智生「コンスタンティノープル陥落後の総主教：ゲナディオス2世のヘレニズム」『史林』95巻2号，2012年，348～385頁
藤波伸嘉「オスマンとローマ」『史学雑誌』122巻6号，2013年，1083～1108頁

おわりに

渡辺金一『ビザンツ社会経済史研究』岩波書店，1968年
米田治泰『ビザンツ帝国』角川書店，1977年
杉村貞臣『ヘラクレイオス王朝時代の研究』山川出版社，1981年
和田廣『ビザンツ帝国』教育社歴史新書，1981年
井上浩一『ビザンツ帝国』岩波書店，1982年
井上浩一『生き残った帝国ビザンティン』講談社学術文庫，2008年
根津由喜夫『ビザンツの国家と社会』世界史リブレット，山川出版社，2008年
根津由喜夫『図説　ビザンツ帝国（フクロウの本）』河出書房新社，2011年

その他

辻佐保子『ビザンティン美術の表象世界』岩波書店，1993年
辻成史『イデアの宿り―古典古代美術からビザンティン美術へ』新潮社，1976年
篠野志郎『アルメニア巡礼　12の賑やかな迷宮』彩流社，2019年
ミシェル・カプラン（井上浩一監修，田辺希久子・松田迪子訳）『黄金のビザンティン帝国―文明の十字路の1100年』（「知の再発見」双書）創元社，1993年
橋口倫介『中世のコンスタンティノープル』講談社学術文庫，1995年
尚樹啓太郎『ビザンツ帝国史』東海大学出版会，1999年
シリル・マンゴ（飯田喜四郎訳）『ビザンティン建築』本の友社，1999年
ポール・ルメルル（西村六郎訳）『ビザンツ帝国史』白水社文庫クセジュ，2003年
ジョン・フリーリ（鈴木董監修・長縄忠訳）『イスタンブール―三つの顔をもつ帝都』NTT出版，2005年
大月康弘『帝国と慈善―ビザンツ』創文社，2005年
和田廣『史料が語るビザンツ世界』山川出版社，2006年
P・マラヴァル（大月康弘訳）『ビザンツ文明―キリスト教ローマ帝国の伝統と変容』白水社文庫クセジュ，2009年
ハンス＝ゲオルグ・ベック（戸田聡訳）『ビザンツ世界論―ビザンツ

ユーリー・ストヤノフ（三浦清美訳）『ヨーロッパ異端の源流―カタリ派とボゴミール派』平凡社，2001年
Paul Magdalino, 'The Empire of the Komnenoi (1118–1204)', in J. Shepard (ed.), *The Cambridge History of Byzantine Empire, c.500–1492*, ch.17, Cambridge, 2008.
ジョナサン・ハリス（井上浩一訳）『ビザンツ帝国　生存戦略の一千年』白水社，2018年
宮城美穂「ビザンツ帝国の対十字軍政策―ニケタス・コニアテスの『歴史』より」『西洋史学』213号，2004年，22～35頁
ジョナサン・フィリップス（野中邦子・中島由華訳）『第四の十字軍―コンスタンティノポリス略奪の真実』中央公論新社，2007年
三浦清美・平野智洋「1204年の十字軍によるツァリグラード征服の物語」『Slavistika』（東京大学大学院人文社会系研究科スラヴ語スラヴ文学研究室年報）32，2017年，323～342，331頁
キャサリン・ホームズ（村田光司訳）「変容するビザンツ？―グローバルヒストリーの時代におけるビザンツ研究の新潮流（600～1500年）『思想』1118号，2017年，87～107頁

終章　ビザンツ世界の残照――一三世紀後半～一五世紀

高橋榮一・辻成史『聖山アトス』講談社，1981年
高田良太「1204年とクレタ―外部勢力支配地域と中央政府の関係の変容」（井上・根津編『ビザンツ　交流と共生の千年帝国』第８章）
草生久嗣「「ビザンツ」帝国の「ローマ人」―アイデンティティの射程」『西洋中世研究』７号，2015年，５～24頁
ジョナサン・ハリス（井上浩一訳）『ビザンツ帝国の最期』白水社，2013年
井上浩一「ビザンツ時代」（桜井万里子編『世界各国史　ギリシア史』山川出版社，2005年，第４章④）
唐澤晃一『中世後期のセルビアとボスニアにおける君主と社会―王冠と政治集会―』刀水書房，2013年
小笠原弘幸『オスマン帝国―繁栄と衰亡の600年史』中公新書，2018年，第１・２章
石川知明「13世期末のビザンツ宮廷における使節のキャリア形成―セオドロス・メトヒティスのメサゾン就任を例に」『西洋史学』262号，2016年，135～152頁
橋川裕之「ビザンツの隠修士とリヨン教会合同」『西洋史学』206号，2002年，24～46頁
片岡恵美「パライオロゴス朝におけるジェノヴァ人の商業特権」『千里山文学論集』73号，2005年，77～98頁
久志本秀夫『イタリア人文主義とギリシア古典文化』刀水書房，2000

に」（特集 中近世の東地中海世界における諸民族の混交）『ヨーロッパ文化史研究』20号，2019年，3～16頁
根津由喜夫「ロマノス3世アルギュロスの蹉跌：11世紀前半のビザンツ皇帝権と政治体制」『史林』74巻2号，1991年，260～293頁
根津由喜夫『ビザンツ貴族と皇帝政権　コムネノス朝支配体制の成立過程』世界思想社，2012年
井上浩一「11世紀コンスタンティノープルの「法科大学」」（中村賢二郎編『都市の社会史』ミネルヴァ書房，1983年，217～241頁）
Michael Psellus（E.R.A. Sewter tr.）, *Fourteen Byzantine Rulers: The Chronographia of Michael Psellus*, Penguin Classics, 1979.
杉山裕治「プセロスの「覚書」から見る11世紀ビザンツの爵位・官職」『東海史学』42，2008年，55～64頁
エドワード・ギボン（中野好夫ほか訳）『ローマ帝国衰亡史』全10巻，ちくま学芸文庫，1997年

第6章　戦う皇帝アレクシオス一世と十字軍の到来――一二世紀

アンナ・コムニニ（相野洋三訳）『アレクシアス』悠書館，2019年
井上浩一『歴史学の慰め―アンナ・コムネナの生涯と作品』白水社，2020年
片倉綾那「ビザンツ皇女アンナ・コムネナの帝位への挑戦―アレクシオス1世コムネノスの後継者争い（1118-1119年）をめぐって」『ジェンダー史学』4号，2008年，45～56頁
井上浩一「ノルマン戦争にみるビザンツ帝国の存続要件―中央政府と地域社会」（井上・根津編『ビザンツ　交流と共生の千年帝国』第7章）
根津由喜夫「11世紀後半のドナウ流域地方―ペチェネーグ人との共生空間」（井上・根津編『ビザンツ　交流と共生の千年帝国』第6章）
八塚春児『十字軍という聖戦―キリスト教世界の解放のための戦い』NHKブックス，2008年
櫻井康人『図説 十字軍』河出書房新社，2019年
太田敬子『十字軍と地中海世界』世界史リブレット，山川出版社，2011年
根津由喜夫『ビザンツ貴族と皇帝政権』
小田昭善「11世紀初頭におけるアンティオキア・ドゥカトンの成立―ビザンツ帝国による北部シリア再征服とその統治―」（井上・根津編『ビザンツ　交流と共生の千年帝国』第5章）
根津由喜夫『ビザンツ 幻影の世界帝国』講談社選書メチエ，1999年
ディミータル・アンゲロフ（寺島憲治訳）『異端の宗派ボゴミール』恒文社，1989年

『スラヴ研究』33，1986年，1～16頁
根津由喜夫「10世紀小アジアの貴族の世界」『古代文化』第41巻2号，1989年，22～37頁
根津由喜夫「10世紀ビザンツ帝国の権力構造」『富山大学人文学部紀要』第17号，1991年，53～76頁
服部文昭『古代スラヴ語の世界史』白水社，2020年
黒田龍之助『羊皮紙に眠る文字たち　スラヴ言語文化入門』現代書館，1998年

第5章　あこがれのメガロポリスと歴史家プセルロス——一一世紀

Scott Ashley, 'How Icelanders Experienced Byzantium, Real and Imagined', in Claire Nesbitt & Mark Jackson (eds.), *Experiencing Byzantium, Papers from 44th Spring Symposium of Byzantine Studies, Newcastle and Durham, April 2011*, Farnham, Surrey, 2013, part12.
谷口幸男『エッダとサガ　北欧古典への案内』新潮選書，2017年
マッツ・G・ラーション（荒川明久訳）『ヴァリャーギ　ビザンツの北欧人親衛隊』国際語学社，2008年
Sigfs Blöndal, Benedikt S. Benedikz (tr.), *The Varangians of Byzantium, An Aspect of Byzantine Military History*, Cambridge, 1978.
Oliver Nicholson (ed.), *The Oxford Dictionary of Late Antiquity*, vol. 1, Oxford, 2018. [Constantinople: by J. Harris & O. Nicholson]
Jonathan Riley-Smith, 'Pilgrims and Crusaders in Western Latin Sources', in Mary Whitby (ed.), *Byzantines and Crusaders in Non-Greek Sources 1025–1204*, Oxford, 2007, pp.5–21.
國本哲男ほか編訳『ロシア原初年代記』名古屋大学出版会，1987年
中谷功治「ルーシ・ビザンツ関係についての覚書―10世紀の条約を中心に―」『関西学院史学』46号，2019年，89～119頁
山辺規子『ノルマン騎士の地中海興亡史』白水社Uブックス，2009年
竹部隆昌「ビザンツ領南イタリア―ビザンツ・西方・イスラムの衝突と交流の地―」（井上浩一・根津由喜夫編『ビザンツ　交流と共生の千年帝国』昭和堂，2013年，第4章）
リウトプランド（大月康弘訳）『コンスタンティノープル使節記』知泉書館，2019年
Krijnie N. Ciggaar, *Western Travellers to Constantinople : The West & Byzantium, 962–1204*, Leiden, 1996.
Michael Angold, 'Blle époque or crisis? (1025–1118)', in Jonathan Shepard (ed.), *The Cambridge History of the Byzantine Empire c.500–1492*, Cambridge, 2008, chapter 16.
西村道也「ビザンツ貨をめぐる模造と模倣：帝国の貨幣史をてがかり

第３章　改革者皇帝ニケフォロス一世とテマ制――九世紀

中谷功治『テマ反乱とビザンツ帝国』第８章
中谷『テマ反乱とビザンツ帝国』序章および第10章「テマ制の起源を再考する」
オストロゴルスキー『ビザンツ帝国史』第２章６節
ブラウニング『ビザンツ帝国とブルガリア』第２章
井上浩一『ビザンツ 文明の継承と変容』第７章「戦争」
George Dennis (ed./tr.), *The Taktika of Leo VI*, Washington DC, 2010, Constitution 1.9–10, p.14.
仲田公輔「軍事書『タクティカ』とレオン６世期のビザンツ帝国東方辺境」『地中海学研究』36，2013年，３～24頁
井上浩一『ビザンツ帝国』岩波書店，1982年，第１章３「テマ制の起源」
Brubaker & Haldon, *Byzantium in the Iconoclast Era c.680–850: a History*, chapter 11.

第４章　文人皇帝コンスタンティノス七世と貴族勢力――一〇世紀

渡辺金一『コンスタンティノープル千年』第６章「社会的流動性」
渡辺金一『中世ローマ帝国―世界史を見直す』岩波新書，1980年
居阪僚子・村田光司・仲田公輔訳「コンスタンティノス７世ポルフュロゲネトス『帝国統治論』第９章：研究動向と訳註」『史苑』77（２），2017年，228～199頁
伊藤正『ゲオーポニカ：古代ギリシアの農業事情』刀水書房，2019年
井上浩一「ビザンツ帝国における古典文化の復興―フォティオス『文庫』を中心に」（藤縄謙三編『ギリシア文化の遺産』南窓社，1993年，第５章）
L・D・レイノルズ，N・G・ウィルソン（西村賀子・吉武純夫訳）『古典の継承者たち　ギリシア・ラテン語テクストの伝承にみる文化史』国文社，1996年
András Németh, *The Excerpta Constantiniana and the Byzantine Appropriation of the Past*, Cambridge, 2018.
ディミトリ・グタス（山本啓二訳）『ギリシア思想とアラビア文化―初期アッバース朝の翻訳運動』勁草書房，2002年
松下昌弘「中期ビザンツ時代における数学者レオンについて」『数学史研究』150，1996年，３～12頁
木村彰一・岩井憲幸「〈翻訳〉コンスタンティノス一代記：訳ならびに注（１）／（２）」『スラヴ研究』31–32，1984–85年，１–17，191～215頁
木村彰一・岩井憲幸「〈翻訳〉メトディオス一代記：訳ならびに注」

4章
貝原哲生「コプトス主教ピセンティオス：6～7世紀上エジプト社会における主教権力」『西洋史学』252号，2013年，221～239頁
井上浩一『ビザンツ 文明の継承と変容』京都大学学術出版会，2009年，第6章「宦官」

第2章　イコノクラスムと皇妃コンクール──八世紀

松本宣郎編『初期キリスト教～宗教改革（キリスト教の歴史1）』山川出版社，2009年
廣岡正久『東方正教会・東方諸教会（キリスト教の歴史3）』山川出版社，2013年
ジョン・メイエンドルフ（鈴木浩訳）『ビザンティン神学─歴史的傾向と教理的主題』新教出版社，2009年
ロバート・ルイス・ウィルケン（大谷哲・小坂俊介ほか訳）『キリスト教一千年史：地域とテーマで読む（上）（下）』白水社，2016年
Leslie Brubaker & John F. Haldon, *Byzantium in the Iconoclast Era c.680–850: a History*, Cambridge University Press, 2011.
L. Brubaker, *Inventing Byzantine Iconoclasm*, Bristol Classical Press, London, 2012.
中谷功治「イコノクラスムの時代について─8世紀のビザンツ」『待兼山論叢』（史学篇）26号，1992年，63～87頁
中谷功治「イコンの教会─ギリシア正教会とイコノクラスム」（指昭博・塚本栄美子編『キリスト教会の社会史　時代と地域による変奏』彩流社，2017年，第3章）
若林啓史『聖像画論争とイスラーム』知泉書館，2003年
笠谷知美「コンスタンティノス5世とアルタヴァスドスの反乱」『関西大学西洋史論叢』2号，1999年，1～15頁
中谷功治「『聖フィラレトス伝』研究序説」『関西学院史学』34号，2007年，1～21頁
井上浩一・栗生沢猛夫『ビザンツとスラヴ　世界の歴史〈11〉』中公文庫，2009年
中谷功治「ストゥディオスのテオドロスと「姦通論争」（759–811年）」『西洋史学』186号，1997年，1～19頁
都甲裕文「都市コンスタンティノープルの修道制─10世紀のストゥディオス修道院を中心に」『キリスト教史学』63，2009年，131～147頁
岸田菜摘「イコノクラスム以後のビザンツと教皇権」『史観』181号，2019年，86～110頁

第2章
南川高志『新・ローマ帝国衰亡史』岩波新書，2013年
マガリ・クメール／ブリューノ・デュメジル（大月康弘・小澤雄太郎訳）『ヨーロッパとゲルマン部族国家』白水社文庫クセジュ，2019年
渡辺金一『コンスタンティノープル千年—革命劇場』岩波新書，1985年，第2章
倉橋良伸「後期ローマ帝国と皇帝理念」『古代地中海世界の統一と変容』（歴史学研究会編，地中海世界史1），青木書店，2000年，第10章，292〜321頁
飯島克彦「アナスタシオス帝治世下の宗教騒乱と修道士について」『オリエント』54巻，2011年，59〜74頁
ピエール・マラヴァル（大月康弘訳）『皇帝ユスティニアヌス』白水社文庫クセジュ，2005年
紺谷由紀「ローマ法における去勢：ユスティニアヌス1世の法典編纂事業をめぐって」『史学雑誌』125（6），2016年，1〜36頁
プロコピオス（和田廣訳）『秘史』京都大学学術出版会，2015年
フランツ・ティンネフェルト（弓削達訳）『初期ビザンツ社会—構造・矛盾・緊張』岩波書店，1984年
フランツ・ティンネフェルト（小田謙爾訳）「ビザンツ皇帝権と皇帝批判」『史林』72巻4号，1989年，602〜615頁

第1章　ヘラクレイオス朝の皇帝とビザンツ世界——七世紀
ジョナサン・ハリス（井上浩一訳）『ビザンツ帝国 生存戦略の一千年』白水社，2018年，第3章
井上浩一『ビザンツ皇妃列伝—憧れの都に咲いた花』白水Uブックス，2009年，第3章
Walter E. Kaegi, *Muslim Expansion and Byzantine Collapse in North Africa*, Cambridge University Press, 2010, chapter 8. “Riddle of Constans II”.
小林功『生まれくる文明と対峙すること：7世紀地中海世界の新たな歴史像』ミネルヴァ書房，2020年
ジュディス・ヘリン（井上浩一監訳）『ビザンツ—驚くべき中世帝国』白水社，2010年，第13章「ギリシアの火」
ロバート・ブラウニング（金原保夫訳）『ビザンツ帝国とブルガリア』東海大学出版会，1995年
中谷功治「皇帝ユスティニアノス2世の流転—紀元700年のビザンツ北方世界」（森田雅也編著『島国文化と異文化遭遇』関西学院大学出版会，2015年，第3章2節）
中谷功治『テマ反乱とビザンツ帝国』大阪大学出版会，2016年，第

主要参考文献

主な参考文献については，本文中で必要に応じて著者名と刊行年を示しておいた．それ以外の参考文献も章ごとに追記している．さらに末尾にはその他の関連書籍を追記したので参照されたい．なお，配列はおおむね叙述順である．

はじめに

ゲオルグ・オストロゴルスキー（和田廣訳）『ビザンツ帝国史』恒文社，2001年，第1章1節

浅野和生『イスタンブールの大聖堂―モザイク画が語るビザンティン帝国』中公新書，2003年

加藤磨珠枝・益田朋幸『西洋美術の歴史2　中世Ⅰ キリスト教美術の誕生とビザンティン世界』中央公論新社，2016年

益田朋幸編，浅野和生・伊藤怜・高晟埈・櫻井夕里子・菅原裕文・瀧口美香・武田一文・辻絵理子・橋村直樹・早川美晶著『ヨーロッパ中世美術論集4　聖堂の小宇宙』竹林舎，2016年

序章　ビザンツ世界形成への序曲――四～六世紀

波部雄一郎「古代ギリシア・ローマの宗教とクリスマスの誕生」（嶺重淑・波部雄一郎編『よくわかるクリスマス』教文館，2014年）

デイヴィッド・E・ダンカン（松浦俊輔訳）『暦をつくった人々』河出書房新社，1998年

ベルトラン・ランソン（大清水裕・瀧本みわ訳）『コンスタンティヌス帝―ローマ世界の変容』白水社文庫クセジュ，2012年

ベルナール・レミィ（大清水裕訳）『ディオクレティアヌスと四帝統治』白水社文庫クセジュ，2010年

南雲泰輔『ローマ帝国の東西分裂』岩波書店，2016年

ブライアン・ウォード＝パーキンズ（南雲泰輔訳）『ローマ帝国の崩壊：文明が終わるということ』白水社，2014年

ベルトラン・ランソン（大清水裕・瀧本みわ訳）『古代末期―ローマ世界の変容』白水社文庫クセジュ，2013年

小田謙爾「解体前夜のローマ帝国―遠心力と求心力の葛藤」『古代地中海世界の統一と変容』（歴史学研究会編，地中海世界史1），青木書店，2000年，第8章，238～262頁

ピーター・ブラウン（足立広明訳）『古代末期の形成』慶応義塾大学出版会，2006年

加藤隆『『新約聖書』の誕生』講談社学術文庫，2016年

井上浩一『生き残った帝国ビザンティン』講談社学術文庫，2008年，

中谷功治（なかたに・こうじ）

1960年，大阪市生まれ．関西学院大学文学部教授．博士（文学）．1989年，大阪大学大学院文学研究科博士課程単位取得退学．大阪大学文学部助手，愛媛大学教育学部助教授をへて，2002年より現職．専門は西洋史学（ビザンツ帝国史）．

著書『歴史を冒険するために　歴史と歴史学をめぐる講義』（関西学院大学出版会，2008年）
『テマ反乱とビザンツ帝国　コンスタンティノープル政権と地方軍団』（大阪大学出版会，2016年）
Kazuo Asano（ed.）,*The Island of St. Nicholas : excavation and survey of the Gemiler Island Area, Lycia, Turkey*, Osaka University Press, 2010（共著）
ほか

訳書 ジュディス・ヘリン（井上浩一監訳）『ビザンツ―驚くべき中世帝国』（白水社，2010年，共訳）
ほか

ビザンツ帝国《ていこく》
中公新書 *2595*

2020年6月25日初版
2020年7月30日3版

著　者　中谷功治
発行者　松田陽三

本文印刷　暁印刷
カバー印刷　大熊整美堂
製　本　小泉製本

発行所　中央公論新社
〒100-8152
東京都千代田区大手町1-7-1
電話　販売 03-5299-1730
　　　編集 03-5299-1830
URL http://www.chuko.co.jp/

Published by CHUOKORON-SHINSHA, INC.
Printed in Japan　ISBN978-4-12-102595-1 C1222